James K. A. Smith

Die Macht der Gewohnheit

TVZ

Glaube heute

Bereits erschienene Bände:

Rowan Williams: Christsein heute (2023)

Gregor Emmenegger: Die Zeit kommt, da die Menschen verrückt werden (2024)

Graham Tomlin: Sei du selbst! (2025)

Matthias Zeindler: Was eigentlich ist Theologie? (2025)

Herausgegeben von
Silvianne Aspray-Bürki, Oliver Dürr, Ralph Kunz, Christine Schliesser, Martin Schmidt, Andreas Steingruber und Matthias Zeindler

Die Buchreihe «Glaube heute» ist eine Initiative des Zentrums Glaube & Gesellschaft an der Universität Fribourg. In der Reihe erscheinen Beiträge zu einer zeitgemässen christlichen Glaubenspraxis für eine breite Öffentlichkeit. Dazu gehören neben Neuerscheinungen auch Übersetzungen aus anderen Sprachräumen und Neuauflagen vergriffener Klassiker, die mit gut verständlichen Texten Orientierung für ein selbstbewusstes, offenes Christsein in der heutigen Zeit geben.

James K. A. Smith

Die Macht der Gewohnheit

Wir werden, was wir lieben

Aus dem Amerikanischen von Frank Lachmann
Redaktionelle Bearbeitung von Eric Flury

Schriftleitung
Nicolas Matter

TVZ
Theologischer Verlag Zürich

Die englische Originalausgabe ist unter dem Titel «You Are What You Love» bei Brazos Press a division of Baker Publishing Group erschienen.

Veröffentlicht mit Unterstützung des Hochschulrats der Universität Fribourg sowie mit Publikationszuschüssen von den Reformierten Kirchen Bern-Jura-Solothurn, der Evangelisch-reformierten Kirche des Kantons St. Gallen, dem Förderverein für theologische Lehre & Forschung sowie der Landeskirchlichen Gemeinschaft *jahu*.

Der Theologische Verlag Zürich wird vom Bundesamt für Kultur für die Jahre 2026–2028 mit einem Strukturbeitrag unterstützt.

Bibliografische Informationen der Deutschen Nationalbibliothek
Die Deutsche Nationalbibliothek verzeichnet diese Publikation in der Deutschen Nationalbibliografie; detaillierte bibliografische Daten sind im Internet über http://dnb.dnb.de abrufbar.

Umschlaggestaltung
Simone Ackermann, Zürich

Satz und Layout
Claudia Wild, Konstanz

Druck
CPI books GmbH, Leck

ISBN 978-3290-18765-1 (Print)
ISBN 978-3-290-18766-8 (E-Book)

www.tvz-verlag.ch

Für
John Witvliet,
Mitverschwörer

Im Gedenken an
Robert Webber,
einen meiner wichtigsten Lehrer,
obwohl wir uns nie kennengelernt haben

Mehr als auf alles gib acht auf dein Herz,
denn aus ihm strömt das Leben.
Sprüche 4,23

Die mir zugehörige Schwere ist meine Liebe;
sie ist es, die mich trägt, in welche Richtung auch immer.
Augustinus, *Bekenntnisse*

Die Liebenden wissen am meisten von Gott,
ihnen muss der Theologe zuhören.
Hans Urs von Balthasar, *Glaubhaft ist nur Liebe*

Wir in Amerika brauchen Zeremonien, das ist, glaube ich,
der Grund, Matrose, warum ich dies geschrieben habe.
John Updike, *Festgetretene Erde, Kirchgang, eine sterbende Katze, ein altes Auto*

Manchmal sind es die kleinsten Dinge,
welche den meisten Platz in deinem Herzen einnehmen.
Winnie Puuh

Inhalt

Vorwort der Herausgebenden

Was liebst du? Das ist die zentrale Frage des vorliegenden Buches. Im ersten Moment scheint die Antwort für viele Menschen auf der Hand zu liegen: Ich liebe meine Familie, meinen Job, mein Auto und, sofern ich Christ oder Christin bin, vielleicht auch noch Gott und meine Kirche …

Am Ende des Johannesevangeliums fragt Jesus seinen Jünger Petrus: «Liebst du mich?» Er fragt ihn das nicht einmal, sondern dreimal. Diese Wiederholung gibt zu denken. Kann es sein, dass wir uns selbst etwas vormachen? Dass wir meinen, Christus zu lieben, aber unser Leben eine andere Geschichte erzählt? Was wäre, wenn wir gar nicht das lieben, was wir zu lieben meinen?

James K. A. Smith lädt uns ein, uns selbst zu beobachten: Um herauszufinden, was wir wirklich lieben, sollen wir darauf achten, wie wir handeln, wie unsere Gewohnheiten aussehen und wem wir unsere Aufmerksamkeit schenken. Denn Liebe zeigt sich letztlich genau darin. In den Worten Martin Luthers: «Woran du nun, so sage ich, dein Herz hängst und worauf du dich verlässt, das ist eigentlich dein Gott.»[1] Etwas anders, aber in der Stossrichtung durchaus ähnlich, formuliert es der US-amerikanische Schriftsteller David Foster Wallace: «Jeder betet etwas an. Aber wir können wählen, *was* wir anbeten.»[2]

---

1 Martin Luther, Großer Katechismus, Berlin 2014, 16.

2 David Foster Wallace, Das hier ist Wasser, in: Der Spass an der Sache. Alle Essays, Köln [4]2018, 1028–1038, hier 1036.

Was wir anbeten bzw. woran wir unser Herz hängen, prägt unser Handeln und Denken und zeigt sich in unseren Gewohnheiten. Aber auch der Umkehrschluss gilt: Verändertes Handeln beeinflusst, woran wir unser Herz hängen. Sobald wir verstehen, dass nicht nur unser Herz unsere Gewohnheiten prägt, sondern dass unsere Gewohnheiten auch unser Herz prägen, stellt sich die Frage, ob wir uns vielleicht neue Gewohnheiten aneignen sollten.

Allerdings, und das ist die Schwierigkeit, kann man sich in neue Gewohnheiten nicht einfach *hineindenken*. Sie entstehen nur durch die wiederholte Ein- und Ausübung von Praktiken – Aktivitäten, die wir immer wieder tun und die unser Leben stets an der Liebe Gottes orientieren und uns auf ihn ausrichten. Genau das will Liturgie. Zum christlichen Glauben gehören seit der frühesten Kirche gemeinschaftliche Aktivitäten wie Beten, Lesen der Heiligen Schrift, Sakramente feiern, Werke der Nächstenliebe. Diese richten uns immer wieder auf Gott aus. Wir beten immer etwas an, weil wir liturgische Wesen sind. Der entscheidende Punkt ist aber, in welche Liturgien wir uns hineinbegeben. Es geht nicht darum, ob, sondern *was* und *wie* wir anbeten – und damit auch darum, was und wen wir lieben.

Auch zehn Jahre nach der Veröffentlichung dieses Buches hat es nichts an seiner Aktualität eingebüsst, ganz im Gegenteil. Die digitale Revolution ist in vollem Gange, und seit der Einführung generativer KI stellen sich Fragen rund um unser Handeln, unsere Gewohnheiten, unsere Aufmerksamkeit – und damit einhergehend auch um unsere Liebe – auf neue Weise und in neuer Intensität.

Es ist uns deshalb eine grosse Freude, diesen Klassiker auf Deutsch herausgeben zu können. Wir sind überzeugt, dass dieses Buch wegweisend ist für die Zukunft christlicher Glaubenspraxis und damit auch für die Zukunft christlicher Kirchen und Gemeinschaften.

Wir danken James K. A. Smith für das Vertrauen, das er uns für die Übertragung seines Werks ins Deutsche entgegengebracht hat. Ganz herzlich wollen wir uns auch bei Frank Lachmann für seine Übersetzungsarbeit sowie bei Eric Flury für seine intensive redaktionelle Bearbeitung bedanken. Schliesslich möchten wir Nicolas Matter, der als Schriftleiter die exekutive Verantwortung für dieses Projekt trug, unseren Dank aussprechen.

Ohne die grosszügige finanzielle Unterstützung mehrerer Sponsoren wäre dieses Projekt nicht realisierbar gewesen. Deshalb bedanken wir uns herzlich beim Hochschulrat der Universität Fribourg (Schweiz), den Reformierten Kirchen Bern-Jura-Solothurn, der Evangelisch-reformierten Kirche des Kantons St. Gallen, dem Förderverein für theologische Lehre & Forschung sowie der Landeskirchlichen Gemeinschaft *jahu* in Biel.

Silvianne Aspray
Oliver Dürr
Ralph Kunz
Christine Schliesser
Martin Schmidt
Andreas Steingruber
Matthias Zeindler

Pfingsten 2026

Vorwort

Eine Vision hat dich ergriffen. Gott ist viel grösser geworden. Du siehst förmlich die Radikalität und Reichweite des Evangeliums, dass durch die erneuernde Kraft Christi der Fluch gebrochen ist. Du realisierst, dass Gott nicht nur Seelen rettet, sondern *alle Dinge* mit sich versöhnt (Kol 1,20).

Die Bibel ist für dich auf eine Weise lebendig geworden, wie du es nie zuvor erlebt hast. Es fühlt sich fast so an, als würdest du Genesis 1 und 2 zum ersten Mal lesen und verstehen, dass wir dazu geschaffen sind, schöpferisch tätig zu sein. Wir sind beauftragt, unsere Gottebenbildlichkeit dadurch zu leben, dass wir Kultur schaffen. Es ist, als hätte dir jemand die Prophetenbücher im Alten Testament neu entschlüsselt. Du kannst gar nicht fassen, wie dir Gottes Leidenschaft für Gerechtigkeit jemals entgehen konnte – jener Aufruf an das Volk Gottes, für die Armen und Unterdrückten einzustehen. Jetzt aber kannst du selbst bei der Lektüre dieser Zeilen gar nicht anders, als an die Witwe, den Waisen und die Fremden im Land zu denken.

Die Frage lautet nun: Was hat das mit der Kirche zu tun?

Dieses Buch beschreibt eine Spiritualität für Kulturschaffende und zeigt (wie ich hoffe), warum die Nachfolge Jesu von unserer Eingliederung in den Leib Christi ausgehen und genährt sein muss. Die Anbetung ist sozusagen die «Werkstatt der Imagination», in der unsere Liebe und Sehnsüchte gebildet werden, so dass unsere kulturellen Bestrebungen auf Gott und sein Königreich ausgerichtet werden. Wenn wir leidenschaftlich nach Gerechtigkeit streben, nach einer Erneuerung der Kultur und der Erfüllung unserer Berufung, um das volle Potenzial der Schöpfung zu entfalten, dann müssen wir in die Bildung und Entwicklung unserer Vorstellungskraft und unserer Herzen investieren. Wir müssen lernen, richtig anzubeten. Denn du bist, was du liebst.

Und du betest an, was du liebst.

Und möglicherweise lieben wir nicht das, was wir zu lieben glauben.

Das wirft eine wichtige Frage auf. Wir wollen es wagen, sie zu stellen.

Vorwort zur Übersetzung

Die vorliegende deutsche Übersetzung von *You Are What You Love* (*Die Macht der Gewohnheit*) ist die neuste Ausgabe in einer ganzen Reihe internationaler Übersetzungen – Koreanisch, Portugiesisch, Schwedisch u. a. Passenderweise befinde ich mich, während ich dieses Vorwort schreibe, auch in der Vorbereitung auf eine Pfingstpredigt. Genau wie die Zeugen des ersten Jahrhunderts bin auch ich immer wieder überrascht von der Vielfalt der Sprachen, in die mein Buch übersetzt wird. Jede neue Ausgabe ist ein Wunder – und jede macht mich demütig und dankbar.

Die vorliegende Ausgabe erscheint genau zehn Jahre nach der Erstveröffentlichung des Buches. Einerseits ist eine Dekade kein besonders langer Zeitraum (je älter ich werde, desto weniger lang erscheint es!); andererseits fühlt sich 2016 an, als wäre es ewig weit weg. Eine kleine Veranschaulichung dieser Tatsache: Als *You Are What You Love* im April 2016 erstmals auf Englisch veröffentlicht wurde, wirkte die Vorstellung, Donald Trump würde kurz danach Präsident der Vereinigten Staaten werden, wie eine Farce. Wir hatten keine Ahnung, dass es sowohl eine Farce *als auch* Realität werden könnte.

Ich hebe das hervor, weil mein Buch versucht, aufzuzeigen, wie leicht die Selbstverständlichkeiten einer dominanten Kultur auch Christinnen und Christen assimilieren. All unser Bibelwissen, unsere Doktrin und unsere apologetische Kompetenz schaffen es nicht, den Verlockungen kultureller Liturgien zu widerstehen, die so oft unseren Intellekt überwältigen, während sie unsere Vorstellungskraft in Beschlag nehmen und dadurch unser Innerstes – in der Sprache der Bibel: unser «Herz» – prägen. Zu oft wehren sich Christinnen und Christen gegen falsche Lehre und schlechte Ideen, während sie gleichzeitig unbekümmert ihre Herzen von der List des Mammon vereinnahmen lassen. In den letzten zehn Jahren haben wir immer wieder gesehen, wie christliches Dogma für groteske Projekte der Macht, der Unterdrückung, der Exklusion und Entmenschlichung missbraucht wurde. In diesem Sinne halte ich die Diagnose kultureller Liturgien für relevanter denn je.

Dieses Buch ist im Geiste von Augustinus' *De civitate dei* (*Vom Gottesstaat*) geschrieben. Nicht weil ich mein eigenes Werk mit jenem Klassiker der christlichen Literatur vergleichen wollte, vielmehr meine ich damit, dass *Die Macht der Gewohnheit* dieselbe Form der Kulturkritik unternimmt, die Augustinus in seiner kritischen Auseinandersetzung mit heidnischen Ritualen und den «fantastischen Liturgien» des späten Römischen Reiches initiiert hat. Solche Rituale sind nicht in erster Linie deshalb gefährlich, weil sie zu falschem Denken führen, sondern weil sie unsere Herzen berühren – weil sie uns beibringen, zu lieben, was Rom liebt. Sie sind Übungseinheiten der *libido dominandi*.

Um aber diesen kulturellen Liturgien etwas entgegensetzen zu können, reicht eine blosse Analyse oder Kritik nicht aus. Wir benötigen Gegenmassnahmen. Wir brauchen erneuernde Liturgien, die unseren Herzen beibringen, das zu wollen, was Gott will – die von den Propheten so oft besungene Vision von *shalom*. Das ist der Grund, weshalb *Die*

Macht der Gewohnheit für die Wiederentdeckung der christlichen Weisheit kirchlicher Anbetung plädiert. Lieben lernen braucht Übung. Gott lieben zu lernen sowie das zu lieben, was Gott liebt, ist nur möglich durch die verleiblichten Praktiken der Anbetung, die vom Wort und Sakrament getragen sind. Durch diese Praktiken erlernen wir, ein kreuzförmiges Leben zu führen, das Zeugnis ablegt von jenem kommenden Reich, in dem Menschen aus jedem Volk, jeder Sprache und Nation das Lied des Lammes singen, das geschlachtet wurde und doch herrscht.

James K. A. Smith

Pfingsten 2026

1

Du bist, was du liebst

Anbeten ist menschlich

Was suchst du?

Das ist die Frage – die erste, die letzte und die grundsätzlichste Frage für die Nachfolge Jesu. Im Johannesevangelium ist es die erste Frage, die Jesus seinen neuen Anhängern stellt. Als sich ihm zwei angehende Jünger anschliessen wollen, die sich von der Begeisterung Johannes des Täufers für Jesus haben mitreissen lassen, wendet sich Jesus ihnen zu und fragt: «Was sucht ihr?» (Joh 1,38)

Das ist die Frage, die nahezu allen anderen Fragen zugrunde liegt, die Jesus an jeden von uns richtet. «Wirst du mir nachfolgen?» ist nur eine andere Formulierung für «Was suchst du?», ebenso wie die fundamentale Frage «Liebst du mich?», die Jesus seinem auf Abwege geratenen Jünger Petrus stellt (Joh 21,16).

Jesus tritt Matthäus und Johannes – oder dir und mir – nicht gegenüber und fragt: «Was weisst du?», ja nicht einmal: «Was glaubst du?» Stattdessen fragt er: «Was suchst du?» Und das ist die direkteste und durchdringendste Frage, die er uns stellen kann, und zwar gerade deshalb, weil wir *das sind,* was wir wollen, suchen und anstreben. Unsere Sehnsüchte, unser Verlangen und unsere Wünsche bilden den Kern unserer Identität. Sie sind jene Quelle, aus der unsere Handlungen und Verhaltensweisen entspringen. Unser Suchen hallt wider aus unseren Herzen, dem Epizentrum der menschlichen Person. Deshalb rät die Schrift: «Mehr als auf alles gib acht auf dein Herz, denn aus ihm strömt das Leben.» (Spr 4,23). Die Nachfolge Jesu – so könnten wir sagen – ist ein Weg, unser Herz neu auszurichten, indem wir darauf achten und uns bewusst machen, was wir lieben. Die Nachfolge ist also eher eine Sache des Hungerns und Dürstens statt des Wissens und Glaubens. Das Gebot Jesu, ihm nachzufolgen, ist die Aufforderung, unsere Leidenschaften und Sehnsüchte an den seinen auszurichten, also das zu wollen, was Gott will, zu ersehnen, was Gott ersehnt, und nach Gott zu hungern und zu dürsten und eine Welt zu begehren, in der er alles in allem ist – eine Vision, die in der Wendung «das Königreich Gottes» kurz und bündig zusammengefasst ist.

Jesus ist ein Lehrer, der nicht einfach Informationen vermittelt, sondern unsere Leidenschaften formt. Er gibt sich nicht damit zufrieden, unserem Geist neue Ideen zuzuführen; stattdessen geht es ihm um nichts Geringeres als um unser Verlangen, unsere Leidenschaften und Sehnsüchte. Seine «Lehre» erreicht nicht nur den ruhigen, kühlen, fokussierten Raum unserer Reflexion und unserer Andacht, vielmehr ist er ein Lehrer, der auch in die erhitzten, leidenschaftlichen Regionen des Herzens vorstösst. Er ist das Wort, das «hindurch [dringt] bis zur Scheidung von Seele und Geist»; *er* «urteilt über Regungen und Gedanken des Herzens» (Hebr 4,12). Jesus nachzufolgen heisst, zum Schüler jenes Rabbiners zu werden, der uns zu *lieben* lehrt; ein Jünger Jesu zu sein, bedeutet, sich an der Schule der Nächstenliebe einzuschreiben. Dabei ist Jesus kein Hochschuldozent und seine Schule der Nächstenliebe ist kein Hörsaal, in dem wir einfach nur dasitzen und Notizen machen, während er in einer Litanei von überfrachteten PowerPoint-Folien monotone Fakten über sich selbst vermittelt.

Und trotzdem verstehen wir die Nachfolge oft als ein in erster Linie didaktisches Unterfangen – als wäre sie ein weithin intellektuelles Projekt, ja, eine Sache des blossen Wissenserwerbs. Woran liegt das?

Die Antwort lautet: Weil jeder Interpretation der Nachfolge und der christlichen Bildung ein implizites Bild davon zugrunde liegt, was menschliche Wesen sind. Während diese Überzeugungen für gewöhnlich unausgesprochen bleiben, arbeiten wir in praktischer Hinsicht eben doch mit einigen fundamentalen (wenn auch stillschweigenden) Annahmen darüber, welche Art von Geschöpf wir sind – und daher auch darüber, welche Art von Lernenden wir sind. Wenn Jesus nachzufolgen heisst, sein Schüler und seine Anhängerin zu sein, dann hängt vieles davon ab, was unter «Lernen» zu verstehen ist. Und das, was darunter verstanden wird, hängt wiederum davon ab, wie man das Menschsein auffasst. Anders gesagt: Dein Verständnis von Nachfolge spiegelt eine Reihe von Arbeitshypothesen über die Natur des Menschen wider, auch wenn du dir bisher noch nie solche Fragen gestellt hast.

Diese Einsicht wurde mir vor einigen Jahren auf sehr plastische Weise vor Augen geführt. Damals fiel mir beim Blättern in einem christlichen Magazin eine schrille Werbeanzeige für eine Lernmethode für das Auswendiglernen von Bibelversen auf. Im Zentrum der Anzeige war das Gesicht eines Mannes zu sehen, auf dessen Stirn die überraschende Botschaft «DU BIST, WAS DU DENKST» zu lesen war. Das ist eine sehr explizite Weise auszudrücken, was viele von uns implizit annehmen. Nämlich, dass das Wesen des Menschen darin besteht, *ein denkendes* Wesen zu sein. Das ist ein Gedanke, der uns eher durch «moderne» als durch biblische Wissensbestände vermittelt worden ist. Obwohl wir beispielsweise den französischen Philosophen René Descartes, der im 17. Jahrhundert wirkte, vielleicht nie gelesen (oder auch nur von ihm gehört) haben, so übernehmen viele von uns unwissentlich seine Definition der menschlichen Person als *res cogitans,* als «denkende Sache». Wie Descartes betrachten wir unsere Körper als (bestenfalls!) unwesentliches, temporäres Vehikel zum physischen Transport unserer Seele oder unseres «Geistes», wo sich alles wirklich Wichtige abspielt. Wir stellen uns den Menschen, anders gesagt, als gigantische Wackelkopffigur vor, mit riesigem Kopf und im Vergleich dazu winzigem, unbedeutenden Körper. Den Geist betrachten wir als «Kommandozentrale»; mithin ist es das Denken, das definiert, wer wir sind. «Du bist, was du denkst» ist ein Motto, das den Menschen auf seine Gehirnmasse reduziert. Eine solche Denkvergegenständlichung unterstellt ironischerweise, dass das «Herz» des Menschen der Verstand ist. «Ich denke, also bin ich», sagte Descartes, und die meisten unserer Auffassungen von der Nachfolge Christi reproduzieren diesen Gedanken einfach ungeprüft.

Ein derartiges intellektualistisches Menschenbild – das uns auf unser blosses Denkvermögen reduziert – unterstellt, dass es beim Lernen (und folglich auch bei der Nachfolge) in erster Linie darum geht, Vorstellungen und Glaubenssätze in geistige Behälter abzufüllen. Die kritische Bildungstheoretikerin Bell Hooks bezeichnet dies im Rekurs auf Paulo Freire als «Bankmodell» der Pädagogik: Wir behandeln menschliche Lernende so, als wären sie Schliessfächer für Wissen und Ideen, rein intellektuelle Container für Überzeugungen. Das Handeln verstehen wir demnach als eine Art «Abhebung» von dieser Bank des Wissens, so als wären unsere Handlungen und unser Verhalten stets das Ergebnis bewusster, abwägender, rationaler Überlegungen, die mit einer Entscheidung abgeschlossen werden – also so, als wäre unser Verhalten im Grunde das Ergebnis einer kleinen Denkaufgabe in unserem Kopf, durch die wir uns unseren Weg durch die Welt bahnen. Doch bei all dem lassen wir die überwältigende Macht der Gewohnheit ausser Acht.[3]

Wir gehen also davon aus, dass ein Nachfolger Jesu ein *Lernender* ist, der durch die Schriften neue Informationen über Gott erhält – dass wirkliche Nachfolge eine *des Verstands* ist. Und das stimmt natürlich auch. Die Schrift fordert

---

3 Siehe Charles Duhigg, Die Macht der Gewohnheit. Warum wir tun, was wir tun, München 2014.

uns auf, alle Gedanken unter den Gehorsam Christi zu stellen (2Kor 10,5), und Veränderung durch eine Erneuerung unseres Denkens zu erfahren (Röm 12,2). Ein Anhänger Jesu wird ein Schüler des Wortes sein, einer, der «Lust hat an der Weisung des Herrn» (Ps 1,2). Wer es mit der Nachfolge ernst meint, wird jede Gelegenheit begierig ergreifen, mehr über Gott, sein Wort, seine Erwartungen an uns und seine Wünsche für seine Schöpfung zu erfahren. Du erscheinst nicht einfach nur zum Gottesdienst und hörst dir Predigten an, sondern besuchst Erwachsenenbildungsprogramme; du triffst dich zu Bibellesekreisen, liest täglich in der Schrift, besuchst möglichst jede Konferenz, verschlingst Bücher, die dir zu einem tieferen Verständnis Gottes und seines Worts verhelfen, und saugst Wissen in dich auf wie ein Schwamm. Du willst *lernen*.

Das gilt ironischerweise auch für solche Spielarten des christlichen Glaubens, die im Ruf stehen, «antiintellektualistisch» zu sein. Viele Varianten christlicher Frömmigkeit und Nachfolge, die der formalen Theologie und der höheren Bildung generell skeptisch gegenüberstehen, sind dennoch «intellektualistisch» in ihren Vorstellungen von Nachfolge und christlicher Bildung. Sie konzentrieren sich nämlich fast nur darauf, unsere intellektuellen Brunnen mit biblischem Wissen zu füllen, in der Überzeugung, dass wir uns unseren Weg zur Heiligkeit erdenken könnten – Heiligung durch Informationsvermittlung. Tatsächlich ist genau das der Gedanke hinter jener Werbung für das Programm zum Auswendiglernen von Bibelversen, das oben bereits erwähnt wurde: Wenn «du bist, was du denkst», dann sollte das Befüllen deines Verstands mit Bibelversen dir christusähnliche Eigenschaften verleihen, nicht wahr? Wenn «du bist, was du denkst», dann sollte eine Veränderung deines Denkens auch eine Veränderung deiner Person bewirken.

Oder nicht?

Die Macht der Gewohnheit

Siehst du manchmal einen Unterschied zwischen dem, was du *weisst,* und dem, was du *tust?* Hast du schon einmal festgestellt, dass sich neues Wissen und neue Informationen nicht in eine neue Art zu leben übersetzen? Hast du schon einmal erlebt, dass du am Sonntag eine unglaublich geistreiche und informative Predigt gehört hast und am Montagmorgen aufgewacht bist, voller Tatendrang und überzeugt davon, verändert worden zu sein, nur um schon am Dienstagabend wieder in die alten Muster zurückzufallen? Du hungerst nach Wissen und nimmst eifrig biblische Ideen auf; du sehnst dich danach, christusähnlicher zu werden, und doch scheinen all die neuen Kenntnisse nicht in einen neuen Lebensstil zu münden. Anscheinend können wir uns Heiligkeit nicht herbeidenken. Warum nicht? Übersehen wir dabei nicht etwas Zentrales? Geht es lediglich darum, *noch mehr* Wissen anzuhäufen? Oder denken wir einfach nicht intensiv genug nach?

Was aber, wenn es daran liegt, dass wir nicht einfach nur denkende Subjekte sind? Was wäre, wenn das Problem gerade in der falschen Vorstellung über das Wesen des Menschen liegt? Was wäre, wenn Descartes geirrt hätte und wir geblendet worden wären, uns als denkende Subjekte zu betrachten? Was, wenn wir gar nicht in erster Linie «Denkende» sind? Dann ist das Problem nicht nur unsere individuelle Entschlossenheit oder unser mangelndes Wissen, sondern eben gerade die Vorstellung, dass wir lediglich denkende Wesen sind. Was aber wäre die Alternative? Wenn wir den Primat von Denken und Wissen infrage stellen, gleiten wir dann nicht in eine antiintellektualistische Überbetonung unserer Emotionen und Gefühle ab? Und ist es nicht genau das, was in unserer Gegenwartskultur schiefläuft? Wir haben uns der Maxime «Wenn es sich gut anfühlt, dann tue es» verschrieben, die uns dazu ermutigt, «unseren Leidenschaften nachzugehen» und jeder Eingebung, jeder

Regung und jedem Bedürfnis nachzugeben, das sich gerade in uns bemerkbar macht.

Ist nicht genau dies der Grund dafür, dass Christen sich aufs *Denken* fokussieren – um das *Wissen* zu erwerben, das notwendig ist, um dieser Impuls-Kultur zu widerstehen?

Aber funktioniert das für dich? Sind wir nicht wieder bei unserem Ausgangsproblem angelangt? Haben all das neue Wissen, die neuen Informationen und das neue Denken dich etwa von alten Gewohnheiten befreit? Wie jeder weiss, der jemals bei den Anonymen Alkoholikern war, gilt die Regel «Deine besten Schlussfolgerungen haben dich hierhergebracht».[4]

Unsere falschen Vorstellungen vom Wesen des Menschen zu hinterfragen, ist nicht das Gleiche, wie das Denken per se abzulehnen, und die Grenzen des Wissens anzuerkennen heisst nicht, der Unwissenheit das Wort zu reden. Wir brauchen nicht *weniger* Wissen, sondern mehr als nur Wissen. Wir müssen die Macht der Gewohnheit erkennen.

Deshalb weisen wir auch das reduktionistische Bild zurück, das wir in der Moderne unbemerkt in uns aufgenommen haben und das uns vorgaukelt, ausschliesslich denkende Wesen zu sein. Stattdessen sollten wir uns ein biblisches, ganzheitliches Menschenbild aneignen, das unser Denken und Wissen im Verhältnis zu anderen grundlegenden Aspekten des Menschseins verortet. Wir haben uns so sehr daran gewöhnt, die Bibel aus rationaler Perspektive zu lesen – das heisst, die Welt durch die Brille des Cartesischen «Ich denke, also bin ich» zu betrachten –, dass sie uns unseren Intellektualismus und unsere irrtümliche Vorstellung vom Menschen zu bestätigen scheint. Wenn wir aber genauer hinsehen und diese besonderen Scheuklappen der Moderne

4 Ein Thema, das in David Foster Wallace' Roman *Unendlicher Spaß* (Köln 2011) eindrucksvoll erörtert wird.

ablegen, werden wir in der Schrift ein komplett anderes Menschenbild entdecken können.

Betrachten wir zum Beispiel das bemerkenswerte Gebet von Paulus für die Christen in Philippi am Anfang seines an sie gerichteten Briefs: «Und ich bete dafür, dass eure Liebe reicher und reicher werde an Erkenntnis und zu umfassender Einsicht gelangt, und dass ihr so zu prüfen vermögt, worauf es ankommt; dann werdet ihr rein sein und ohne Tadel am Tag Christi, erfüllt von der Frucht der Gerechtigkeit, die Jesus Christus wirkt, zur Ehre und zum Lob Gottes.» (Phil 1,9–11). Man beachte die Struktur des paulinischen Gebets: Liest man es oberflächlich, dann wird man den Eindruck erhalten, dass es Paulus hier vor allem um Erkenntnis geht. Tatsächlich könnte man auf den ersten Blick – und aufgrund unserer Denkgewohnheiten – vermuten, dass er für die Vertiefung der Erkenntnis der Christen betet, damit diese erkennen, was sie lieben sollen. Doch schauen wir noch einmal genauer hin. Das Gegenteil ist der Fall. Paulus betet dafür, dass die Liebe der Philipper immer reichhaltiger werde, weil die Liebe in gewisser Hinsicht die Voraussetzung für echte Erkenntnis ist. Es ist nicht so, dass ich zuerst erkenne, um danach lieben zu können, sondern vielmehr, dass ich liebe, um damit zu wahrer Erkenntnis zu gelangen. Und wenn wir verstehen wollen, «worauf es ankommt» – was wirklich zählt und von grösster Wichtigkeit ist –, dann, so Paulus, müssen wir den Anfang damit machen, uns um unsere *Liebe* zu kümmern.

Hier geht es also um ein völlig anderes Bild vom Menschen. Anstatt auf das rationalistische, intellektualistische Modell, das ein «Du bist, was du denkst» impliziert, deutet das Gebet des Paulus auf eine ganz andersgelagerte Überzeugung hin: «Du bist, was du *liebst*».

Was wäre, wenn wir, anstatt von der Annahme auszugehen, dass Menschen lediglich denkende Subjekte sind, wir zur Überzeugung gelangten, dass sie in allerererster Linie *Lie-*

bende sind? Was wäre, wenn wir nicht durch das definiert wären, was wir wissen, sondern durch das, was wir *begehren?* Was, wenn der Mittelpunkt und der Sitz der Person nicht in den verkopften Regionen des Intellekts, sondern in den Gefühlsregionen des Herzens läge? Wie würde dies unsere Auffassung von Nachfolge und christlicher Bildung verändern?

Uralte Weisheit für heutige Christen

Dieses antike, biblische Modell des Menschen ist genau das, was einer Kirche verordnet werden muss, die den Köder des modernen «denkenden Subjekts» geschluckt hat. Wie Robert Webber gern sagte, ist die Zukunft der Kirche uralt: Christliche Weisheit für eine postmoderne Welt kann in einer Rückkehr zu jenen antiken Stimmen gefunden werden, die dem modernen Reduktionismus nicht zum Opfer gefallen sind. Man denke etwa an das Werk des Augustinus, der aus Nordafrika stammte und im fünften Jahrhundert als Philosoph, Theologe und Bischof wirkte. Augustinus hatte dieses ganzheitliche Menschenbild bereits in der Frühzeit der Kirche entworfen. Im ersten Abschnitt seiner *Bekenntnisse* – seiner geistlichen Autobiografie, die im Stil eines Gebets verfasst ist – bringt er den Kern menschlicher Identität mit den folgenden Worten auf den Punkt: «[D]enn auf dich hin hast du uns gemacht, und unruhig ist unser Herz, bis es ruht in dir.»[5] In diesem einen Satz steckt eine Weisheit, die die Art und Weise, wie wir Themen wie die Anbetung, die Nachfolge Jesu und die christliche Bildung definieren, radikal verän-

---

5 Augustinus, Confessiones/Bekenntnisse. Lateinisch/Deutsch. Übersetzt herausgegeben und kommentiert von Kurt Flasch und Burkhard Mojsisch, Stuttgart 2009, I,1,1.

dern sollte. Aus Augustinus' Erkenntnis lassen sich mehrere Themen ausmachen, auf die wir nun eingehen wollen.

Augustinus beginnt mit einer Aussage über die Schöpfung, nämlich wofür wir Menschen gemacht sind. Dies ist aus mehreren Gründen bemerkenswert. Erstens wird darin anerkannt, dass Menschen durch und *für* den Schöpfer, der in Jesus Christus erkannt wird, geschaffen worden sind. Um wahrhaft und vollkommen Mensch zu sein, müssen wir, anders gesagt, uns selbst im Verhältnis zu unserem Schöpfer «finden», der uns gemacht hat und für den wir geschaffen sind. Durch die Evangelien lernen wir, Mensch zu sein.[6] Oder wie Irenäus es einmal formulierte: «Denn Gottes Ruhm ist der lebendige Mensch [...].»[7] Zweitens ist das implizite Bild des Menschseins *dynamisch*. Mensch zu sein heisst, *für* etwas da zu sein, auf etwas hin ausgerichtet und orientiert zu sein. Mensch zu sein heisst, auf dem Weg zu sein, hinter etwas her zu sein. Wir müssen uns bewegen, um zu leben. Wir sind nicht bloss statische Behälter für Ideen, sondern dynamische Geschöpfe, die auf ein *Ziel* zusteuern. In der Philosophie gibt es dafür einen griffigen Terminus: Was auf ein Ziel oder *telos* (Ziel, Zweck) hin tendiert, wird als «teleologisch» bezeichnet. Und Augustinus stellt mit Recht fest, dass Menschen teleologische Wesen sind.

Ein zweites bemerkenswertes Thema ist Augustinus' Verortung des «Organs» dieser teleologischen Orientierung in unserem Herzen, dem Sitz unseres Verlangens und unserer Sehnsüchte. Unglücklicherweise wird der Begriff des Herzens (*kardia* auf Griechisch) in unserer Kultur romantisch-kitschig à la Hollywood verklärt. Das ist aber weder

---

6 Vgl. J. I. Packer / Thomas Howard, Christianity. The True Humanism, Waco 1985.

7 Irenäus, Gegen die Häresien / Contra Haereses, in: Des heiligen Irenäus fünf Bücher gegen die Häresien, übers. v. Ernst Klebba (Bibliothek der Kirchenväter, München 1912), IV,20,7.

das, was die biblische Rede vom *kardia* besagt, noch das, was Augustinus meint. Vielmehr sollen wir uns das Herz als Zentrum unserer fundamentalsten Sehnsüchte vorstellen – als eine unbewusste *Orientierung* des inneren Menschen zur Welt hin. Daher fasst Augustinus diese auch nicht als rein intellektuelles Vorhaben auf. Er sagt ja nicht: «Denn zu *deiner Erkenntnis* hin hast du uns geschaffen, und ignorant ist unser Geist, bis er dich verstanden hat.» Das von ihm beschriebene Verlangen gleicht weniger der Neugier als dem Hunger, weniger einer zu lösenden intellektuellen Aufgabe als einem Verlangen nach Nahrung (siehe Ps 42,1–2). In diesem Bild liegt das Zentrum des Menschen also nicht im Intellekt, sondern im Herzen. Warum? Weil das Herz die existenzielle Kammer unserer *Liebe* ist, und diese ist es, die uns auf ein höchstes Ziel (oder *telos*) hin ausrichtet. Es ist also nicht nur so, dass ich um ein Ziel «weiss» oder an irgendein *telos* «glaube». Vielmehr *sehne* ich es herbei. Ich *will* etwas, und zwar unbedingt. Mein Verlangen ist es, das mich definiert. Kurz gesagt: Du bist, was du liebst.

In der dynamischen Beziehung zwischen Liebe und Wissen, Kopf und Herz, zeichnet die Bibel ein umfassendes Bild vom Menschen. Nicht nur unser Verstand wird von Gott erlöst, sondern die *ganze* Person: Kopf, Herz und Hände. Christus nimmt unser Denken in Beschlag, aber eben auch unser Herz *(kardia)*, ja selbst das, was Paulus unser *splagchna* nennt, unsere «Eingeweide» oder «inneren Teile», die der Sitz unserer «Leidenschaften» sind.

Die Wissenschaft ist heutzutage bemüht, allmählich zu dieser uralten biblischen Weisheit über den Menschen durchzudringen. So haben Forscher der University of California Los Angeles (UCLA) und der McMaster University Experimente durchgeführt, die sich auf unser «Bauchgefühl» konzentrieren. Diese Untersuchungen deuten darauf hin, wie Mikroben in unserem Magen die neuronale Aktivität des Gehirns beeinflussen. «Das Gehirn ist bloss ein weiteres Organ», wie sie berichten. «Es wird definitiv durch die Vorgänge im

übrigen Körper beeinflusst.» (www.npr.org/sections/health-shots/2013/11/18/244526773/gut-bacteria-might-guide-the-workings-of-our-minds [26.03.2026]) Tatsächlich informiert *Scientific American* darüber, dass es «ein oft übersehenes neuronales Netzwerk gibt, das unsere Eingeweide durchzieht und so gross ist, dass einige Wissenschaftler es scherzhaft als unser ‹zweites Gehirn› bezeichnen» (www.scientificamerican.com/article/gut-second-brain/ [15.09.2025]).
Kein Wunder also, dass Jesus uns einlädt, ihm durch Essen und Trinken nachzufolgen (Joh 6,53–58). Die Nachfolge schliesst nicht nur unseren Verstand und auch nicht nur unser Herz ein; sie erreicht auch den inneren Menschen, unsere *splagchna* oder den Ort unserer Leidenschaften.

Tatsächlich könnten wir sagen, dass Menschen von Grund auf *erotische* Geschöpfe sind. Leider ist das Wort «Erotik» in unserer pornografischen Kultur aus nachvollziehbaren Gründen sehr negativ konnotiert, weshalb Christen auf den *eros* eher allergisch reagieren (und oft grosse Unterschiede zwischen *eros* und *agape* postulieren, und dabei Letztere als «christliche» Liebe verehren). Doch damit wird die Bedeutung des Begehrens ihrer fehlgeleiteten Vereinnahmung durch die zeitgenössische Kultur preisgegeben.[8] In seinem engsten Sinne signalisiert *eros* ein Verlangen und eine Anziehungskraft, die ein gutes Merkmal unserer Kreatürlichkeit darstellt. Statt also einen falschen Gegensatz zwischen *eros* und *agape* zu konstruieren, können wir uns *agape* eher als wohlgeordneten *eros* vorstellen: Die Liebe Christi, die in unsere Herzen durch den Heiligen Geist ausgegossen ist (Röm 5,5), ist ein erlöstes, wohlgeordnetes Verlangen nach Gott. Du bist, wonach du *verlangst*.

Dieser teleologische Aspekt des Menschseins bildet im Verbund mit der zentralen Stellung der Liebe Augustinus' dritte Einsicht: Weil wir dazu gemacht sind, den einen Gott

8 Man könnte sagen, dass hier *eros* und *porneia* verwechselt werden.

zu lieben, der uns geschaffen hat und uns liebt – «Wir aber lieben, weil er uns zuerst geliebt hat.» (1Joh 4,19) –, werden wir erst «Ruhe» finden, wenn unsere Fähigkeit zu lieben angemessen auf dieses letzte Ziel ausgerichtet ist. Augustinus beschreibt aber auch die Folgen falscher Entscheidungen: Da unsere Herzen dazu gemacht sind, ihr Ziel in Gott zu finden, werden wir eine beklemmende Angst und Ruhelosigkeit erfahren, wenn wir versuchen, unser Bedürfnis nach Liebe anders als in Gott zu stillen. Menschsein heisst, ein Herz zu haben. Wir können nicht nicht lieben. Die Frage ist also nicht, *ob* wir etwas als Höchstes lieben werden, sondern lediglich, *was* wir als das Höchste definieren werden. Du bist, was du liebst.

Dieser kurze Streifzug durch die Heilige Schrift und die immer noch gültige Weisheit des heiligen Augustinus offenbaren ein vollkommen anderes Menschenbild als das, von dem wir üblicherweise ausgehen. Dieses Modell stellt einen Rahmen bereit, in dem wir über die Aufgabe der Nachfolge, das Wesen der Heiligung und die Rolle der Anbetung nachdenken können. Wir wollen das, wovon hier die Rede ist, mithilfe einer Metapher auf anschauliche Weise entschlüsseln.

Dem Verlangen eine Orientierung geben – die Suche nach dem Menschsein

Mensch zu sein bedeutet, eine Mission zu verfolgen. Zu leben heisst, sich auf eine Art unbewusste Reise zur Verwirklichung der eigenen Träume zu begeben. Wie Blaise Pascal im Zuge seiner berühmten Wette schrieb: «[M]an muss wetten. Das ist nicht freiwillig. Ihr seid mit hineingezogen.»[9] Man kann sein Leben nicht *nicht* für etwas einset-

9 Blaise Pascal, Pensées – Gedanken, übers. v. Sylvia Schiewe, Darmstadt 2016.

zen. Man kann nicht *nicht* eine bestimmte Richtung einschlagen. Wir leben in einer Vorwärtsbewegung auf einen bestimmten Ort hin, den wir ersehnen.

Diesen Ort, zu dem es uns unbewusst hinzieht, nannten die alten Philosophen unser *telos* – unser Ziel, unseren Lebenszweck. Das *telos* aber, auf das hin wir leben, ist nichts, was wir in erster Linie wissen oder glauben oder denken; vielmehr ist es das, was wir *wollen,* ersehnen und begehren. Es ist nicht so sehr ein Ideal, über das wir nachdenken, sondern eine Vision des «guten Lebens», nach dem wir uns sehnen. Es ist ein Bild von Wohlergehen, dem wir auf eine untergründige und oft unausgesprochene Weise anhängen – eine vage, aber ansprechende Ahnung davon, wo unserer Meinung nach wahres Glück zu finden ist. Es ist die Vision, von der Cosette inmitten des ganzen Elends von Victor Hugos *Les Misérables* singt – ihr «Schloss auf einer Wolke». Die meisten von uns gehen zwar mit weniger grandiosen Visionen durchs Leben, die sie motivieren, aber solche unausgesprochenen und unbewussten Varianten sind nicht weniger kraftvoll. Das menschliche Dasein besteht darin, ein Königreich zu ersehnen – ein bestimmtes Königreich. Es als solches zu bezeichnen, signalisiert, dass wir nicht nur von irgendeinem persönlichen, privaten Eden sprechen – einem individuellen Nirvana also –, sondern auch, dass wir uns alle nach einer sozialen Vision sehnen, wie die Gesellschaft unserer Meinung nach aussehen sollte. Deshalb ist ihr auch etwas *Letztgültiges* zu eigen. Sich an einer Vorstellung vom guten Leben zu orientieren, bedeutet, einer Vision davon zu folgen, wie die Welt sein *sollte.*

Mensch zu sein heisst, von einer Vision des guten Lebens motiviert zu werden, von dem, was wir als «Wohlergehen» definieren. Genau das *wollen* wir. Wir verzehren und sehnen uns danach. Unsere grundlegendste Orientierung in dieser Welt ist diejenige der Liebe. Unsere Sehnsüchte treiben uns an, unser Begehren gibt uns die Richtung vor.

Mensch zu sein heisst, von einer Vision des «guten Lebens» motiviert und angeleitet zu werden.

Allerdings machen wir uns solche am guten Leben gekoppelte Lebensweisen normalerweise nicht deshalb zu eigen, weil wir unsere Optionen «denkend» durchgespielt haben, sondern weil uns irgendeine anziehende Vorstellung in ihren Bann geschlagen hat. Antoine de Saint-Exupéry, der Autor des *Kleinen Prinzen,* fasst die Motivationskraft solcher Verlockungen prägnant im folgenden Ratschlag zusammen: «Wenn Du ein Schiff bauen willst, dann trommle nicht Männer zusammen, um Holz zu beschaffen, Aufgaben zu vergeben und die Arbeit einzuteilen. Sondern lehre sie die Sehnsucht nach dem weiten endlosen Meer.»[10] Es sind nicht abstrakte Vorstellungen, die uns letztlich motivieren, noch lassen wir es zu, dass Regeln und Pflichten unser Leben diktieren. Starke Anziehungskraft übt ein idealisiertes Bild des

10 Antoine de Saint-Exupéry, Die Stadt in der Wüste, Düsseldorf 2009.

«guten» Lebens aus, auf das wir unser ganzes Leben und Wirken ausrichten. Wir werden in eine Lebensform hineingezogen, die als verheissungsvoller Weg erscheint, um in dieser Welt Erfüllung zu finden. Ein solches *telos* wirkt letztlich auf uns ein, nicht indem der Verstand überzeugt wird, sondern durch die Verheissung eines guten Lebens.

Noch einmal: Wir sehnen uns nicht nach einer abstrakten Vorstellung eines Königreichs, sondern nach einem ganz konkreten.

Und das gilt für alle Menschen; es ist ein Kennzeichen unserer menschlichen Machart. Man kann nicht nicht lieben. Deshalb ist das Herz Dreh- und Angelpunkt des Menschen, der Motor, der unser Dasein antreibt. Wir sind in allererster Linie Liebende. Wenn wir dies im Sinne der Metapher einer Sinnsuche oder Reise verstehen, dann könnten wir sagen, dass das menschliche Herz zum einen ein Kompass und zum anderen ein internes Leitsystem ist. Das Herz gleicht einem multifunktionalen Sehnsucht-Gerät, zur Hälfte Motor und zur anderen Hälfte Leuchtturm, der uns den Weg nach Hause weist. Die Sehnsüchte des Herzens, die gewissermassen unter dem Radar des Bewusstseins operieren, wirken als unser standardmässig eingestellter Autopilot. Sie sind zugleich Wegweiser und Antrieb auf dem Weg zum Königreich. Zwischen dem *telos,* auf das hin wir orientiert sind, und den Wünschen und Sehnsüchten, die uns in diese Richtung ziehen, besteht eine Resonanz – ähnlich wie die magnetische Kraft des Pols die existenzielle Nadel unseres Herzens bewegt. Du bist, was du liebst, weil du auf das hin lebst, was du *willst*.

Augustinus gibt uns noch eine weitere Metapher für das Verständnis dieser Dynamik an die Hand. Liebe ist demnach wie die Schwerkraft. Da Augustinus Jahrhunderte vor Newtons Erkenntnissen schrieb, weicht seine Sprache, die er dabei benutzt, von derjenigen des britischen Forschers ab. Er formuliert dies wie folgt:

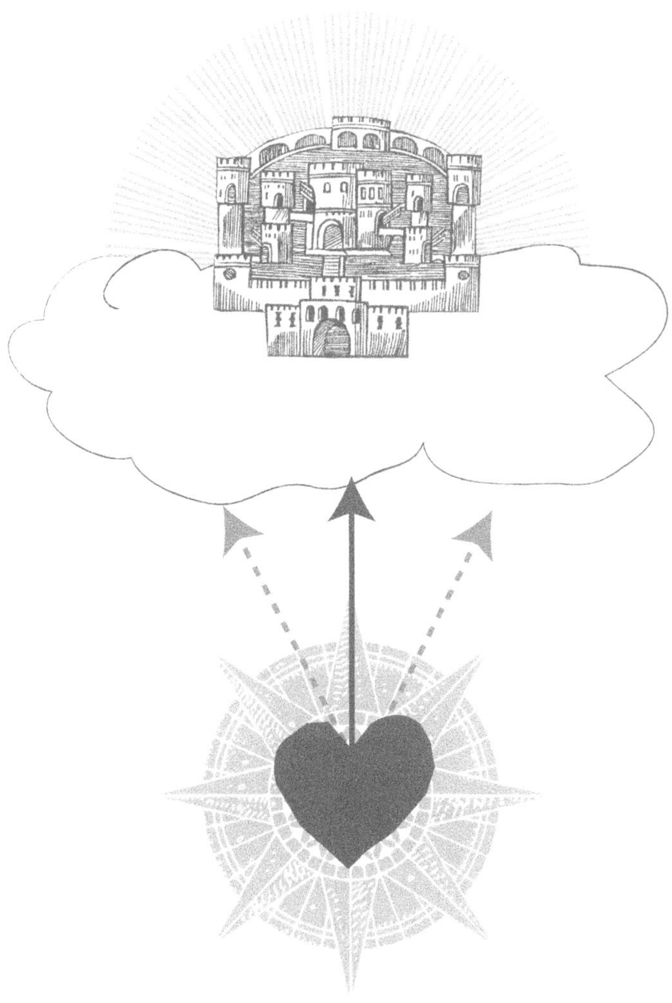

Das menschliche Herz ist ein Kompass, der uns auf eine Vision «des Königreichs», unser telos, *hin orientiert.*

> Der Körper strebt aufgrund seiner Schwere dem gehörigen Ort zu. Die Schwere zieht ihn aber nicht nur nach unten, sondern bewirkt, dass er dem gehörigen Ort zustrebt. Das Feuer sucht den Weg nach oben, der Stein den nach unten. Aufgrund ihrer Schwere bewegen sie sich und streben dem gehörigen Ort zu. Öl, ins Wasser gegossen, erhebt sich über das Wasser, Wasser, über Öl gegossen, sinkt unter das Öl: Aufgrund ihrer Schwere bewegen sie sich und streben dem gehörigen Ort zu. Was nicht recht geordnet ist, besitzt keine Ruhe: Wird es gehörig geordnet, findet es auch Ruhe.[11]

Wir alle kennen das Prinzip, von dem Augustinus hier spricht. Hast du jemals in einem Schwimmbecken gespielt und versucht, einen aufblasbaren Strandball unter der Wasseroberfläche festzuhalten? Seine Tendenz – oder, wie wir sogar auch sagen könnten, sein Hang oder seine Neigung – ist es, aufzusteigen. Er ist «unruhig», wenn er unter Wasser gehalten wird, und versucht, unter den Händen oder Füssen durchzuschlüpfen und mit Macht durch die Wasseroberfläche zu brechen. Er *will* schwimmen. Wenn *ich* hingegen als Mensch versuche, ruhig an der Oberfläche zu treiben, dann zieht mich mein Körpergewicht nach unten.

Augustinus geht einen Schritt weiter, um diese Analogie zu analysieren: «Die mir zugehörige Schwere ist meine Liebe», heisst es bei ihm; «sie ist es, die mich trägt, in welche Richtung auch immer.»[12] Die uns antreibende Liebe ist wie eine Art Schwerkraft, die uns in die eine oder andere Richtung zieht. Ist sie von materiellen Dingen besetzt, dann ist sie ein Gewicht, das uns nach unten zu den niederen Dingen zieht. Wird unsere Liebe jedoch durch das erneuernde Feuer des Geistes belebt, dann strebt unser Gewicht nach oben. Oder um in Augustinus' beeindruckendem Bild zu bleiben:

---

11 Augustinus, Confessiones/Bekenntnisse. Lateinisch/Deutsch. Übersetzt herausgegeben und kommentiert von Kurt Flasch und Burkhard Mojsisch. Stuttgart 2009, XIII,9,10.

12 Ebd.

«Durch dein Geschenk werden wir entflammt und werden nach oben getragen; wir werden zur heißen Glut und steigen empor. Im Herzen treten wir den Aufstieg an und stimmen an den Gesang auf die Stufen. Durch dein Feuer, dein gutes Feuer, werden wir zur heißen Glut und steigen empor, empor zum Frieden Jerusalems, denn: *Wie freue ich mich mit denen, die mir gesagt haben: Wir wollen zum Haus des Herrn gehen.* [Ps 121,1] Dein guter Wille wird uns dort einen Platz anweisen, dass wir nur noch das wollen: dort auf ewig verbleiben.»[13] Die Nachfolge soll unsere Leidenschaft für den Herrn entflammen und das «Gewicht» unserer Liebe verändern.

Ein erotischer Kompass: Liebe ist eine Gewohnheit

In diesem alternativen Modell des Menschen ist das Gravitationszentrum unserer Identität im Herzen verortet – also in unserem Begehren und unseren Sehnsüchten, oder kurz: im Bauchgefühl des *kardia*. Unser Begehren richtet uns auf ein höchstes *telos* aus, das wir als das gute Leben betrachten, jene Variante des Königreichs, auf die wir hinleben. Ein Mensch zu sein heisst, ein Liebender zu sein und eine höchste Sache zu lieben.

Was das für unsere Nachfolge bedeutet, werden wir aber nur dann angemessen würdigen können, wenn wir anerkennen, dass eine solche Liebe eine Art unterbewusstes Verlangen ist, das ohne *unser gedankliches Zutun* wirkt. Um

---

13 Ebd. Augustinus' ursprüngliche Quelle war hier die Vulgata, genauer die Psalmen 83,6; 119,1 und 121,6. In gewisser Weise kombiniert Eddie Vedders Song «Rise» (aus dem Soundtrack des Films *Into the Wild*, aber auch Fans der Fernsehserie *Der gefährlichste Job Alaskas* bestens bekannt) diese beiden Metaphern miteinander: «Gonna rise up / Find my direction magnetically». (Ich danke Mark Mulder für den Hinweis.)

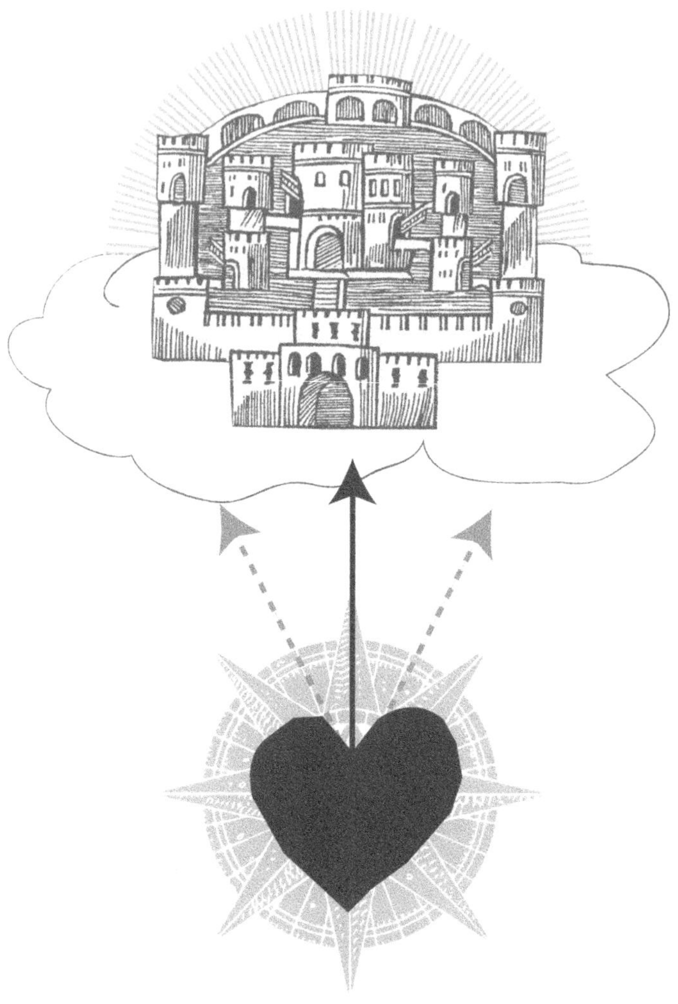

Liebe ist wie ein Autopilot – sie lenkt uns, ohne dass wir darüber nachdenken müssen.

nicht auf das reduktionistische Klischee hereinzufallen, dass Liebe lediglich ein Gefühl ist, weisen wir manchmal (zu Recht) darauf hin, dass sie vielmehr eine Entscheidung ist – oder, wie der Country-Sänger Clint Black ins Mikrofon gehaucht hat, «etwas, was wir tun». In einem gewissen Sinne stimmt das auch. In einem anderen Sinne ist Liebe, wie wir sie hier diskutieren – unsere fundamentalste Orientierung auf die Welt hin –, aber weniger eine bewusste Entscheidung als eine grundlegende Neigung, eine standardmässige Orientierung sozusagen, die unsere Entscheidungen überhaupt erst hervorbringt.

Diese Art, über Liebe nachzudenken, hat ihren Ursprung in der Bibel. Wir müssen die verkürzte Definition des Menschen als bloss denkendes Subjekt überwinden und uns Paulus zuwenden. Er bringt einen neuen interessanten Aspekt ins Spiel, um die Liebe zu beschreiben. So ermahnt er die Christen von Kolossä: «So bekleidet euch nun als von Gott auserwählte Heilige und Geliebte mit innigem Erbarmen, Güte, Demut, Sanftmut und Geduld! Ertragt euch gegenseitig und vergebt einander, wenn einer dem andern etwas vorzuwerfen hat. Wie der Herr euch vergeben hat, so sollt auch ihr vergeben! Über all dem aber vergesst die Liebe nicht: Darin besteht das Band der Vollkommenheit.» (Kol 3,12–14).

Paulus nutzt eine Bekleidungsmetapher zur Beschreibung des christusähnlichen Lebens: Christus «anzuziehen» bedeutet, uns in Barmherzigkeit, Freundlichkeit, Bescheidenheit, Sanftmut und Geduld zu hüllen (vgl. Röm 13,14). Und all diesen Dingen sollen wir dann noch die Liebe «überziehen», so als sei die Liebe der breite Gürtel, der das Ganze zusammenhält. Nun aber beachte man, wie Paulus diese christusähnlichen Charakterzüge beschreibt: Sie sind allesamt *Tugenden*. Und während wir uns zwar noch vage daran erinnern, dass Tugend eine ethische Kategorie ist, teilen wir das klassische Verständnis dieses Begriffs nicht mehr, weshalb uns die Schlagkraft des von Paulus hier Gesagten entgeht. Daher möchte ich hier kurz auf die Grundzüge der Tugend eingehen, damit wir anschliessend die Implikationen von Paulus' Ermahnung im Hinblick auf die Liebe besser verstehen können.

Tugenden sind ganz einfach gute moralische Gewohnheiten. (Ihre schlechten Pendants werden, wie du vielleicht schon erraten hast, «Laster» genannt.) Gute moralische Gewohnheiten sind wie intrinsische Veranlagungen zum Guten – Charakterzüge, die so sehr mit der eigenen *Identität* verwoben sind, dass wir als Menschen dazu neigen, mitfühlend, nachsichtig und Ähnliches zu sein. Tugenden unterscheiden sich insofern von moralischen Gesetzen oder Regeln, als diese äusserliche Ordnungen des Guten sind. Wie Thomas von Aquin gezeigt hat, besteht tatsächlich eine umgekehrt proportionale Beziehung zwischen den Tugenden und dem Gesetz:[14] Je tugendhafter eine Person ist – das heisst, je eher sie die innewohnende Veranlagung zum Guten aufweist, die aus ihrem Charakter herausfliesst –, desto weniger braucht sie die äussere Macht des Gesetzes, um sie zum guten Handeln zu bewegen. Umgekehrt gilt: Je «lasterhafter» eine Person oder Personengruppe ist, desto mehr braucht sie die «eiserne Faust» des Gesetzes, um sie dazu zu bringen, das zu tun, was sie tun soll. Jeder Person, die Kinder grossgezogen hat, ist diese Dynamik unmittelbar vertraut. Von Kindesbeinen an müssen wir unseren Kindern einschärfen (und sie dazu motivieren), das Richtige zu tun. Wir trainieren ihren moralischen Kompass mit dem Ziel und der damit verbundenen Hoffnung, dass sie sich in diesem Prozess ein Gespür für das Gute aneignen. Sie sollen zu *Menschen* werden, die das Gute tun, ohne dass dafür ein von Regeln ausgeübter Zwang nötig wäre.

---

14 Thomas von Aquin, Summa Theologica I–II, 92,1.

In einem gewissen Sinne bedeutet tugendhaft zu werden also, das Gesetz (und das Gute, auf das es hindeutet) so zu verinnerlichen, dass man es mehr oder weniger automatisch befolgt. Und wenn wir dann tugendhaft leben, dann wird diese Gewohnheit, mit Aristoteles gesprochen, zur zweiten Natur. Warum bezeichnen wir Dinge als «zweite» Natur? Unsere «erste» Natur ist jene biologische Realität, die wirkt, ohne dass wir darüber nachdenken. Wir müssen uns nicht dazu entscheiden, jetzt gerade zu atmen. Wir verschwenden keinen Gedanken daran. (Na ja, vielleicht tun wir es jetzt, nachdem wir darauf aufmerksam gemacht worden sind. Aber in 99,9 % der Zeit atmen und verdauen wir unser Frühstück, ohne darüber nachzudenken.) Es ist vielmehr einfach «die Natur», die sich um einen Prozess kümmert, der unterhalb unseres Bewusstseins abläuft. Die Gewohnheiten nun, die zur «zweiten» Natur werden, operieren auf die gleiche Weise: Sie verbinden sich so sehr mit unserer Person, dass sie für uns selbst genauso natürlich werden wie das Atmen. Man muss über solche Dinge weder nachdenken noch einen bewussten Entscheid fällen; sie geschehen ganz selbstverständlich. Hat man sich jene Tugenden angeeignet, die zur zweiten Natur gehören, dann heisst das, dass man ein dem Guten zugeneigter Mensch geworden ist. Man wird freundlich und empathisch und nachsichtig sein, weil es dem eigenen Charakter entspricht. Wir müssen nicht mehr darüber nachdenken – wir sind einfach so. (Es ist vielmehr ein verlässliches Zeichen dafür, dass wir die Tugend des Mitgefühls *nicht* besitzen, wenn wir uns *überlegen* müssen, ob wir tatsächlich mitfühlend sein sollten!)

Es stellt sich daher nun folgende Kernfrage: Wie eigne ich mir solche Tugenden an? Ich kann sie mir ja nicht einfach gedanklich erschliessen.[15] Das ist ein weiterer Unterschied

---

15 Das gleiche Prinzip gilt auch für den Erwerb *schlechter* moralischer Gewohnheiten, also von Lastern. Ich erlerne sie ebenfalls durch

zwischen Gesetzen und Regeln auf der einen und Tugenden auf der anderen Seite: Gesetze, Regeln und Befehle spezifizieren und artikulieren das Gute; sie *belehren* mich darüber, was ich tun soll. Bei den Tugenden ist das anders. Sie werden nicht intellektuell, sondern affektiv erworben. Die Tugenderziehung ist daher auch nicht wie das Studium der Zehn Gebote oder das Auswendiglernen von Kolosser 3, Verse 12 bis 14. Die Erziehung zur Tugendhaftigkeit ist vielmehr eine Art *Persönlichkeitsbildung,* quasi eine Nachschulung unserer Veranlagungen. Tugenden zu «erlernen» – also tugendhaft zu werden – ähnelt eher dem Üben von Tonleitern auf dem Klavier als dem Studium der Musiktheorie; Ziel ist es, dass die *Finger* die Tonleiter erlernen, damit sie dann gewissermassen «natürlich» spielen können. Lernen ist hier also nicht nur Informationserwerb, sondern bedeutet, etwas in die DNA des eigenen Daseins selbst einzuschreiben.

Philosophen und Theologen von Aristoteles bis Thomas von Aquin haben zwei Aspekte des Tugenderwerbs besonders betont. Erstens erlernen wir die Tugenden durch *Nachahmung*. Genauer gesagt, wir erlernen Tugendhaftigkeit, indem wir Vorbilder der Gerechtigkeit, des Mitgefühls, der Freundlichkeit und der Liebe imitieren. In unserer Kultur, die «Authentizität» wertschätzt und das Neue und Einzigartige belohnt, ist die Nachahmung jedoch in Verruf geraten, so als sei der Begriff des Imitators gleichbedeutend mit dem eines Blenders (man denke etwa an «Lederimitat»). Das Neue Testament rückt die Nachahmung hingegen in ein ganz anderes Licht. Dort werden wir sogar dazu ermahnt, Nachahmer zu sein. «Folgt meinem Beispiel, wie auch ich dem Beispiel Christi folge!», heisst es bei Paulus (1Kor 11,1). In ähnlicher Weise ermutigt er die Christen in Philippi zur

---

Nachahmung und Übung. Man denke in diesem Zusammenhang an 3Joh 11: «Geliebter Freund, ahme nicht das Böse nach, sondern das Gute!»

Nachahmung: «Folgt meinem Beispiel, liebe Brüder und Schwestern, und richtet euren Blick auf die, welche ihr Leben auf diese Weise führen; ihr habt ja uns als Vorbild.» (Phil 3,17)[16] Wie ein kleiner Junge, der sich zu rasieren lernt, indem er das nachmacht, was sein Vater tut, lernen wir, uns die Tugenden «anzuziehen», indem wir diejenigen imitieren, die uns Vorbilder für ein christusähnliches Leben sind. Dies ist ein Teil der formativen Macht unserer Lehrer, die uns einen christlichen Lebensstil vorleben. Und es ist auch der Grund dafür, warum die christliche Tradition die Heiligen stets als vorbildliche Beispiele hochgehalten hat, die – in Form von buntem Kirchenfensterglas – oft den «Hintergrund» der christlichen Anbetung bildeten.

Zweitens erwerben wir Tugenden durch *Übung*. Solche moralischen, das Königreich widerspiegelnden Veranlagungen werden durch wieder und wieder praktizierte Rhythmen, Routinen und Rituale in unseren Charakter eingeprägt und pflanzen uns eine Empfänglichkeit für das Ziel *(telos)* ein, die zu einem Charakterzug wird – eine Art erlernte, Grundausrichtung, zu der wir tendieren, «ohne darüber nachzudenken». Hier ist es wichtig zu betonen, dass solche Veranlagungen nicht «natürlich» sind. Wir sprechen hier nicht von biologischen Anlagen oder Instinkten. Tugenden werden vielmehr erlernt und erworben, und zwar durch Nachahmung und Übung. Es ist, als hätten wir moralische Muskeln, die auf die gleiche Weise trainiert werden wie unsere biologischen Muskeln, wenn wir zum Beispiel einen Abschlag beim Golf trainieren oder Tonleitern am Klavier üben.

Warum ist das Gesagte nun aber für unser Vorhaben von Belang, ein alternatives Menschenbild zu skizzieren?

---

16 Und im ersten Brief an die Thessalonicher heisst es: «Ihr seid unserem Beispiel gefolgt und dem des Herrn, da ihr in grosser Bedrängnis das Wort angenommen habt mit einer Freude, die aus dem heiligen Geist kommt.» (1Thess 1,6; vgl. 2Thess 3,7 und 3,9).

Wenn man ist, was man liebt, und wenn Liebe eine Tugend ist, dann ist Liebe eine *Gewohnheit*. Das bedeutet, dass unsere grundlegendste Weltorientierung – nämlich unsere Sehnsüchte und unser Verlangen, die uns auf das gute Leben ausrichten – durch Nachahmung und Einübung geformt und ausgestaltet wird. Und dies wirkt sich entscheidend darauf aus, wie wir die christliche Bildung und Nachfolge angehen.

Das Herz kalibrieren: Liebe braucht Übung

Auf den Punkt gebracht: Wenn man ist, was man liebt, und wenn Liebe eine Gewohnheit ist, dann ist Nachfolge eine Umgewöhnung unserer Art zu lieben. Das bedeutet, dass sie eher eine Sache der *Um*bildung denn der Bildung ist. Das Lernen, das für christliche Bildung fundamental ist, funktioniert affektiv und «erotisch». Es ist eine Sache der «Ausrichtung» unserer Liebe bzw. der Orientierung unseres Verlangens auf Gott hin sowie auf das, was er für seine Schöpfung vorgesehen hat.

Wenn ich das bin, was ich liebe, und meine Liebe auf ein *telos* abzielt, sich also an unserer Auffassung vom guten Leben orientiert, dann lautet die entscheidende Frage, die wir uns stellen müssen: Wonach richten wir unsere Liebe aus und wie lenken wir sie? Bislang haben wir festgestellt, dass Menschsein bedeutet, ein Liebender zu sein, ein Wesen, dessen Art und Weise, in dieser Welt zu leben, durch seine begehrensmässige Orientierung auf das hin gesteuert und davon beherrscht wird, was es zutiefst ersehnt. Ausserdem haben wir gesehen, dass tatsächlich jedes menschliche Wesen dazu geschaffen wurde, sein *telos* im Schöpfer selbst zu finden, in jenem König, der uns in der Gestalt Jesu gegenübergetreten ist. Doch diese Wesensmerkmale der menschlichen Existenz sind keine Garantie dafür, dass wir uns in die richtige Richtung bewegen. Menschsein bedeutet, dass man nicht *nicht* etwas Höchstes lieben kann – also irgendeine Version des Königreichs. Es bedeutet aber nicht, dass wir unbedingt die richtigen Dinge oder den wahren König lieben. Gott hat uns zur Gemeinschaft mit ihm geschaffen. Und unsere Herzen sind darauf ausgerichtet, dass sie ihr Ziel in ihm finden. Trotzdem verbringen viele Menschen ihr Leben damit, rastlos rivalisierenden Göttern nachzulaufen und gegensätzlichen Königreichen nachzujagen. Die unterbewussten Sehnsüchte unseres Herzens sind auf einen anderen Ort ausgerichtet. Wir haben uns selbst verloren; unser «erotischer» Kompass versagt und führt uns in eine falsche Richtung. Wenn das geschieht, kann das Resultat eine Katastrophe sein.

Im Jahr 1914, nicht lange nach dem Untergang der *Titanic,* veranstaltete der US-Kongress eine Anhörung, um herauszufinden, was sich bei einer anderen nautischen Tragödie ereignet hatte. Im Januar des Jahres wurde das Dampfschiff *Monroe* im Nebel vor der Küste Virginias vom Handelsschiff *Nantucket* gerammt und ging schliesslich unter. 41 Seeleute verloren dabei in den eisigen Fluten des Atlantiks ihr Leben. Angeklagt war zwar Osmyn Berry, der Kapitän der *Nuntucket,* doch im Verlauf des Prozesses war es Captain Edward Johnson, der über fünf Stunden hinweg im Zeugenstand in die Enge getrieben wurde. Während des Kreuzverhörs war zu erfahren, dass, wie die *New York Times* berichtete, Captain Johnson «die Monroe mit einem Steuerkompass navigierte, der zwei Grad vom üblichen magnetischen Kompass abwich. Er erklärte, das Instrument sei hinreichend genau, um das Schiff zu steuern, und dass es unter den Kapitänen im Küstenhandel üblich sei, solche Kompasse zu verwenden. Sein Steuerkompass sei in dem einen Jahr, in dem er der Schiffsführer der Monroe gewesen war, nie neu kalibriert worden.» Der Kompass, der für die Navigation geeignet erschien, erwies sich letztlich als fehlerhaft. Diese Feststellung erklärt zum Teil auch eine herzzerreissende Szene, von der die *Times* berichtete: «Später trafen sich die beiden Kapitäne, nahmen einander bei den Händen und schluchzten an der Schulter des jeweils anderen.»[17] Die Tränen dieser beiden gestandenen Seemänner sind eine bewegende Mahnung an die tragischen Folgen von Desorientierung.

Auf unser Thema übertragen lautet die Mahnung wie folgt: Wenn das Herz wie ein Kompass ist, ein sinnliches Navigationsgerät, dann müssen wir unser Herz regelmässig nachjustieren und es auf unseren Schöpfer einstellen, unseren magnetischen Norden. Es ist von entscheidender Bedeutung, dass unsere höchste Liebe, unsere Sehnsüchte und Wünsche sowie unser Verlangen *erlernt* sind. Und weil Liebe eine Gewohnheit ist, werden unsere Herzen dadurch kalibriert, dass wir Vorbilder nachahmen und Praktiken einüben, die unser Herz mit der Zeit auf ein bestimmtes Ziel hin ausrichten. Zu lieben lernen wir nicht primär dadurch, dass wir Informationen über das erwerben, *was* wir lieben sollten, sondern durch Praktiken, die die Art und Weise prägen, *wie* wir gewohnheitsmässig lieben. Solche Praktiken sind «Erziehungsmethoden» unseres Verlangens, und zwar nicht in Form der Aufnahme von Informationen, sondern als Rituale, die unsere Leidenschaften formen und ihnen eine Richtung geben.

Die Polarfahrt lautet der Titel von Hampton Sides' überzeugender Erzählung der gescheiterten Polarexpedition des amerikanischen Marineschiffs *Jeannette* unter Führung von Lieutenant George DeLong im 19. Jahrhundert. Dies ist eine weitere mahnende Geschichte über *die Gefahren der Desorientierung* – zu der es hier jedoch nicht aufgrund eines defekten Kompasses, sondern wegen einer fehlerhaften Seekarte kommt. DeLongs Expedition beruhte nämlich auf einem Bild des (bis dato unbekannten) Nordpols, wie es in den (letztlich *nicht korrekten*) Karten eines Dr. August Heinrich Petermann aus

17 «Monroe Steered by Faulty Compass», New York Times, 12. Februar 1914.

Gotha gezeichnet wurde. Diese deuteten auf die Existenz einer «thermometrischen Pforte» durch das Eis, die sich in ein riesiges «Polarmeer» am oberen Ende der Welt ergiesse – ein warmes Gewässer jenseits des ganzen Eises. DeLongs Expedition stützte sich auf *dieses* Kartenmaterial.

Wie sich aber herausstellte, war *die Expedition* auf dem Weg in eine Welt, die es gar nicht gab. Als gefährliche Eismassen das Schiff in kurzer Zeit einschlossen, musste das Expeditionsteam, so Sides, «die wissenschaftlichen Theorien, auf denen [die Expedition], wenn auch in romantisch verklärter Form, gründete, über den Haufen [...] werfen und durch die ernüchternde Einsicht [...] ersetzen, wie die Arktis tatsächlich war». (Hampton Sides, Die Polarfahrt. Von einer unwiderstehlichen Sehnsucht, einem grandiosen Plan und seinem dramatischen Ende im Eis, übers. v. Rudolf Mast, Hamburg 2017, 229)

Unsere Kultur verkauft uns auch oft fehlerhafte, fantastische Landkarten des «guten Lebens», deren bezaubernde Bilder uns in ihren Bann ziehen. Nur allzu oft *richten* wir die Expedition unseres Lebens auf sie aus und fahren unter vollen Segeln in die von ihnen angegebene Richtung. Und das tun wir, *ohne darüber nachzudenken*, denn diese Karten wirken auf unsere Vorstellungskraft und nicht auf unseren Intellekt. Erst wenn wir Schiffbruch erleiden, stellen wir fest, dass wir auf eine *fehlerhafte Karte* vertraut haben.

Die wesentliche Erkenntnis für die christliche Erziehung, Bildung und Nachfolge lautet: Praxis ist nicht nur das Verfahren, durch das unsere Herzen richtig kalibriert werden, sondern auch das, wodurch sie *fehl*geleitet und *falsch* eingestellt werden – und das nicht, weil unser Intellekt von schlechten Gedanken in Beschlag genommen worden wäre, sondern weil unsere Sehnsüchte von konkurrierenden Visionen des guten Lebens ergriffen worden sind. Unser Verlangen wird eher intuitiv und nicht durch rationale Argumentation geformt. Viele kulturelle Strömungen und Handlungsmuster sind in Wahrheit Rituale, die gerade deshalb als Pädagogiken des Verlangens funktionieren, weil sie uns heimlich, still und leise beibringen, eine bestimmte Version des Königreichs zu lieben und uns lehren, eine bestimmte Variante des guten Lebens zu begehren. Dies sind nicht bloss Dinge, die wir tun; sie *machen etwas mit uns*.

Das bedeutet, dass eine vom Geist angeleitete Bildung unserer Liebe eine Rekalibrierung des Herzens ist, eine Umorientierung unserer Liebe, indem wir all jene stillschweigenden Ausrichtungen wieder verlernen, die wir von anderen kulturellen Praktiken übernommen haben. Wir müssen erkennen, dass solche Rituale unser Verlangen deformieren können, um dann bewusst Gegenmassnahmen zu ergreifen.

Du bist, was du anbetest

Wenn man das ist, was man liebt, und die eigene Liebesfähigkeit durch die fortwährende Praxis und kulturelle Rituale geformt und ausgerichtet wird, dann bestimmen solche Praktiken auf ganz grundlegende Weise darüber, wer man ist. Hier geht es um die eigene Identität, grundlegende Bindungen und Verpflichtungen und um die tiefsten Überzeugungen und Leidenschaften, die sowohl das Selbstverständnis als auch die Lebensweise des Menschen prägen. Dieser Wettstreit kultureller Praktiken ist, anders gesagt, ein Ringen um unser Herz – um das Zentrum der menschlichen Person, die, wie Augustinus uns erinnert, für Gott geschaffen ist. Genauer geht es bei der Heranbildung der eigenen Liebe um die religiöse und geistliche Identität, die sich nicht nur darin manifestiert, was man denkt oder glaubt, sondern auch in dem, was man tut – und was diese Praktiken *mit einem* tun.

Um die spirituelle Bedeutsamkeit solcher kulturellen Praktiken zu würdigen, können wir diese Art von formativen, unsere Liebe prägenden Ritualen als «Liturgien» bezeichnen. Dies ist ein altertümliches, sehr nach Kirche klingendes Wort. Aber ich will den Begriff trotz allem für die heutige Zeit aktualisieren und erweitern, weil er einen wesentlichen Aspekt dieses Menschenbilds herauskristallisiert: Zu sagen «du bist, was du liebst», ist gleichbedeutend damit, zu sagen «du bist, was du *anbetest*». Der grosse Reformator Martin Luther bemerkte einmal: «Woran du nun, so sage ich, dein Herz hängst und worauf du dich verlässt, das ist eigentlich dein Gott.»[18] Wir werden zu dem, was wir anbeten, denn was wir anbeten, lieben wir. Wie wir gesehen haben, ist das keine Frage danach, *ob* man etwas anbetet, sondern *was* – weshalb Johannes Calvin vom Herzen des Menschen als «Werkstatt von Götzenbildern» sprach.[19] Wir können nicht nicht anbeten, weil wir nicht *nichts* als Höchstes lieben können.

Unsere Verehrung falscher Götter ist daher eher liturgischer als theologischer Art. Unsere anziehendsten Götzenbilder sind weniger geistige Kopfgeburten denn affektiv aufgeladene Projektionen, weniger intellektuelle Fehlannahmen oder Unwissen als vielmehr die Frucht ungeordneten Verlangens. Statt also ständig auf der Hut vor Irrlehren zu sein und irreführende Botschaften in unserer Kultur zu entlarven, müssen wir vielmehr erkennen, dass konkurrierende Liturgien allgegenwärtig sind. Diese Pädagogiken des Verlangens (die wir in Kapitel 2 genauer untersuchen werden) sind in einem gewissen Sinne kulturelle Liturgien, rivalisierende Modi der Anbetung.

Menschsein bedeutet, ein liturgisches Wesen zu sein, dessen Verständnis von Liebe durch seine Anbetung gesteuert wird. Anbetung ist dabei allerdings nicht eine Option, sondern eine Grundbedingung menschlichen Seins. Selbst ein Schriftsteller wie David Foster Wallace, der keine theologische Agenda verfolgte, hatte erkannt, dass Menschsein

---

18 Martin Luther, Großer Katechismus, Berlin 2014, 16.

19 Johannes Calvin, Unterricht in der christlichen Religion – Institutio Christianae religionis, übers. v. Otto Weber, Neukirchen-Vluyn 1997, I,11,8.

Anbeten bedeutet. In einer berühmten Festansprache vor Universitätsabsolventen am Kenyon College im US-Bundesstaat Ohio formulierte er dies wie folgt:

> In den alltäglichen Grabenkämpfen des Erwachsenendaseins gibt es keinen Atheismus. Es gibt keinen Nichtglauben. Jeder betet etwas an. Aber wir können wählen, *was* wir anbeten. Und es ist ein äußerst einleuchtender Grund, sich dabei für einen Gott oder ein höheres Wesen zu entscheiden – ob das nun Jesus ist, Allah, Jahwe, die Wicca-Göttin, die «vier edlen Wahrheiten» oder eine Reihe unantastbarer ethischer Prinzipien –, denn so ziemlich alles andere, was Sie anbeten, frisst Sie bei lebendigem Leib auf.
>
> Wenn Sie Geld und Güter anbeten – wenn hierin für Sie der wahre Sinn des Lebens liegt –, dann können Sie davon nie genug kriegen. Nie das Gefühl haben, Sie hätten genug. Das ist die Wahrheit. Wenn Sie Ihren Körper, die Schönheit und erotische Reize anbeten, dann werden Sie sich immer hässlich finden, und wenn sich Zeit und Alter bemerkbar machen, werden Sie tausend Tode sterben, bevor man Sie dann wirklich unter die Erde bringt. Auf einer Ebene kennen wir alle das schon – es liegt in Form von Mythen, Sprichwörtern, Klischees, Binsenweisheiten, Epigrammen und Parabeln kodiert vor: als Skelett jeder großen Erzählung. Knifflig ist nur, sich die Wahrheit im Alltag bewusst zu halten. Wenn Sie die Macht anbeten, werden Sie sich schwach und ängstlich fühlen und immer mehr Macht über andere brauchen, um die Angst in Schach zu halten. Wenn Sie Ihren Intellekt anbeten und als schlau gelten wollen, werden Sie sich am Ende dumm vorkommen, als Hochstapler, dem man jeden Augenblick auf die Schliche kommen wird. Und so weiter.
>
> Wissen Sie, das Heimtückische an diesen Formen der Anbetung ist nicht, dass sie böse oder sündhaft wären, sondern dass sie so *unbewusst* sind. Sie sind Standardeinstellungen. Sie sind Glaubensformen, in die man nach und nach einfach so hineinschlittert, jeden Tag ein bisschen mehr; man wird immer wählerischer bei dem, was man sieht und wie man Wert beurteilt, ohne eigentlich wahrzunehmen, dass man genau das tut.[20]

---

20 David Foster Wallace, Das hier ist Wasser, In: Der Spass an der Sache. Alle Essays, Köln [4]2018, 1028–1038, hier 1036 f.

Wallace erkennt also die Unausweichlichkeit der Anbetung, übersieht aber eine wichtige Eigenart des menschlichen Verlangens: dass man sich den Weg zur richtigen Anbetung nicht einfach über den Verstand *erdenken* kann. Sich darüber bewusst zu werden, ist nicht die einzige – geschweige denn adäquate – Lösung des Problems, auf das er zu Recht aufmerksam macht. Eine ganzheitlichere Antwort würde lauten, das Unbewusste ganz bewusst zu rekalibrieren, richtig anzubeten und uns Liturgien des Reiches Gottes hinzugeben, sodass selbst unsere unbewussten Wünsche und Sehnsüchte – die affektiven, verborgenen Weisen, wie wir in dieser Welt leben wollen – auf Gott und auf das verweisen, was er mit seiner Welt vorhat. Durch eine vom Heiligen Geist inspirierte Anbetung erreicht die Gnade Gottes auch unser Unbewusstes und gibt ihm Orientierung.

Andeutungen ähnlicher Gedanken finden wir schon im Brief des Paulus an die Kolosser. Nach seiner Mahnung in Kol 3,12–14 wendet er sich Überlegungen zur Anbetung zu und schreibt: «Und der Friede Christi regiere in euren Herzen; zum Frieden seid ihr berufen als Glieder des einen Leibes. Und dafür sollt ihr dankbar sein. Das Wort Christi wohne mit seinem ganzen Reichtum unter euch: Lehrt und ermahnt einander in aller Weisheit, singt Gott, von der Gnade erfüllt, in euren Herzen Psalmen, Hymnen und geistliche Lieder!» (Kol 3,15–16).

Was Paulus hier beschreibt, klingt sehr nach, nun ja, dem Gottesdienst in der Kirche, jenes «Leibes», zu dem wir berufen sind. Wir sind nun an einem Punkt angelangt, an dem wir die Verbindung erkennen können: Wir kleiden uns in die Liebe Christi (Kol 3,12–14) und «ziehen» die Tugend der Liebe an, *indem* wir sein Wort ganz in uns aufnehmen, *indem* wir uns gegenseitig lehren und ermahnen und *indem* wir Psalmen, Hymnen und Lieder des Geistes singen. Die Praktiken des christlichen Gottesdienstes schulen unsere Liebe – sie sind eine Übung *für* das kommende

Königreich und gewöhnen uns daran, Bürger des Reiches Gottes zu sein.

Der christliche Gottesdienst ist, wie wir erkennen sollten, im Grunde ein *Gegenmodell* zu jenen rivalisierenden Liturgien, die uns dauernd umgeben – kulturelle Praktiken, die heimlich unser Liebeszentrum und unsere Sehnsüchte besetzen, sie fehlkalibrieren und uns auf konkurrierende Versionen des guten Lebens hin orientieren. Deshalb steht die Anbetung im Zentrum der Nachfolge Christi. Wir können uns der Macht der kulturellen Liturgien nicht mittels besserer Wissensvermittlung entziehen. Der Verstand kann unser Herz nicht von oben her, durch rein rationale Massnahmen, rekalibrieren. Die Orientierung des Herzens erfolgt vielmehr von unten nach oben, nämlich durch die Prägung unserer Gewohnheiten des Begehrens. (Gott) lieben zu lernen braucht Übung.

2

Vielleicht liebst du nicht, was du glaubst

Wie man «säkulare» Liturgien liest

Was suchst du? Das ist, wie wir gesehen haben, die Frage, ja, die erste und fundamentalste Frage der Nachfolge, weil du bist, was du liebst. In dieser Einsicht verborgen liegt allerdings eine unangenehme Feststellung: Möglicherweise lieben wir nicht das, was wir zu lieben glauben.

Bewegtbilder: Zwei cineastische Erkundungen des Verlangens

Diese unbequeme Epiphanie steht im Zentrum des filmischen Meisterwerks *Stalker,* das der sowjetische Regisseur Andrei Tarkowski Ende der 1970er Jahre gedreht hat. Sein Genre bewegt sich zwischen Noir-Thriller und dystopischer Science-Fiction. An Schauplätzen, die manchmal an Cormac McCarthys *Die Straße,* manchmal aber auch an den Film *Vergiss mein nicht!* mit Jim Carrey und Kate Winslet erinnern, folgt der «Plot» (sofern man davon sprechen kann) drei Männern auf einer Reise: dem Professor, dem Schriftsteller sowie dem Stalker, der als Führer der beiden fungiert. Zu Beginn ist das Ziel noch von Mysterien und Sagen umrankt; bald erfahren wir aber, dass der Stalker diese Männer in die sogenannte Zone bringt, genauer in «das Zimmer», das innerhalb der Zone liegt. Diese verströmt die unheimliche Atmosphäre einer postapokalyptischen Oase – eine Landschaft, in der irgendeine vorangegangene Verheerung nur noch Ruinen hinterlassen hat, die jetzt von der Natur zurückerobert werden und eine furchtbare Schönheit oder «glanzausstrahlende Traurigkeit»[21] manifestieren. (Diese Aufnahmen vom Ende der 1970er Jahre sind ein unheimlicher Vorbote jener Bilder, die im Zuge der Reaktorkatastrophe von Tschernobyl im Jahr 1986 entstehen sollten.)

Das Zimmer hat die beiden Männer hergelockt und sie dazu gebracht, den Versprechungen des Stalkers zu glauben. Darin werden sich nämlich, wie dieser ihnen erklärt, ihre tiefsten Wünsche erfüllen. Im Zimmer werden ihre Träume wahr werden. In diesem Zimmer bekommt man genau das, was man will.

Das ist aber auch der Grund dafür, warum der Professor und der Schriftsteller an der Schwelle zum Zimmer plötzlich kalte Füsse bekommen. Geoff Dyer beschreibt diese Szene in seinem bemerkenswerten Buch über den Film mit dem Titel *Die Zone* wie folgt:

> Die Männer betreten eine leere, dustere Halle mit einer Wasserlache in der Mitte, darin schwimmt etwas, das aussieht wie die Reste eines überdimensionalen Chemiebaukastens, als sei die Zone das Ergebnis eines schlecht durchdachten Experiments, das furchtbar in die Hose ging. Rechts hinter einem großen Loch in der Wand befindet sich eine Lichtquelle, zu der alle drei hinschauen. Eine ganze Weile spricht keiner ein Wort. Die Luft ist von zirpendem Vogelgezwitscher erfüllt. Die Halle ist das Gegenteil jener Orte, wo das Riedgras am Ufer verdorrt und keine Vögel mehr singen. Hier pfeifen, zirpen und zwitschern die Vögel wie verrückt. Stalker verrät Schriftsteller und Professor – verrät uns –, dass wir jetzt an der Schwelle zum Zimmer stehen. Dies ist der wichtigste Moment in Ihrem Leben, sagt er. Ihr geheimster Wunsch wird hier in Erfüllung gehen.[22]

Da sind wir also: Das ist der Ort, an dem du haben kannst, was du willst. Wer möchte zuerst?

---

21 In Tarkowskis russisch-orthodoxer Tradition wird das Fasten vor Ostern als eine Zeit «glanzausstrahlender Traurigkeit» bezeichnet.

22 Geoff Dyer, Die Zone. Aus dem Englischen von Marion Kagerer, München 2012, 159 f.

Der Professor und der Schriftsteller zögern, weil sie ahnen: Was ist, wenn ich gar nicht weiss, was ich will? «Das soll das Zimmer entscheiden», stellt Dyer fest. «Das Zimmer bringt alles an den Tag: man bekommt nicht, was man am meisten zu wünschen *glaubt,* sondern was man sich *am meisten* wünscht.»[23] Beide beschleicht eine verstörende Einsicht: Was, wenn sie gar nicht wollen, was sie glauben? Was, wenn die Wünsche, die ihnen bewusst sind – die, die sie vermeintlich «ausgesucht» haben –, gar nicht ihre innersten Sehnsüchte oder tiefsten Wünsche sind? Was ist, wenn ihr tiefstes Verlangen in einem bestimmten Sinne unterhalb ihres Bewusstseins sitzt und wirkt? Was also, wenn sie letztlich gar nicht die sind, die sie zu sein *glauben?* Dyer fängt die hier angesprochene Angst mit den Worten ein: «Nicht viele Menschen können der Wahrheit über sich selbst ins Gesicht schauen. Sie würden schreiend davonlaufen, sofortige und tiefe Abneigung gegen die Person entwickeln, in deren Haut sie sich all die Jahre einigermaßen wohlgefühlt hatten.»[24]

Viele von uns erkennen sich darin wieder. Wenn ich dich, einen Christen, darum bitte, mir zu berichten, was du wirklich willst, was du im tiefsten Inneren deines Herzens ersehnst, was du ultimativ liebst – nun, natürlich kennst du dann die richtige Antwort. Du weisst, was du sagen sollst. Und was du sagst, könnte absolut aufrichtig und authentisch sein, ein wahrer Ausdruck deiner intellektuellen Überzeugung. Doch würdest du das Zimmer betreten wollen? Bist du sicher, dass das, von dem du glaubst, dass du es liebst, mit deinen tiefsten Sehnsüchten übereinstimmt? «Noch so eine Lektion der Zone: manchmal will ein Mann nicht *tun,* was er tun zu wollen *glaubt*»,[25] kommentiert Dyer.

---

23 A. a. O., 168 f.

24 A. a. O., 163.

25 A. a. O., 177 (Hervorhebung J. K. A. Smith).

Dyer konfrontiert uns hier mit einer wichtigen Einsicht: «[D]er geheimste Wunsch eines Menschen [kommt] in seinem Alltag und seinen Gewohnheiten zum Ausdruck [...]»[26] Das liegt daran, dass unser Handeln – unser Tun – aus unserer Liebe erwächst, die, wie wir gesehen haben, eine Gewohnheit ist, die wir durch lebenslange Praxis erworben haben. Die Heranbildung meiner Liebe und meines Verlangens kann daher «unter der Oberfläche» des Bewusstseins stattfinden. Ich könnte somit lernen, ein *telos* zu lieben, dessen ich mir noch nicht einmal bewusst bin, das mein Leben aber trotzdem beherrscht.

Die christliche Anbetung tritt dieser verstörenden Realität unmittelbar entgegen, indem sie die Lücke erkennt zwischen dem, was wir zu lieben *glauben*, und dem, was wir *wirklich* lieben, die uns immer noch hin zu rivalisierenden Göttern und rivalisierenden Auffassungen vom guten Leben treibt. Aus diesem Grund ist das Volk Gottes dazu aufgefordert, regelmässig seine Sünden zu bekennen. Ein älteres Beispiel einer Beichte aus dem anglikanischen *Book of Common Prayer* bringt genau diese Spannung auf den Punkt:

> Allmächtiger und barmherziger Vater. Wir gingen alle in die Irre wie Schafe, ein jeder sah auf seinen Weg. Wir sind zu sehr den Vorstellungen und Wünschen unserer eigenen Herzen gefolgt.[27]

Der Leib Christi ist diese einzigartige Praxis-Gemeinschaft, deren Glieder sich zu der Tatsache bekennen: Wir lieben nicht immer das, wovon wir behaupten, es zu tun. Der «Rat und die Gelüste» unseres Herzens konterkarieren oft unsere besten Absichten. Die Praktiken der christlichen Anbetung sind eine konkrete, praktische, reformative Möglichkeit,

---

26 A. a. O., 170.

27 Zitiert nach: Das Allgemeine Gebetbuch der Reformierten Episkopalkirche in Deutschland. Erster Teil, Schwarzenborn 2014, 100 (https://rekd.de/allgemeine-gebetbuch/).

sich mit dieser Spannung und dieser Diskrepanz auseinanderzusetzen.

Dieser Zwiespalt unserer eigenen Liebe – die Art und Weise also, wie sich unser Verlangen unserem Bewusstsein entziehen kann – wird auch in Alan Balls Oscar-prämiertem Film *American Beauty* illustriert. In der Tat könnte man dieses Werk als die *Bekenntnisse* der Figur des Protagonisten Lester Burnham betrachten: als die Suche eines von seiner Frau betrogenen männlichen Vorstädters im mittleren Alter nach «sich selbst», die sich zu einem erotischen Abenteuer entwickelt, bei dem er stets an den falschen Orten nach der wahren Liebe sucht.

Dabei verkörpert der Handlungsbogen des Films in vielerlei Hinsicht die klischeehafte, hollywoodeske Vorstellung von «Freiheit». Zu Beginn des Films treibt der von Kevin Spacey verkörperte Lester mit seiner stoischen, in sich gekehrten Haltung lustlos durch ein banales Dasein, aus dem er nur dann auftaucht, wenn seine Frau auf ihm herumtrampelt, seine Tochter sich angewidert von ihm abwendet oder er von seinem Chef beschimpft wird. Wie ein Zombie bewegt er sich durch das Leben und versucht, den Habitus des «normalen» Vorstädters nachzuäffen, deren Toyota Camrys unverkennbar deutlich machen, dass sie ihre Träume aufgegeben haben, die sie als 19-jährige Rebellen noch hegten (obwohl sie dem Ideal aller anderen Nonkonformisten entsprachen). Das System hat gewonnen; Männer wie Lester dagegen haben sich selbst verloren und verraten und ihre Träume tief «unter ihren mit Hypotheken belasteten Häusern» begraben.[28] Willkommen im Zeitalter der Inauthentizität.

---

28 Donald Justice, «Men at Forty»: «Something is filling them, something / That is like the twilight sound / Of the crickets, immense, / Filling the woods at the foot of the slope / Behind their mortgaged

Doch dann ändert sich alles durch die unerwartete Gestalt von Ricky Fitts, einem Highschool-Abgänger, der gerade eine Art Siegerrunde absolviert, nachdem er eine Weile fort war (aus Gründen, die nicht klar werden). Als seine Familie neben Lester einzieht, wird schnell klar, dass Ricky sich weigert, das Spiel mitzuspielen. Er schert sich keinen Deut darum, den Schein zu wahren oder bestimmten Erwartungen gerecht zu werden, und will sich nicht den Massstäben anderer unterwerfen. Er wirkt selbstbewusst und ist prototypisch «er selbst». So sieht Authentizität anscheinend aus.

Lester fühlt sich durch Rickys Beispiel sowohl eingeschüchtert als auch inspiriert. Eines Abends, als Lester mit seiner Frau Carolyn eine öde Party von Leuten aus der Immobilienbranche besucht, ist er überrascht, dort Ricky als Kellner arbeiten zu sehen. Dieser lädt ihn dazu ein, etwas zu tun, was Lester seit dem College nicht mehr getan hat: einen Joint rauchen. Obwohl er anfangs zögert, geht Lester schliesslich auf das Angebot ein. Hinter dem Gebäude werden sie von Rickys Chef überrascht, der ihm droht: Entweder du gehst zurück zur Arbeit oder du bist gefeuert. «Gut», sagt Ricky, «ich bin raus hier.» Diese unmissverständliche Weigerung, sich den Erwartungen anderer zu fügen, wird zum Vorbild, dem Lester folgen wird. Es scheint sein Wendepunkt hin zur Authentizität zu sein (wobei sich die Unterscheidung zwischen Schein und Sein in diesem Film, der uns auffordert, «genauer hinzuschauen», als besonders brüchig erweist).

Auch Lester wird nun die Ketten der familiären Verpflichtungen und moralischen Erwartungen abwerfen. Zur Hölle mit dem Über-Ich; das Es soll in dieser Darstellung von Authentizität alles sein. Und so macht er sich daran, die

---

houses» (in: Fathers. A Collection of Poems, hg. v. David Ray und Judy Ray, New York 1997, 110).

tragenden Säulen seiner Mittelklasse-Existenz in Schutt und Asche zu legen. Er erpresst seinen Chef und ringt ihm ein Abfindungspaket ab, das ihm ein Jahr ungehinderte «Freiheit» verschafft. Daraufhin verkauft er seinen Camry und leistet sich in einem Anflug von Nostalgie einen 1970er Firebird, das Auto seiner (Jugend-)Träume. Was allerdings am schwersten wiegt, ist, dass er sich an Angela heranmacht, die minderjährige Highschool-Freundin seiner Tochter. Lesters ganzes Leben dreht sich fortan nur noch darum, Angela ins Bett zu kriegen. Seine ungezügelte Fantasie wird von diesem Wunsch regelrecht beherrscht: Vor seinem inneren Auge taucht das Mädchen in verschiedenen Zuständen verführerischer Bekleidungslosigkeit auf, immer in der Badewanne und umgeben von einem strahlenden Heiligenschein aus roten Rosenblättern. Lesters bis dahin so vorhersehbares, eintöniges Dasein erlebt einen Wendepunkt, der wie ein Weckruf zu einem echten Leben erscheint, eine Epiphanie der Selbsterkenntnis: Fortan wird er sich nicht mehr unter die Erwartungen anderer beugen, denn er hat sprichwörtlich «zu sich selbst gefunden» und folgt nun, wie es unsere Kultur verlangt, seinen Leidenschaften. Und es scheint, als würde sich seine Sehnsucht in der vorletzten Szene tatsächlich erfüllen. Darin ist er mit der verletzlichen Angela allein und sein libidinöses Verlangen scheint endlich Wirklichkeit zu werden. Während Neil Youngs «Don't Let It Bring You Down» für eine unheimliche und bereits prophetische Untermalung der Szenerie sorgt, streichelt Lester die junge Angela und fragt sie: «Was willst du?»

Angela, die kurz davor ist, als das Kind entlarvt zu werden, das sie immer noch ist, fehlt die nötige Selbsterkenntnis, um zu antworten. «Ich weiss nicht», sagt sie. «Was willst *du?*»[29]

---

29 Diese Frage wurde Lester schon früh im Film gestellt. Er hatte erfahren, dass er nach 15 Jahren seine Stelle in der Werbebranche verlieren

«Machst du Witze?», antwortet Lester. «Ich will dich. Ich will dich, seit ich dich zum ersten Mal gesehen habe.»

Die Szene nimmt ihren sinnlichen Lauf, bis Angela selbst ein Geständnis ablegt: «Das ist mein erstes Mal.»

Mit einem Schlag bricht das Spiel von Lesters vermeintlich neu gefundener Authentizität wie ein Kartenhaus zusammen. Denn in diesem Moment entpuppt sich die verführerische Frau, die bisher das Objekt seiner Begierde war, als ein junges Mädchen, das genauso gut seine eigene Tochter sein könnte. Dies ist der eigentliche Weckruf in Lesters Leben; der Moment der Offenbarung, in dem die Enthüllung von Angelas Körper die Krankhaftigkeit seiner eigenen Liebe zum Vorschein bringt. Gerade als er bekommt, was er zu wollen glaubt, stellt er fest, dass er eigentlich etwas ganz anderes wollte. Und plötzlich fällt uns beim Rückblick auf all die Fantasien über Angela, die sich inmitten von Rosenblättern räkelt, ein: Es war seine ihm entfremdete Frau Carolyn, die sich so liebevoll um die Rosen der Sorte American Beauty in ihrem Garten gekümmert hat. Und mit Lester fragen wir uns nun: Ist es wirklich das, was ich will?

Unter dem Radar: Unsere unbewusste Liebe

Wir haben festgestellt, dass Liebe eine Gewohnheit ist. Das bedeutet, dass sie unsere zweite Natur ist: Sie leitet und treibt uns an, und das oft unterhalb des Radars unseres Bewusstseins, so wie unser Atmen und Augenzwinkern. Es

---

sollte. Nach seiner Begegnung mit Ricky Fitts ist er nun wieder besseren Mutes und deutet an, dass er etwas weiss, was den CEO seines Unternehmens ziemlich in Verlegenheit bringen könnte. Brad, der schmierige Berater, der mit der Überbringung der Kündigung an Lester beauftragt ist, versteht dies als Erpressungsversuch und fragt einfach: «Was wollen Sie?»

bedeutet auch, dass unsere Liebe Richtung und Orientierung braucht, weil wir durch aktuelle Zeitströmungen in Praktiken und Rituale – die wir als «Liturgien» bezeichnet haben – hineingezogen werden, die unser Verlangen affektiv und instinktiv trainieren. So wie unsere Gewohnheiten selbst unbewusst sind, also unterhalb unserer Wahrnehmung, oder unterhalb unseres Radars operieren, so gilt, dass auch der Prozess der Gewöhnung unbewusst und verdeckt ablaufen kann. Das ist besonders dann der Fall, wenn wir kulturelle Praktiken nicht *als* Liturgien erkennen, also übersehen, dass sie nicht nur Dinge sind, die wir tun, sondern dass sie auch etwas mit *uns* machen.

Noch einmal: Die Art und Weise, wie wir über die Nachfolge Christi nachdenken, hängt davon ab, wie wir das Wesen des Menschen verstehen. Wir können auch sagen, dass jedes Modell von Nachfolge eine Reihe von Grundannahmen darüber enthält, wie menschliches Verhalten zustande kommt. Wenn wir unterstellen, dass Menschen lediglich denkende Subjekte sind, die immer «auf Empfang» sind, die jede Handlung reflektieren und stets eine bewusste Wahl treffen, bevor sie überhaupt jemals etwas tun, dann wird sich die Nachfolge darauf fokussieren, wie sich unser Denken verändern lässt. Unser Hauptziel wird darin bestehen, unseren Intellekt mit dem nötigen Wissen auszustatten, so dass er unser Verhalten steuern kann. «Ich denke, also bin ich» übersetzt sich in eine Philosophie des Handelns, die unterstellt: «Ich entscheide, und dann agiere ich.»

Das Problem dabei ist, dass diese verkürzte Definition des Menschen auf einer unzulänglichen Vorstellung vom Handeln beruht und folglich eine reduktionistische Auffassung von Nachfolge erzeugt. Dies ist ein Ansatz, der den Einfluss des Denkens und der bewussten Entscheidung unwillentlich überschätzt und daher dazu tendiert, die Macht und den Einfluss aller möglichen Arten von un- oder unterbewussten Prozessen zu vernachlässigen und herunterzuspielen, die unser In-der-Welt-Sein orientieren. Er unterschätzt, kurz gesagt, die Macht der Gewohnheit. Die Wahrheit ist, dass wir uns überwiegend mittels Intuitionen und Anpassungen durch die Welt bewegen, die unter dem Radar ablaufen – eine Art Know-how, das uns in die Wiege gelegt wurde. Als Liebende – das heisst als begehrende Geschöpfe und liturgische Wesen – erfolgt unsere primäre Orientierung in der Welt auf affektiver und nicht auf zerebraler Ebene. In dieser Hinsicht überschneiden sich antike Weisheiten über spirituelle Disziplinen mit heutigen psychologischen Erkenntnissen über das Bewusstsein. Das Ergebnis ist ein Bild, das uns dazu bewegen sollte, die bedeutende Rolle des Unbewussten für das Handeln und Verhalten zu würdigen.

Wenn wir hier nun vom Unbewussten sprechen, dann versuchen wir, alles zu vergessen, was wir jemals über Freud gehört haben. Wir sprechen an dieser Stelle nicht über die Freud'schen Triebe oder kryptische psychoanalytische Mythen über unsere Mutter. Stattdessen haben wir es mit etwas zu tun, was heutige Psychologen als «adaptives Unbewusstes» bezeichnen würden. Timothy Wilson, ein Vertreter dieses Standes von der University of Virginia, hat dies in seinem wichtigen Buch *Gestatten, mein Name ist Ich* beschrieben. Über die vergangenen 20 Jahre hinweg hat die Psychologie den überwältigenden Einfluss von «nicht bewussten» oder «automatischen» Prozessen erkannt, die unser Verhalten prägen – womit sie in vielerlei Hinsicht die alten Lehren von Philosophen wie Aristoteles oder Thomas von Aquin bestätigen.[30]

---

30 Siehe auch Daniel Kahneman, Schnelles Denken, langsames Denken, übers. v. Thorsten Schmidt, München 2012 sowie John A. Bargh und Tanya L. Chartrand, The Unbearable Automaticity of Being, in: American Psychologist 54 (1999), 462–479. Zu einem hilfreichen journalis-

Aristoteles erkannte, dass wir uns unseren Weg hin zu neuen Gewohnheiten nicht *erdenken* können:

Die Werke werden mithin als Werke der Gerechtigkeit und Mäßigkeit bezeichnet, wenn sie solche sind, wie sie der Gerechte und Mäßige verrichtet. Dagegen ist gerecht und mäßig, nicht wer sie verrichtet, sondern wer sie so verrichtet, wie es der Gerechte und der Mäßige tun. Es ist also richtig gesprochen, *daß man durch Handlungen der Gerechtigkeit ein gerechter und durch Handlungen der Mäßigkeit ein mäßiger Mann wird*. Niemand aber, der sie nicht verrichtet, ist auch nur auf dem Wege, tugendhaft zu werden. Aber der große Haufe gibt sich damit nicht ab, sondern man glaubt schon, wenn man nur hohe Worte redet, ein Philosoph zu sein und so ein braver Mann zu werden. Und so macht man es wie die Kranken, die den Arzt zwar aufmerksam anhören, aber von seinen Anordnungen nichts befolgen. Sowenig also jene bei solchem Heilverfahren körperlich wohl fahren können, können diese es geistig, wenn das ihre Philosophie ist. (Aristoteles, Nikomachische Ethik, 1105b)

Wilson, der auf die Probleme mit Freuds idiosynkratischem Begriff des Unbewussten hinweist, betont besonders unser Unvermögen, das *Ausmass* des Einflusses zu erkennen, den es auf unser Verhalten ausübt:

> Wenn [Freud] […] sagte, das Bewusstsein sei die Spitze des geistigen Eisbergs, war das eine gewaltige Untertreibung – es handelt sich wohl eher um einen winzigen Schneeball auf der Spitze dieses Eisbergs. Unser Geist arbeitet am wirksamsten, indem er einen Großteil komplexer Denkarbeit höherer Ordnung an das Unbewusste delegiert, so wie ein modernes Verkehrsflugzeug in der Lage ist, mit Autopilot und wenig oder gar keinem Input durch den „bewussten" menschlichen Piloten zu fliegen. Das adaptive Unbewus-

---

tischen Überblick über diese Forschung und ihre Implikationen siehe David Brooks, Das soziale Tier. Ein neues Menschenbild zeigt, wie Beziehungen, Gefühle und Intuitionen unser Leben formen. Aus dem amerikanischen Englisch von Thorsten Schmidt, München 2012.

> ste leistet ausgezeichnete Arbeit, indem es die Welt taxiert, den Menschen vor Gefahr warnt, Ziele setzt und komplexe, effiziente Handlungen vorbereitet.[31]

An einer anderen Stelle schätzt Wilson, dass nur etwa fünf Prozent dessen, was wir an einem bestimmten Tag tun, das Ergebnis bewusster, absichtlicher Entscheidungen sind, also von diesem Schneeball auf der Spitze des Eisbergs verarbeitet werden, den wir als menschliches Bewusstsein bezeichnen. Alle übrigen Handlungen und Verhaltensweisen werden unter der Oberfläche gesteuert, nämlich durch alle möglichen zwar erlernten, aber mittlerweile *un*bewusst gewordenen Methoden, die Welt zu verstehen und sich in ihr zurechtzufinden. Die Psychologen nennen solche Verhaltensweisen «Automatismen», und zwar aus demselben Grund, aus dem Aristoteles sie als «zweite Natur» bezeichnet hat: weil es sich bei ihnen um Möglichkeiten handelt, wie wir uns in der Welt bewegen können, *ohne darüber nachzudenken*. Die Rede von Automatismen soll uns dabei nicht auf Maschinen oder Roboter reduzieren, sondern vielmehr beschreiben, wie wir uns ein Verhalten aneignen, das sozusagen in uns eingebaut ist, damit wir uns in der Welt zurechtfinden.

Nehmen wir ein einfaches Beispiel: das Erlernen des Autofahrens. Als Vater, der es vier Teenagern beigebracht hat (und das Ganze überlebt hat!), kann ich sagen, dass Wilsons Erkenntnisse durchaus zutreffen. Wenn ein junger Mensch das Autofahren erlernt, wird jede Facette dieser komplexen Tätigkeit durch die bewusste, absichtliche «Spitze» des Bewusstseins gesteuert und ausgeführt. Der junge Fahrer muss an alle Einzelheiten *denken:* «Ich muss meine Spiegel über-

---

31 Timothy D. Wilson, Gestatten, mein Name ist Ich. Das adaptive Unbewusste – eine psychologische Entdeckungsreise. Aus dem Amerikanischen von Hainer Kober, München/Zürich, 2007, 20.

prüfen», «aufs rechte Pedal treten, um loszufahren», «der Blinker sitzt auf der linken Seite», «daran denken, den toten Winkel zu beachten», «zum Anhalten das linke Pedal betätigen – mit dem RECHTEN Fuss!» und so weiter. Wenn dann noch das Kuppeln dazukommt, kann man sich leicht ausmalen, wie schnell dieser Schneeball des bewussten Nachdenkens überfordert ist.

Vergleichen wir diese Prozesse mit denjenigen eines routinierten Autofahrers. Nehmen wir an, wir fahren schon seit Jahren Auto, seit dem Tag, an dem wir an unserem 18. Geburtstag den Führerschein gemacht haben.

Es ist ein Donnerstagnachmittag, und wir kommen gerade aus einer nervenaufreibenden Geschäftssitzung – eine schreckliche Art, den Tag zu beenden. Wir machen uns auf den Weg zum Parkplatz und lassen eine Szene nach der anderen aus der Besprechung vor unserem geistigen Auge immer wieder Revue passieren. In uns brodelt es, wenn wir daran denken, wie dieser eine Kollege uns genervt hat, wie dieser andere Kollege uns im Grunde in den Rücken gefallen ist und wie unser Vorgesetzter von diesen ganzen Dynamiken anscheinend gar nichts mitbekommen hat. Wir knirschen mit den Zähnen, denken an all die Dinge, die wir hätten sagen sollen, und siehe da, wir sind plötzlich schon zu Hause angelangt. Wir können uns gar nicht mehr daran erinnern, dass wir nach Hause gefahren sind! Wie ist das möglich? Es ist deshalb möglich, weil wir die gewohnten Abläufe, die wir zum Autofahren brauchen – oder um uns durch diese Welt hindurch zu navigieren –, so oft wiederholt haben, dass sie in unser Unbewusstes eingesickert und zu Automatismen geworden sind. Jetzt können wir Autofahren, fast *ohne nachzudenken*. Die komplexen Handlungen, die dazu erforderlich sind, werden jetzt von dem unbewussten, unter der Oberfläche liegenden Teil unserer Persönlichkeit gesteuert.

Die Vorgänge, die laut Wilson an das Unbewusste delegiert werden – Ziele setzen, Situationen einschätzen,

Handlungen einleiten –, umfassen auch die «Vorgänge» des Begehrens, den «Rat und die Gelüste unseres Herzens», wie es im *Book of Common Prayer* heisst. Denn auch der Charakter und die Tugenden sind in diesem unbewussten Archiv «verortet». Die Gewohnheiten, die wir uns angeeignet haben, prägen die Art und Weise, wie wir die Welt wahrnehmen, was uns wiederum dazu disponiert, auf eine bestimmte Weise zu handeln. David Brooks fasst diese Dynamik in seinem Buch *Das soziale Tier* so zusammen: «Die Person mit einem guten Charakter hat sich selbst beigebracht – oder sie hat es durch die Menschen in ihrem Umfeld gelernt –, Situationen ‹richtig› wahrzunehmen. Wenn sie etwas richtig sieht, hat sie sozusagen das Spiel zu ihren Gunsten manipuliert. Sie hat ein ganzes Netzwerk von unbewussten Urteilen und Reaktionen ausgelöst, und dies lässt sie in einer ganz bestimmten Weise handeln.»[32] In diesem Sinne gilt tatsächlich, dass «der Charakter Schicksal ist»: Unser Charakter ist jenes Konglomerat von Dispositionen, die wir erworben haben (Tugenden ebenso wie Laster), die als Automatismen wirken und uns dazu veranlassen, uns auf bestimmte Weise zu verhalten.

Unsere Liebe oder unsere Sehnsucht – die auf eine Vision des guten Lebens abzielen, die wiederum unsere Sicht der Welt prägt und uns zugleich in Bewegung setzt und motiviert – wirken auf einer weitgehend unbewussten Ebene. Unsere Liebe ist eine Art Automatismus. Deshalb müssen wir darauf achtgeben, wie sie erworben wird. Gemäss den Psychologen John Bargh und Tanya Chartrand werden manche Automatismen bewusst durch «häufige und konsistente Kopplungen» erlernt.[33] Wir entscheiden uns dazu, uns bestimmte Automatismen anzueignen, und das Verfahren, mit dem wir sie in unser Unbewusstes einschreiben, besteht da-

---

32 David Brooks, Das soziale Tier, 199 f.

33 Bargh und Chartrand, Unbearable Automaticity of Being, 468.

rin, sie *einzuüben*. Jeder, der sich noch daran erinnern kann, wie er das Klavierspielen, das Tastaturschreiben oder das Autofahren erlernt hat, wird sich auch noch daran erinnern, wie er sich dazu entschieden hat, immer und immer wieder zu üben, so dass Gewohnheiten entstehen konnten.

Bargh und Chartrand weisen aber zusätzlich noch darauf hin, dass man Automatismen auch unbeabsichtigt erwerben kann. Dispositionen und Gewohnheiten können sich also auch dadurch in unser Unbewusstes einschreiben, indem wir bestimmte Routinen und Rituale immer wieder vollziehen, ohne sie dabei jedoch *als* eigentliche «Einübung» zu erkennen. Deshalb kann es sein, dass sich alle möglichen Arten von Automatisierung einstellen, für die wir uns nicht bewusst entschieden haben und die uns nicht bewusst sind. Und trotzdem gibt es sie, weil wir regelmässig Situationen erleben, die in uns prägende Rituale abbilden. Um das zu plausibilisieren, nennen die Autoren ein Beispiel: Stereotype. Stereotype sind genau die Sorte unbewusster, zur Gewohnheit gewordener Arten, die Welt wahrzunehmen und dieser Wahrnehmung gemäss zu handeln. Niemand gibt gerne zu, auf Stereotype und Vorurteile zu setzen. Sie schleichen sich vielmehr in unser Unbewusstes ein, werden von uns unbeabsichtigt erworben und verfestigen sich trotzdem mit der Zeit zu bestimmten Gewohnheiten der Wahrnehmung – Automatismen –, die unser Verhalten bestimmen und steuern.[34]

Was bedeutet dies nun für das, was wir lieben? Wenn wir uns die Praktiken, die unsere Liebe prägen, als «Liturgien» vorstellen, dann heisst das, dass wir andere Götter anbeten könnten, ohne uns dessen bewusst zu sein. Das liegt daran, dass solche kulturellen Liturgien nicht bloss einma-

---

34 Eine scharfsinnige Analyse von Stereotypen als einer Art «implizitem Wissen» findet sich in Alexis Shotwell, Knowing Otherwise. Race, Gender, and Implicit Understanding, University Park 2011.

lige Ereignisse sind, an denen wir partizipieren, ohne es zu wissen; viel wichtiger ist, dass sie formative Praktiken sind, die uns prägen. Unser Herz wird dadurch unbewusst, aber effektiv so ausgerichtet, dass wir den Liedern von Babylon lauschen statt den Liedern von Zion (Ps 137). Manche kulturellen Praktiken werden unsere Liebe auf wirksame Weise schulen und in uns eine Art der Weltorientierung automatisieren, die in die unbewussten Dimensionen unseres Daseins einsickert. Deshalb kann es sein, dass wir nicht das lieben, was wir zu lieben glauben; vielleicht lieben wir gar nicht, was der denkende Schneeball auf der Spitze des Eisbergs uns suggeriert. Man kann lernen, ein *telos* unbewusst zu lieben, und zwar in einem doppelten Sinne. Einerseits entfaltet unsere Liebe ihre Wirksamkeit meist unter der Oberfläche, weil sie eine Gewohnheit ist. Sie ist also *un*bewusst, obwohl sie *erlernt* ist. Auf der anderen Seite kann man aber auch unbewusst *lernen* – das heisst, die Einübung, Ausrichtung und Lenkung unserer Liebe kann sich gerade deshalb ohne unser bewusstes Zutun abspielen, weil wir nicht erkennen, was bei unserer Einbettung in die Kultur eigentlich auf dem Spiel steht. Kurzum, wir lernen unbewusst, rivalisierende Königreiche zu lieben, weil wir nicht bemerken, dass wir an konkurrierenden *Liturgien* teilnehmen. Zum Teil liegt das daran, dass es uns nicht gelingt, der Dynamik des *ganzen* Menschen Rechnung zu tragen, also all die mehrschichtigen Aspekte zu erkennen, die unser Handeln und Verhalten antreiben. Wenn man glaubt, dass Menschen eigentlich nur körperlose Gehirne sind, dann bleiben uns diese unterbewussten Dynamiken verschlossen. Das ist die Schlagseite, die allen Konzepten der Nachfolge Christi zu eigen ist, die vom Menschen als rein denkendem Subjekt ausgehen. Dieses reduktionistische Bild spiegelt sich dann zwangsläufig im Unvermögen wider, kulturelle Praktiken *als* Liturgien zu verstehen – nämlich als Gewohnheiten ausbildende, die Liebe prägende *Rituale,* die unsere Herzen erobern und unsere Liebe orientieren. Es ist wie in der Parabel, die am Anfang von David Foster Wallace' Rede am Kenyon College steht: «Schwimmen zwei junge Fische des Weges und treffen zufällig einen älteren Fisch, der in die Gegenrichtung unterwegs ist. Er nickt ihnen zu und sagt: ‹Morgen, Jungs. Wie ist das Wasser?› Die zwei jungen Fische schwimmen eine Weile weiter, und schließlich wirft der eine dem anderen einen Blick zu und sagt: ‹Was zum Teufel ist Wasser?›»[35]

Wir müssen uns dieser kulturell geprägten Neigung bewusst werden. «Das hier ist Wasser», und du schwimmst schon dein ganzes Leben darin. Wir müssen erkennen, dass unsere Vorstellungen und unsere Sehnsüchte nicht immun gegenüber unserer Zeit und unserer Umwelt sind, so als ob unser (angeblich «kritisches») Denken uns vor fremden Liturgien schützt. Im Gegenteil werden unsere Liebe und unsere Vorstellungswelt von allen möglichen Arten von Liturgien in Beschlag genommen, die auf bestimmte Auffassungen des guten Lebens hinauslaufen. In solchen «säkularen» Liturgien gefangen zu sein, heisst, gewohnheitsmässig nach dem zu verlangen, was sie verheissen.

Die Apokalypse einüben: Rivalisierende Liturgien erkennen

Eine christliche Nachfolge, die bewusst und prägend sein soll, muss auf all jene rivalisierenden Formationen achtgeben, in die wir einbezogen sind. Hier sind zwei Hauptaspekte zu unterscheiden. Erstens müssen wir, wie ich in Kapitel 1 zu zeigen versucht habe, die *ganze* Person in den Blick nehmen und uns der Macht und Bedeutung unserer vorintellektuellen Einstellungen bewusst werden. Wir müssen uns die Wichtigkeit des adaptiven Unbewussten vor Augen führen, das unser Handeln bestimmt. Zweitens wer-

35 Wallace, Das hier ist Wasser, 1028.

den wir kulturelle Praktiken *als* Liturgien verstehen und hoffentlich deren (de-)formierende Macht erkennen. Das bedeutet, dass wir alle möglichen vermeintlich neutralen und harmlosen kulturellen Institutionen und eingeübten Rituale einer erneuten Prüfung unterziehen und deren formative, ja sogar liturgische Macht erkennen müssen, das heisst ihre Fähigkeit, etwas *mit uns* zu tun.

Für einen unverfälschten Blick auf unsere Welt und unsere Kultur braucht es eine Art Weckruf, eine Strategie, die uns aus der subtilen Abhängigkeit von diesen Institutionen befreit, damit wir sie als das erkennen können, was sie sind. Interessanterweise hat die Bibel etwas Entsprechendes anzubieten. Es nennt sich «apokalyptische» Literatur. Diese Textgattung, wie man sie etwa im Buch Daniel und der Offenbarung findet, ist ein Genre des biblischen Schrifttums, das versucht, uns jene Reiche schauen (oder *durchschauen*) zu lassen, die unsere Welt konstituieren. Diese Bücher schärfen unser Verständnis für diese Königreiche, damit wir sie als das erkennen können, was sie *wirklich* sind. Leider assoziieren wir die apokalyptische Literatur mit sogenannter «Endzeit»-Literatur, so als ob es darin um irgendwelche Prognosen ginge. Das wäre allerdings ein Missverständnis. Der Zweck der apokalyptischen Literatur liegt nicht in Vorhersagen, sondern in der *Demaskierung* der Realitäten um uns herum und in der Erkenntnis dessen, was sie in Wahrheit sind. Während das Römische Reich vorgab, ein Geschenk an die Zivilisation zu sein und die menschliche Schaffenskraft zu neuen Höhen zu führen, zeigt uns die apokalyptische Perspektive des Johannes aus einem himmlischen Blickwinkel, wie es wirklich ist: Rom ist ein Monster.

Die apokalyptische Literatur ist also ein Genre mit dem Anspruch, dass wir die Welt aus einem anderen Blickwinkel sehen und damit ihre Lügenkonstruktion entlarven. Ich stelle sie mir ein bisschen wie die vertikal aufgehängten Lamellen der Jalousie in meinem Zimmer vor: Sind sie in einem Winkel von 45 Grad aufgestellt, dann sieht es von vorne betrachtet so aus, als wären sie geschlossen und würden das Sonnenlicht aussperren. Wenn ich mich aber nur ein kleines Stück nach links bewege und parallel zu den Lamellen stehe, dann bemerke ich, dass ich direkt durch sie hindurch nach draussen blicken kann. So verhält es sich auch mit der apokalyptischen Literatur: Die konkurrierenden Imperien, die uns blenden wollen, haben etwas zu verbergen. Man könnte sagen, dass sie die Lamellen nur ein wenig aufgestellt haben, um das zu verdecken, was sie verheimlichen wollen. Sie malen ein wunderschönes Bild auf die Leinwand, das uns gefangen nimmt, bezaubert und inspiriert. Wenn wir frontal auf die Leinwand blicken, dann sind wir ganz geblendet von dem, was sie uns zeigen. Die apokalyptische Literatur ist genau deshalb *enthüllend,* weil sie uns eine neue Perspektive verschafft, aus der heraus wir diese verführerischen (falschen) Darstellungen *durchschauen* können. Sie lädt uns ein, unsere Position zu verschieben und eine neue Perspektive einzunehmen, die uns *durch* die Jalousie auf die Ungeheuer hinter der Leinwand blicken lässt.

Was wir daher benötigen, ist eine Art zeitgenössische Apokalyptik – eine Sprache und ein Genre, die uns den religiösen (und götzendienerischen) Charakter der heutigen Institutionen enthüllen, die unser eigenes Milieu konstituieren. Ein zu grosser Teil unserer Kulturanalyse wurzelt im übersteigerten Glauben an die Fähigkeit des Menschen, durch Vernunftdenken alle Probleme der Welt lösen zu können. Wir nehmen die Kultur unter die Lupe, hören ihre eigentlichen «Botschaften» heraus und sind fest entschlossen, ihre «falschen» Lehren an der Wurzel zu bekämpfen. Doch wenn wir in erster Linie Liebende sind und wenn unsere Handlungen im überwältigenden Masse durch *un*bewusste Gewohnheiten gesteuert werden, dann könnte es sein, dass die intellektuellen Gefahren nicht die wichtigsten sind. Wir können sogar so sehr auf die Verführungskünste geistiger Institutionen fixiert sein, dass wir gar nicht bemerken, wie unsere Herzen währenddessen von rivalisierenden Imperien überwältigt werden. Durch eine liturgische Linse auf die Kultur zu blicken, hat den Sinn, uns schlagartig neu erkennen zu lassen, *wer* wir sind und *wo* wir stehen.

Das bedeutet, dass wir die *Praktiken* durchschauen müssen, die uns umgeben. Wir müssen lernen, die allgegenwärtigen säkularen Rituale zu deuten. Wir müssen zu Anthropologen werden, die in gewisser Weise versuchen, die ihnen vertraute Umgebung mit den Augen der apokalyptischen Literatur zu sehen, so dass wir die liturgische Macht kultureller Rituale erkennen können, die wir ganz selbstverständlich als «die Dinge, die wir tun» betrachten. Pastoren müssen Ethnologen des alltäglichen Lebens sein und ihren Gemeindegliedern helfen, die prägende Kraft des gesellschaftlichen Umfelds und deren *deformierende* Wirkung zu erkennen. Der Pastor wird manchmal wie der alte Fisch in Wallace' Parabel sein müssen, der uns regelmässig fragt: «Wie ist das Wasser?» Und am Ende werden wir lernen: «Oh, das hier ist Wasser.»

Lass mich dir ein Beispiel geben – gewissermassen eine Art Fallstudie.

Eines meiner stillen Erfolgserlebnisse als Vater war der Tag, an dem unser ältester Sohn, damals noch ein frisch gebackener Teenager, mich fragte: «Dad, kannst du mich zum Tempel fahren?» Ich wusste sofort, was er meinte. Wir hatten kurz zuvor eine Diskussion geführt, in der ich ihm vermitteln wollte, dass unsere lokale Shopping-Mall eines der religiösesten Zentren unserer Stadt ist – aber nicht, weil sie irgendeine Botschaft «predige» oder eine Lehre propagiere. Denn niemand fängt einen an der Eingangstür zur Mall ab und überreicht einem sein Glaubensbekenntnis, das die 16 Dinge auflistet, an die die Mall glaubt. Die Shopping-Mall «glaubt» nichts und ist auch nicht daran interessiert, den Intellekt ihrer Besucher zu beeinflussen. (Ihre Ziele sind weitaus untergründiger angesiedelt.) Wir sollten aber nicht glauben, dass die Mall deshalb ein neutraler Raum wäre. Ebenso wenig sollten wir meinen, die Mall wäre religionslos. Sie ist ein religiöser Ort, aber nicht in theologischer, sondern in liturgischer Hinsicht. Ihre spirituelle Bedeutung (und Gefahr) liegt nicht in ihren «Ideen» oder «Botschaften», sondern in ihren Ritualen verborgen. Die Mall interessiert sich nicht dafür, was wir *denken*, sondern vielmehr dafür, was wir *lieben*. «Victoria's Secret» bedeutet, dass sie es tatsächlich auf unsere Herzen abgesehen hat.

Wir müssen also unsere Augen neu justieren, um diesen vertrauten Ort als das zu erkennen, was er wirklich ist. Setzen wir also die liturgische Brille auf und werfen einen neuen Blick auf das lokale Einkaufszentrum. Lesen wir seine Räume, seine Praktiken und seine Rituale mit einer neuen Brille. Was könnten wir da zu sehen bekommen?

Bereits vor dem Eintritt ins Gebäude stellen wir fest, dass die Architektur einem wiedererkennbaren Code folgt, der uns ein Gefühl der behaglichen Geborgenheit gibt, unabhängig von der Stadt, in der wir uns befinden.[36] Die grossen verglasten Eingangshallen sind von Transparenten und Flaggen eingerahmt; vertraute Schriftzüge und Symbole an den Aussenwänden helfen dem auswärtigen Gläubigen dabei, schnell und bequem herauszufinden, was sich im Inneren befindet, und die grosszügige Aufteilung der Räume im Gebäude wird von grösseren Pavillons oder Altarräumen abgesteckt, die den Vorhallen mittelalterlicher Kathedralen ähneln.[37]

---

36 Der folgende Abschnitt ist in leicht veränderter Form erschienen in James K. A. Smith, Desiring the Kingdom. Worship, Worldview, and Cultural Formation, Cultural Liturgies 1, Grand Rapids 2009, 20–22.

37 Was, wie sich gezeigt hat, kein Zufall ist. Siehe Ira Zepp, The New Religious Image of Urban America. The Shopping Mall as Ceremonial Center, Boulder 1997.

> Ein Professor für Religionswissenschaft hat die heilige und religiöse Funktion der Mall erkannt und schreibt dazu:
> Manche von uns interessieren sich für religiöse Studien, weil sie sich für Menschen interessieren. Menschen tun religiöse Dinge; sie symbolisieren und ritualisieren ihr Leben und wünschen sich die Zugehörigkeit zu einer Gemeinschaft. Was mein Interesse an Einkaufszentren zuerst geweckt hat, war deren konkreter Ausdruck aller drei dieser religiösen Impulse. Die geviertförmige Architektur, kalendarische Rituale, Nachahmungen natürlicher Umgebungen und das Bestreben, Menschen, Orte und Objekte einer Wallfahrt zu sein, veranschaulichen allesamt den *Homo religiosus. Die Mall als zeremonielles Zentrum,* als «mehr als» nur ein Marktplatz, ist eine Möglichkeit für den Menschen der Gegenwart, sein Bedürfnis nach Erneuerung und erneuerter Verbindung zu stillen – grundlegende Bestandteile des religiösen und menschlichen Lebens. (Ira Zepp, The New Religious Image of Urban America. The Shopping Mall as Ceremonial Center, Boulder 1997, 150)

Wir treten nun also an einen von mehreren atemberaubenden Eingängen des Gebäudes heran, die uns durch eine Kolonnade mit verchromten Bögen zu der hoch aufragenden Glasfassade führen, an deren Fuss sich Türen aneinanderreihen. Sobald wir den Raum betreten, werden wir in eine Art Vorhalle gelenkt, die sowohl dazu dienen soll, neue Suchende zu empfangen, zu leiten und zu kanalisieren, als auch dazu, den regelmässig erscheinenden Gläubigen ein wenig Gelegenheit zur Entspannung zu geben, um sich erst einmal wieder dem Geist dieses Raums «hinzugeben». Die Suchenden finden im grossen Lageplan – eine Art Anbetungshilfe, die den Novizen helfen soll, ihren Weg zu den Stätten diverser spiritueller Opferdarbietungen zu finden, und die einen Wegweiser durch jenes Labyrinth bereitstellt, das die rituelle Observanz der Pilger organisiert und kanalisiert. (Man kann die wiederkehrenden Gläubigen leicht erkennen, da sie den Raum mit routinierter Vertrautheit betreten und sich aufgrund bekannter Gestaltungselemente problemlos zurechtfinden.)

Die Gestaltung des Innenraums ist überaus einladend und zieht sowohl die Suchenden als auch die Gläubigen in die an eine Klausur mahnenden inneren Räume hinein, deren Deckenfenster den Blick zum Himmel freigeben, niemals aber auf den das Gebäude umgebenden Festungsgraben aus Autos. Das Gefühl, das sich durch diese Architektur einstellt, ist das einer vertikalen oder transzendenten Offenheit, die zugleich den Lärm und die Zerstreuungen der horizontalen, banalen Alltagswelt abhält. Dieser architektonische Modus der Einschliessung und Einhüllung gemahnt an ein Heiligtum, an Rückzug und Zuflucht. Vom Eingang in der Vorhalle verlieren wir uns in den weiteren Räumen, welche die Pilger zu einem Labyrinth von Achtecken und Kreisen hinführen und damit eine Wanderbewegung anstossen, die sich der getriebenen, stets absichtsvollen Art und Weise, in der wir die «äussere» Welt bewohnen, zu entziehen scheint. Dem Pilger wird ermöglicht, sich dem Zwang des weltlichen Rhythmus zu entziehen und eine Sphäre zu betreten, die von einer anderen Zeit, ja sogar einer Art Zeitlosigkeit beherrscht wird. Durch die wenigen Fenster und eine geschickte barocke Lichtmanipulation scheint es fast, als stünde die Sonne in diesem Raum still, während wir unser Zeitgefühl verlieren und uns ganz den Ritualen hingeben, für die wir eigentlich hergekommen sind. Doch auch wenn die Zeit stillsteht, gilt für den Kultraum dennoch eine Art liturgischer Festkalender, der sich in den Farben, Symbolen und Bildern einer endlosen Litanei von Feiertagen und Festen widerspiegelt – zu denen regelmässig neue hinzukommen, weil mit jedem neuen Fest die Zahl der Pilger wächst, die sich den Prozessionen zum Heiligtum anschliessen und sich an der Anbetung beteiligen.

Der Grundriss dieses Tempels erinnert architektonisch an mittelalterliche Kathedralen – gigantische religiöse Räume, deren Zweck es war, das gleichzeitige Abhalten aller Arten von religiösen Aktivitäten zu ermöglichen. Man könnte also sagen, dass dieses religiöse Gebäude über ein gewundenes Labyrinth der Kontemplation verfügt, in dem sich unzählige Kapellen befinden, die verschiedenen Heiligen gewidmet sind. Während wir in kontemplativer Haltung durch das Labyrinth wandern und uns darauf vorbereiten, eine der Kapellen zu betreten, werden wir von der üppigen Ikonografie überwältigt, die die Wände und Innenräume säumt. Anders als bei den flächigen Darstellungen von Heiligen, die man in Kirchenfenstern findet, sieht man hier eine Reihe dreidimensionaler Ikonen, die mit Gewändern geschmückt sind und die – wie es bei aller Ikonografie der Fall ist – den Wunsch wecken, diesen Vorbildern nachzueifern. Diese Statuen und Ikonen (in Form von Schaufensterpuppen) verkörpern konkrete Ausformungen des guten Lebens. Dies sind die Ideale der Vollkommenheit, denen nachzueifern wir gelernt haben.[38]

Dieser Tempel offeriert – wie die vielen anderen auch, die derzeit überall auf der Welt entstehen – eine reiche, greifbare Form der guten Nachricht, die uns *anzieht*. Dieses Evangelium gewinnt seine Kraft aus seiner *Schönheit,* die unsere tiefsten Sehnsüchte anspricht. Es zieht uns nicht aufgrund strenger Moralvorschriften an, sondern durch die gewinnende Einladung dazu, an diesem idealisierten guten Leben teilzuhaben.

Wenn wir vor den Kapellen innehalten, kommen wir an einigen Ikonen vorbei, die unsere Aufmerksamkeit auf sich

---

38 Zu einer verstörenden Erkundung des Topos von Schaufensterpuppen als «säkularen Heiligen» siehe die Kurzdokumentation *34x25x36,* in der deren Hersteller explizit von Anbetung als dem Ziel ihrer Arbeit sprechen. «[Die Luxuskaufhauskette] Barney's ist die Kirche von heute», wie sie sagen. Der Film ist abrufbar unter www.youtube.com/watch?v=uM-0nUy7Ye0 (02.10.2025). Mein Dank an Bryan Kibbe dafür, dass er mich vor einigen Jahren auf dieses Werk aufmerksam gemacht hat.

ziehen. Sie wecken unser Interesse, zu erfahren, was uns *im Inneren* erwartet; sie fordern uns auf, den Schritt zur vollständigen Anbetung zu wagen. Begrüsst werden wir im Inneren von einem freundlichen Altardiener, der uns anbietet, uns durch diese Erfahrung zu geleiten, der aber auch die Weisheit besitzt, uns die Möglichkeit zu geben, alles auf eigene Faust zu erkunden, wenn wir dies wünschen. Manchmal betreten wir den Raum vorsichtig und neugierig und bahnen uns unseren Weg durch dieses Labyrinth nur zögerlich, mit einem vagen Gefühl der Sehnsucht, aber ohne zu wissen, wie sie Erfüllung finden kann. Wir sind bereit, überrascht zu werden, für den Moment, in dem der Heilige Geist uns eine Erfahrung schenkt, die wir uns nicht hätten erträumen können. Mit einem Gefühl der Sehnsucht machen wir uns auf die Suche – ohne genau zu wissen, wonach, aber doch *erwartungsvoll,* da wir tief im Innern wissen, dass das, was wir brauchen, hier sein muss. Und dann entdecken wir es; beim Durchstöbern der Kleiderständer stossen wir auf das Angebot, das uns Erfüllung verspricht. Bei einem anderen Besuch hingegen erfolgt unsere Anbetung bewusst, zielgerichtet und ohne Zögern: Wir haben uns auf diesen Moment vorbereitet und wissen genau, warum wir hier sind – weil wir genau das suchen, was wir brauchen.

In jedem Fall jedoch schreiten wir, nachdem wir einige Zeit konzentriert die von den Gläubigen so genannten Kleiderständer durchgestöbert haben, nun mit unserem neu gefundenen heiligen Objekt in der Hand zum Altar, der den Schlussstein der Anbetung darstellt. Während die Altardiener und andere Helfer uns auf unserem Weg durch diese Erfahrung begleitet haben, steht hinter dem Altar nun der Priester, der über die abschliessende Transaktion wacht. Und dies *ist* eine Religion der Transaktion, des Austauschs und der Gemeinschaft. Wenn wir hierher zur Anbetung eingeladen sind, dann werden wir nicht nur darum gebeten, zu geben; wir sind auch dazu aufgefordert, zu nehmen. Wir

Ein Ort der Anbetung.
Europa Boulevard Sunset, West Edmonton Mall, Alberta, Canada
© Ken Eckert, Wikimedia Commons

kommen nicht nur mit guten Gefühlen oder frommen Floskeln aus dieser transformativen Erfahrung heraus, sondern vielmehr mit etwas Konkretem und Greifbarem in Händen – mit frisch geschmiedeten Reliquien sozusagen, die selbst die Mittel für das von jenen Ikonen verkörperte gute Leben sind, die uns überhaupt erst zu diesem Moment der Teilnahme eingeladen haben. Und so bringen wir also unsere Opfer dar und geben unseren Obolus zur Kollekte, aber bekommen auch einen Gegenstand zurück, der in den wunderbarsten Farben und Symbolen der Heiligen, der richtigen Jahreszeit entsprechend, eingepackt ist. Vom Priester mit einem Segensspruch entlassen, bahnen wir uns unseren Weg aus der Kapelle mit einem Gefühl der Erneuerung. Wir hegen dabei allerdings nicht unbedingt die Absicht, den Tempel zu verlassen (unser Zeitgefühl ist ohnehin ausgeschaltet), sondern die, unsere Kontemplation fortzusetzen und uns in die nächste Kapelle einladen zu lassen. Wer könnte den greifbaren Realitäten des guten Lebens widerstehen, die uns in so grossem Überfluss und auf so reizvolle Weise angeboten werden?

Durch diese ausführliche Beschreibung können wir verstehen, wie eine Weltanschauung – oder eher das, was der Philosoph Charles Taylor als «social imaginary» bezeichnet –[39] in alltäglichen Ritualen und Praktiken «vermittelt»

---

39 Der kanadische Philosoph Charles Taylor spricht von «social imaginaries» (sozialen Imaginativen) statt von «Weltanschauungen», um der Tatsache Rechnung zu tragen, dass dieser Weg, sich der Welt zu nähern, eher auf dem Spektrum der Vorstellungskraft als auf dem des Intellekts zu verorten ist. Ein social imaginary ist, wie er sagt, «viel breiter und tiefer angelegt als die begrifflichen Strukturen, die im Spiel sein dürften, wenn die Leute über die gesellschaftliche Wirklichkeit im Zustand der Teilnahmslosigkeit *nachdenken*» (Charles Taylor, Modern Social Imaginaries, Durham, NC 2004, 23, Hervorhebung J. K. A. Smith). Das social imaginary ist «die Art und Weise, auf die

wird. Wie lernen wir, Konsumenten zu sein? Nicht dadurch, dass jemand kommt und uns ein Argument dafür vorlegt, warum mich materielle Dinge glücklich machen werden. Ich denke mir meinen Weg nicht in den Konsumismus hinein. Vielmehr werde ich, ohne es zu merken, für eine Lebensweise rekrutiert, weil ich durch kulturelle Praktiken geprägt worden bin, die nichts Geringeres als säkulare Liturgien sind. Meine Liebe zu bestimmten Dingen ist durch Rituale automatisiert worden, von denen ich nicht einmal bemerkt habe, dass sie Liturgien waren. Diese greifbaren, instinktgesteuerten, wiederholten Praktiken vermitteln uns eine Geschichte des guten Lebens, die wir auf unbewusste Weise erlernen. Jene Praktiken mit ihrer je eigenen teleologischen Orientierung entsprechen einer bestimmten Variante des guten Lebens, einer rivalisierenden Version des Königreichs Gottes; indem wir mit dieser Variante vertraut sind, wird uns ohne unser Wissen beigebracht, was und wie wir *zu lieben haben*.

Wir könnten solche «liturgischen» Lesarten kultureller Praktiken nun für eine ganze Bandbreite von alltäglichen Ritualen wiederholen. Wenn wir die liturgische Brille aufsetzen, dann sehen wir das Sportstadion auf eine ganz neue Weise, nämlich als einen Tempel des Nationalismus und des Militarismus. Schaut man mit einer liturgischen Linse auf die Universität, so stellt man fest, dass die «Ideen» und «Botschaften» der Hochschule oft weniger bedeutsam sind als die Rituale der Studentenverbindungen und des Campus-Sports.[40] Wenn wir aufhören, uns über die Smartphones nur

---

sich normale Menschen ihre soziale Umgebung ‹vorstellen›», wie Taylor hervorhebt. Und dies wird «nicht in theoretischen Begriffen ausgedrückt, sondern in Bildern, Geschichten und Legenden übermittelt» (ebd.).

40 Literarisch aufs Korn genommen werden diese Phänomene in Tom Wolfes Roman *Ich bin Charlotte Simmons* (München 2005).

in Bezug auf die Inhalte zu echauffieren (also mit Blick auf das, *was* wir auf ihnen konsumieren), und anfangen, die Rituale wahrzunehmen, die uns über den Tag hinweg an diese Geräte binden, dann werden wir feststellen, dass bereits diese Praxis selbst mit einer selbstzentrierten Vision aufgeladen ist, die *mich* zum Zentrum des Universums macht.

Und so weiter und so fort. Es wird immer deutlicher, dass alle möglichen Dinge, die wir tun, so gesehen etwas *mit uns* machen. Es sind nicht nur die von diesen kulturellen Institutionen verbreiteten Botschaften, Ideen oder Informationen, die für die Nachfolge von Bedeutung sind; es ist die Form der jeweiligen Praxis selbst, ja, ihre liturgische Macht, zu (de-)formieren. Liturgien wirken affektiv und ästhetisch – sie beeinflussen durch die Macht des Bildes, der Erzählung und der Metapher noch die hintersten Winkel unserer Seele. Deshalb haben es die mächtigsten Liturgien auch auf unsere Leiblichkeit abgesehen: Sie sprechen unsere Sinne an und gehen unter die Haut. Der Weg zum Herzen führt über unsere Leiblichkeit, wie man sagen könnte.

Wie man säkulare Liturgien liest: Eine Exegese des konsumistischen Evangeliums

«Liturgie», so wie ich den Ausdruck an dieser Stelle benutze, ist ein Stichwort für jene Rituale, die mit einer Meta-Story darüber aufgeladen sind, wer wir sind und warum wir existieren. Sie vermitteln uns eine Art letztgültiger Orientierung. Um noch einmal auf unsere bereits verwendete Metapher zurückzukommen, kann man sich diese Liturgien als Kalibrierungsverfahren vorstellen; sie lassen die Nadel unseres Herzens ausschlagen. Sind sie jedoch in *Un*ordnung und zielen auf konkurrierende Königreiche ab, dann führen sie uns weg von unserem eigentlichen magnetischen Norden, der Christus ist. Unsere Liebe und unser Verlangen werden in die falsche Richtung gelenkt – aber nicht, weil wir von falschen Ideen getäuscht worden wären, sondern weil wir deformierenden Liturgien ausgesetzt waren, ohne es zu merken. Wir lassen uns in der Folge durch eine andere Story über das *telos* des Menschseins und die Normen menschlichen Wohlergehens vereinnahmen. Wir fangen an, ein konkurrierendes Verständnis des guten Lebens auszuleben.

Greifen wir das Beispiel von der Shopping-Mall noch einmal auf und versuchen wir, ihre Liturgien genauer zu «lesen». Wir lesen sozusagen zwischen den Zeilen dieser Praktiken, um das «social imaginary» zu ergründen, das diesen Liturgien zugrunde liegt. Die Shopping-Mall-Version des Königreichs lässt sich durch folgende Punkte umreissen:

1. *Ich bin innerlich leer, deshalb kaufe ich ein.* Angesichts der lachenden Gesichter, die uns in den Bier-Reklamen begegnen, und der wohlhabenden Leute, die die Welt der Filme und Serien bevölkern, neigen wir zur Annahme, dass die Kultur des Konsumismus von einem ungetrübten Optimismus und einem rosigen Blick auf die Realität geprägt ist. Eine solche Vorstellung unterschlägt jedoch ein wichtiges Element dieser Rituale, die in den Konsumtempeln zur Anwendung gelangen,– nämlich deren eigene Konstruktion der Verlorenheit der Welt, deren Antwort nicht die Beichte, sondern der Konsum ist. Man könnte sagen, dass dies das Äquivalent der «Sünde» in der Mall darstellt (wenn auch nur in oberflächlicher Lesart). Der Punkt ist der: Jenen Bildern von Erfolg und Glück, Vergnügen und Erfüllung, wohnt die schmerzhafte, wenn auch unausgesprochene Erkenntnis inne, dass *das nicht ich bin.* Wir begegnen diesen Bildern auf Werbeplakaten oder in den bewegten Bildern der Serien, und eine unterschwellige Einsicht dringt in unser adaptives Unterbewusstsein ein (obwohl wir dies nie wirklich *aussprechen würden*): «Hm», denken wir. «Diese Menschen haben alles im Griff. Sie scheinen das gute Leben zu geniessen. Auch ihr Leben kommt zwar nicht ohne innere Verluste und

äussere Kämpfe aus, doch stehen ihnen in allen Schwierigkeiten die eigene Familie und Freunde zur Seite, um diese durchzustehen. Und sie besitzen nebenbei auch noch schöne Dinge. Dass sie glücklich sind, hat wahrscheinlich auch mit dem zu tun, was sie besitzen. Dieser Vater aus der Sitcom besitzt einen riesigen verchromten Grill, auf dem man ein halbes Rind braten könnte; wer wäre nicht glücklicher, wenn er so etwas sein Eigen nennen könnte? Dieser Junge aus der Werbung hat das neueste und schnellste Smartphone, mit dem er sich mit dem Rest der Welt verbinden kann; wer wäre nicht glücklicher, mit seinen Freunden in Kontakt zu bleiben? Diese Mutter auf dem Werbeplakat hat alles gleichzeitig. Ihre Kinder lächeln und sind gleichzeitig brav, und sie selbst war soeben beim Friseur, ist schlank und wirkt sorgenfrei – damit hat bestimmt dieser neue Minivan mit eingebauten Bildschirmen und den unzähligen Getränkehaltern etwas zu tun.» Man könnte so weiterfahren.

Diese Bilder von Glück, Erfüllung und Zufriedenheit konfrontieren uns mit unserer eigenen Wirklichkeit: «Das bist nicht du», sagen sie uns. «Und das weisst du, so wie wir auch.» Was uns hier insgeheim vermittelt wird, ist der Unterschied zwischen uns und ihnen. Unser Leben fühlt sich nicht annähernd so an, wie das der Menschen auf der Leinwand. Diese Bilder suggerieren, dass mit uns etwas nicht stimmt – was den Verdacht, der uns ohnehin schon oft beschlichen hat, nur noch weiter verstärkt. Natürlich wird dies manchmal auch schonungslos formuliert, wie zum Beispiel in Werbespots für Pickelcreme oder Diätpillen, wo für gewöhnlich nicht lange um den heissen Brei herumgeredet wird, sondern uns direkte, schmerzhafte Botschaften vermittelt werden: «Stehst du auf der Schulparty oft alleine da, weil du diese riesengrossen Ekzeme überall im Gesicht hast?» Wir wissen, was damit gemeint ist. Die Liturgien der Shopping-Mall und der Werbung legen uns nahe, dass irgendetwas mit uns nicht stimmt, dass wir auf der Verliererseite des

Lebens stehen, indem sie uns die Ideale vor Augen halten, denen wir nicht genügen.

Einerseits bedienen sich diese Ideale der Macht echter menschlicher Sehnsüchte – nach Freundschaft, Freude, Liebe und Spass. Andererseits setzen sie alles daran, trügerische Ideale über Schönheit, Macht und Privilegien in uns zu verankern und wirksam werden zu lassen. Im gleichen Moment, in dem diese «perfekten» Bilder, diese Ikonen des Glücks, uns unterschwellig mitteilen, was mit uns nicht in Ordnung ist, werten sie zugleich Ideale auf, die dem *shalom* gerade entgegenstehen – dem biblischen Begriff zur Beschreibung einer blühenden Schöpfung, einer Welt, die alles realisiert, was Gott für sie will.[41] Die Liturgien des Marktes und der Shopping-Mall decken unsere eigene Verlorenheit und unser Bedürfnis nach Erlösung auf, indem sie uns mit einem Gefühl der Scham und der Schande zurücklassen.

2. *Ich kaufe und ich bin dabei in guter Gesellschaft.* Es ist in gewisser Weise ein Gemeinplatz, zu sagen, dass der Konsumismus ein Ausdruck des Individualismus ist, ein Akt also des Eigeninteresses und der Egozentrik. Doch diese Feststellung unterschlägt Aspekte der Relationalität und Sozialität, die die Liturgien der Shopping-Mall ebenso miteinschliessen. Anscheinend erfüllt der Besuch auch ein soziales Bedürfnis des Menschen. Wir shoppen gemeinsam mit anderen und manchmal sogar, *um* mit anderen zusammen zu sein. Doch was für eine Vorstellung von menschlichen Beziehungen steckt in den Ritualen des Marktes? Wir können zwar paarweise oder in Gruppen an den Liturgien der Einkaufstempel teilnehmen, aber welche Story der menschlichen Interaktion liegt der Shopping-Mall zugrunde? Mir scheint, dass ihre Rituale weit mehr gegenseitiges Konkurrenzden-

41 Zu einer prägnanten Zusammenfassung dieser biblischen Vision von *shalom* siehe Nicholas Wolterstorff, Until Justice and Peace Embrace, Grand Rapids 1983, 69–72.

ken als genuine Gemeinschaft fördern. Wenn man überhaupt von Gemeinschaft reden will, so erschöpft sie sich darin, dass die Besucher der Shopping-Mall eins werden in der Ausübung materialistischer Gewohnheiten, die weit entfernt sind von einer auf den Nächsten gerichteten Liebe.

In der Shopping-Mall geht es vor allem darum, wie wir uns den Menschen um uns herum im besten Licht präsentieren. Diese reduktionistische Sicht des Menschen verstärkt sich durch jeden Besuch, bis sie uns in Fleisch und Blut übergegangen ist. Das führt dazu, dass wir nicht nur uns, sondern auch alle anderen irgendwann natürlicherweise am Massstab der blossen Äusserlichkeit messen. Wenn wir uns selbst beispielsweise in dem Moment analysieren könnten, in dem die Freundin einer Freundin (oder der Freund eines Freundes) sich erstmals «unserem Kreis» nähert, dann würden wir uns möglicherweise dabei ertappen, wie wir sie (ihn) von Kopf bis Fuss mustern oder in Gedanken eine Checkliste durchgehen, wie sehr sie (er) in Sachen Mode und Accessoires im Trend liegt. Wie oft habe ich diese eingespielte Praxis der gegenseitigen Musterung im Freundinnenkreis meiner Tochter beobachtet. Wie oft wurde ich Zeuge der insgeheimen Bewertung der Schuhe und Handtaschen der anderen.[42]

Was ist in jenen Ritualen des unausgesprochenen Urteils und der wortlosen Bewertung passiert? Zweierlei, wie ich meine. Erstens haben wir andere Menschen implizit mit uns selbst verglichen und bewertet und dann dieses Urteil mit den Idealen abgeglichen, die wir uns durch die unausgesprochene Überzeugungsarbeit der Shopping-Mall angeeignet

---

42 Jean Kilbournes Dokumentarreihe *Killing Us Softly* vertritt die These, dass die Werbung speziell die Konkurrenz unter Frauen anheizt, und zwar nicht nur die um die Aufmerksamkeit der Männer. Eine Karikatur dieses intrageschlechtlichen Konkurrenzkampfs findet sich im Film *Mean Girls* aus dem Jahr 2004.

haben. Zweitens vergeben wir unbewusst und automatisch Punkte, mit dem Resultat, dass wir uns dafür gratulieren, das Spiel für uns entschieden zu haben, oder wir stellen entmutigt fest, dass wir wieder einmal nicht mithalten konnten. Das führt dann dazu, dass wir unsere Beziehungen auf uneingestandene, aber gründliche Weise nach dem Muster eines Konkurrenzkampfes gestalten, gemäss dem Ideal, mit dem wir unbewusst in den Einkaufstempeln konfrontiert sind. Im Laufe dieses Prozesses verdinglichen wir das Gegenüber; wir degradieren die anderen zu Objekten unserer Beobachtung und Bewertung, zu Dingen, die eingeschätzt werden müssen. Indem wir dieses Spiel mitspielen, verwandeln wir uns auch selbst in Objekte und bewerten uns selbst, um gemäss diesem Massstab möglichst gut abzuschneiden. Die Shopping-Mall wirbt dafür, ein «dritter Ort» der Freundschaft zu sein, bringt aber eine Art der menschlichen Interaktion hervor, die in ihrem Kern eine Form des Wettbewerbs ist. Wenn wir lernen wollen, was echte Freundschaft ist, müssen wir die Denkmuster des Konsumismus abstreifen.

3. *Ich kaufe (und kaufe und kaufe …), also bin ich.* Diese Idealbilder des Marktes suggerieren uns unterschwellig, was mit uns nicht in Ordnung ist und wo wir versagen, um uns danach Möglichkeiten vorzuschlagen, wie wir unser Image verbessern können. Sie offerieren uns eine Art der Erlösung, indem wir Waren und Dienstleistungen einkaufen, die der Markt anbietet. Sie stellen sicher, dass wir Rettung erfahren. Die Shopping-Mall hält Konsum *als* Erlösung für uns in zweierlei Hinsicht bereit. Zum einen ist der Kaufakt selbst als eine Art Therapie, ja als aktiver Schritt unserer Heilung angelegt, um dem Elend und den Frustrationen unserer verlorenen Welt zu entfliehen. Sie bietet uns einen Rückzugsort an, um aufatmen zu können, und den Trübsinn unserer erbärmlichen Existenz zu mildern, auch wenn dies nur für kurze Zeit gelingen mag. Der Kaufakt wird deshalb auch als ein Mittel zur Quasi-Erlösung idealisiert.

Zum andern liegt das Ziel des Einkaufens im Erwerb von Gütern und Genuss von Dienstleistungen, die korrigieren sollen, was mit uns nicht stimmt – unseren aus der Form geratenen Körper, unser Pickel übersätes Gesicht, unsere langweilige, aus der Mode gekommene Kleidung, unser verrostetes, altes Auto und so weiter. Einkaufen heisst, zu suchen und zu finden: Wir treten mit einem Gefühl des Ungenügens (durch unser Versagen, mit den ikonischen Idealen der Shopping-Mall mitzuhalten) in die Shopping-Mall, die uns Abhilfe verspricht. Die Narrative von Grösse und Glück in poppigen Farben pflanzen uns ein Verlangen danach ein, *diese* Version des «Königreichs» anzustreben – das gute Leben, das den Erwerb all jener Güter voraussetzt, welche die Herstellung des äusseren Ideals des Menschen einzulösen und unsere Mängel zu beseitigen vermag.

Hin und wieder entlarven wir für einen kurzen Moment das schmutzige kleine Geheimnis, das uns durch den Kopf schiesst. Sobald die Shoppingtour zu einem Ende gekommen ist und die Einkaufstaschen als Trophäen unseres Abenteuers ins Haus getragen sind, stellen wir fest, dass wir in die gleiche alte «echte Welt» zurückgekehrt sind, die wir vor einigen Stunden verlassen haben. Der Rausch des Einkaufserlebnisses ist vorbei, und nun müssen wir unsere Hausaufgaben machen, den Rasen mähen und das Geschirr spülen.[43] (Wir stellen uns die Frage: Wann können wir wieder losziehen?!) Und während das neue Gadget noch eine Weile ein wenig Glamour und Faszination ausstrahlt, wissen wir insgeheim (aber hassen es, dies zuzugeben), dass dieser Glanz ziemlich schnell abnimmt. Die neue Jacke, die wir gar nicht abwarten konnten, in der Schule zu tragen, fühlt sich schon

43 Ich bin zugegebenermassen aber auch der Meinung, dass viele Varianten der christlichen Anbetung – besonders die, bei denen es um das sogenannte Auftanken geht – die gleiche Enttäuschung und Frustration hervorrufen können.

nach ein paar Monaten (oder noch früher) etwas abgenutzt an, dem neuesten und besten Mobiltelefon, das anscheinend «alles» in sich vereinte, fehlt schon im nächsten Sommer bereits eine noch bessere Funktion, und das Videospiel, auf das wir so gespannt gewartet haben, liegt schon nach ein paar Wochen unbenutzt herum, weil wir bereits jedes Level geschafft haben. Dem gekauften Gegenstand haftete im vertikal einfallenden Licht der Shopping-Mall noch der Glanz des Neuen an, doch nach kurzer Zeit verliert er seine Faszination. Oder es funktioniert nicht mehr. Und dennoch: An wen sonst sollen wir uns wenden? Wann können wir also wieder auf Shoppingtour gehen?

Das ist der Grund, weshalb die Liturgie der Shopping-Mall nicht bloss eine Praxis des einmaligen Erwerbs ist, sondern auch des wiederholten *Konsums*. Ihre Quasi-Erlösung lebt von zwei flüchtigen Elementen: dem Nervenkitzel der nicht festzuhaltenden Erfahrung beziehungsweise des nicht festzuhaltenden Ereignisses und dem Glanz des Neuen und Neuartigen. Beide unterliegen dem Gesetz der Abnutzung und keines von beiden kann von Dauer sein. Wie Sand rinnen sie uns durch die Hände und verlangen neue Erfahrungen und neue Anschaffungen. Der Nebeneffekt dieses fortgesetzten Konsumverhaltens ist die notwendige *Entsorgung* des Alten und Überdrüssigen. Die Liturgie des Marktes stattet Produkte mit einem nahezu transzendenten Glanz und Glitzer aus und beseelt sie mit einer Art Zauber und Pseudo-Erhabenheit, ermutigt uns aber seltsamerweise auch gleichzeitig dazu, diese Produkte sehr bald und ohne mit der Wimper zu zucken wegzuwerfen. Was die Shopping-Mall heute als heilig erklärt, wird morgen als «*so* von gestern» entweiht. Daher rührt die Ironie, dass der Konsumismus, den wir oft als «Materialismus» schmähen, in Wirklichkeit ganz gerne materielle Gegenstände als nichtig erklärt. Unsere seriellen Einkäufe sind darauf ausgelegt, dass die erworbenen Verbrauchsgegenstände immer wieder ersetzt werden müssen.

Einerseits stattet diese Praxis die Kaufgegenstände mit dem vordergründigen Versprechen auf Erlösung aus, das sie andererseits aber doch nie einlösen können; deshalb müssen sie durch neue Dinge ersetzt werden, die uns das gleiche (unhaltbare) Versprechen vorgaukeln.

Oft hören wir von Markentreue, ja sogar von der «Ergebenheit» gegenüber bestimmten Marken. Beten Menschen aber wirklich Marken an? Ist der Konsumismus tatsächlich so eine «liturgische» Erfahrung? Dieser Gedanke scheint gar nicht so weit hergeholt zu sein, wie man vielleicht denken könnte. In einer jüngeren Studie zu den Effekten von «Supermarken» wie Apple und Facebook haben Forscher eine verblüffende Entdeckung gemacht. Als sie die Hirnaktivität von Produktfanatikern wie etwa den Anhängern des Apple-Kults untersuchten, fanden sie heraus, dass «die Produkte von Apple dieselben Strukturen [ihres] Gehirns stimulieren, wie es religiöse Bilder im Gehirn eines Gläubigen tun». *Das ist Ihr Gehirn «auf» Apple:* Es sieht aus, als würde es anbeten. (Trevor Mogg, «Apple Causes ‹Religious› Reaction in Brains of Fans, Say Neuroscientists», in: Digital Trends, 18. Mai 2011, www.digitaltrends.com/computing/apple-causes-religious-reaction-in-brains-of-fans-say-neuroscientists/ [02.10.2025])

Die Liturgie des Konsums will uns ihre Systemlogik aufzwingen, materielle Dinge sowohl über- als auch unterzubewerten. Uns wird beigebracht, sie mit Bedeutung und Relevanz auszustatten, die unsere Liebe und unser Verlangen verdienen, in die wir dann auch noch vollkommen unverhältnismässige Hoffnungen setzen sollen (Augustinus würde sagen, dass wir hoffen, sie zu *geniessen,* während wir sie eigentlich nur *benutzen* sollten), während wir sie (und die Arbeit und die Rohstoffe, die Eingang in sie finden) gleichzeitig als entsorgbar behandeln.

4. *Frag nicht, sag nichts.* Die Rituale der Shopping-Mall und die Liturgien des Konsums, die Dinge sowohl zu heiligen als auch zu profanieren, tragen noch ein Element des

Vergeistigten an sich: Sie leben von einer Art Unsichtbarkeit. So wie der Grundriss der Shopping-Mall an einen Hafen und ein Heiligtum erinnert, abgekapselt vom Lärm des Verkehrs und vom Lauf der Sonne, so versetzen uns die Liturgien des Konsums in einen Zustand erlernter Unwissenheit. Besonders wichtig ist ihnen, dass wir nicht fragen: «Wo kommt dieses ganze Zeug eigentlich her?» Stattdessen fordern diese Liturgien uns dazu auf, eine bestimmte Magie und den Mythos zu akzeptieren, dass die Stoffe und Gegenstände, die ihren Weg von der Shopping-Mall zu uns nach Hause bis auf die Mülldeponie finden, einfach so in den Läden erscheinen, als wären sie von Ausserirdischen abgeworfen worden. Die Prozesse der Produktion und des Transports bleiben verborgen und unsichtbar, wie die Eingänge und Ausgänge für die Figuren in *Disney World*. Diese Unsichtbarkeit ist kein Zufall; sie ist notwendig, damit wir nicht etwa erkennen, dass diese Lebensweise egoistisch und kaum nachhaltig ist und auf dem Rücken derer stattfindet, die die Mehrheit der Weltbevölkerung ausmachen. Die Liturgie der Shopping-Mall vermittelt uns eine bestimmte Sicht des guten Lebens und des «American Way of Life». Sie setzt jedoch einen massiven Verbrauch natürlicher Ressourcen und die Verfügbarkeit billiger (ausbeuterischer) Arbeit voraus, so dass es unmöglich ist, diese Lebensweise auf den ganzen Globus auszuweiten. (Obwohl diejenigen von uns, die in den Vereinigten Staaten leben, nur 5 % der Weltbevölkerung ausmachen, verbrauchen wir etwa 23 bis 26 % der weltweit produzierten Energie.)[44] Die Liturgie des Konsums weckt in uns das Verlangen, einen Lebensstil zu führen, der letztlich in Kauf nimmt, die ganze Schöpfung zu zerstören.

---

44 Roddy Scheer und Doug Moss, Use It and Lose It. The Outsize Effect of U. S. Consumption on the Environment, in: Scientific American, 14. September 2012, www.scientificamerican.com/article/american-consumption-habits (02.10.2025).

Da an diesem ressourcenverschlingenden Lebensstil nicht alle Menschen dieser Welt partizipieren können, entsteht dabei ein System der Privilegien auf der einen und Ausbeutung auf der anderen Seite. Kurz, die einzige Möglichkeit dafür, die Vision dieses Königreichs Wirklichkeit werden zu lassen, besteht darin, sie uns selbst vorzubehalten. Die Liturgie der Shopping-Mall fördert Gewohnheiten und Praktiken, die auf ungerechten Prämissen aufbauen. Aus diesem Grund setzt sie alle Hebel in Bewegung, um uns davon abzuhalten, unbequeme Fragen zu stellen: Fragt nicht und sagt nichts, sondern konsumiert einfach.

Unterziehe dein Leben einer liturgischen Überprüfung

Selbstverständlich verliert die Shopping-Mall kein Wort über all diese kritischen Gedanken. Nichts davon wird auf der Rückseite unserer H&M-Quittung stehen. Starbucks versieht seine Getränkebecher nicht mit dem Slogan «Ich konsumiere, also bin ich». Im Gegenteil hat uns die Kaffeekette eine Zeit lang dazu eingeladen, uns ihren eigenen liturgischen Überzeugungen anzuschliessen: «Erfreue dich an Ritualen», wie uns die Werbekampagne aufgefordert hat. Nun ist es so, dass das Credo des Evangeliums des Konsumismus uns nicht offen dargelegt wird, sondern von uns beiläufig verinnerlicht wird. Die Ideale werden durch Praktiken vermittelt und weniger in Form von Botschaften. Gleiches gilt für andere kulturelle Liturgien. Solche «säkularen» Liturgien sind kontextabhängig und werden nicht nur von Land zu Land, sondern auch von Generation zu Generation variieren. Deshalb müssen Pastoren Ethnologen sein, die ihren Gemeinden helfen, diese lokalen Liturgien zu benennen und «auszulegen».

Mit diesen Einsichten ist auch eine Erkenntnis über die Mechanismen der Versuchung verknüpft: Nicht alle Sünden basieren auf bewussten Entscheidungen. Weil wir zum

Intellektualismus neigen und annehmen, dass Menschen vor allem denkende Subjekte sind, beurteilen wir auch die Versuchung und die Sünde in diesem Sinne: Wir halten die Versuchung für eine intellektuelle Wirklichkeit, in der uns eine Idee präsentiert wird, über die wir dann nachdenken und uns anschliessend bewusst dafür (oder dagegen) entscheiden. Wenn wir aber anerkennen, dass wir nicht einfach nur denkende Subjekte, sondern Gewohnheitstiere sind, dann stellen wir fest, dass es bei der Versuchung beileibe nicht nur um irregeleitete Ideen oder falsche Entscheidungen geht. Häufig spielen auch falsch eingeübte Gewohnheiten mit hinein. Unsere Sünden sind, anders formuliert, nicht bloss isolierte falsche Handlungen, die auf schlechten Entscheidungen beruhen, sondern sie spiegeln unsere *Laster* wider.[45] Um diese zu überwinden, braucht es mehr als nur die richtige Erkenntnis; wir müssen vielmehr neue Gewohnheiten einüben und unsere Liebe neu ausrichten. Ein erster Schritt zur Veränderung besteht darin, dass wir uns unsere gängigen Liturgien in unserem Leben bewusst vor Augen führen. Sobald wir die oben diskutierte Perspektive auf unsere kulturellen Praktiken eingenommen haben und anfangen, unsere täglichen Routinen durch eine liturgische Brille zu lesen, sind wir in der Position, eine Art liturgische Überprüfung unseres Lebens vorzunehmen. Diese kann man sich als eine Makro-Version des «Examens» vorstellen, jener spirituellen Praxis, die uns vom heiligen Ignatius von Loyola überliefert worden ist.[46] Das «Examen», auch «Tagesrück-

---

45 Eine luzide Einführung in die christliche Bildung unter diesem Gesichtspunkt findet sich in Rebecca Konyndyk DeYoung, The Glittering Vices. A New Look at the Seven Deadly Sins and Their Remedies, Grand Rapids 2009.

46 Zu einer hilfreichen Einführung in diese geistliche Praxis siehe www.jesuiten.org/glossar/gebet-der-liebenden-aufmerksamkeit-tagesrueckblick-examen (15.04.2026).

blick» genannt, ist eine Praxis zur Stärkung der Achtsamkeit für unser Leben: Wir sinnen über die Präsenz Gottes nach, lassen unseren Tag in einem Geist der Dankbarkeit Revue passieren, werden uns unserer Gefühle vor Gott bewusst, sprechen ein Gebet über einen spezifischen Aspekt des Tages und freuen uns dann bewusst auf den nächsten Tag.

Wir übernehmen das Muster der ignatianischen Exerzitien und führen eine Art liturgisches Examen durch. Unsere Aufgabe wäre folgende: Nimm dir Zeit, um über die Rituale und Rhythmen deines täglichen Lebens nachzudenken. Dies könnte sogar den Fokus eines alljährlichen Retreats bilden, in dem wir unsere täglichen, wöchentlichen, monatlichen und jährlichen Routinen evaluieren. Welche der Dinge, die du tust, stellen etwas *mit dir an?* Was sind die säkularen Liturgien in deinem Leben? Welche Vision des guten Lebens transportieren diese Liturgien? Welchem Narrativ folgen diese kulturellen Praktiken? Zu welcher Art von Mensch sollen wir uns diesen Praktiken zufolge entwickeln? Welchem Königreich ordnen sich diese Rituale unter? Welche Richtung soll unsere Liebe gemäss diesen kulturellen Institutionen einnehmen?

Betrachtet man die Shopping-Mall durch eine liturgische Brille, dann sieht man sie fortan mit ganz anderen Augen. Wir beginnen zu erkennen, welchen bedeutenden Einfluss diese Liturgien in unserer kulturellen Landschaft ausüben. Uns wird bewusst, dass die Shopping-Mall ein prägender Raum ist, der unterschwellig unsere Liebe und unser Verlangen prägt. Wir realisieren, dass die im Konsumtempel erlernten Gewohnheiten eigentlich unseren Willen steuern. Uns wird bewusst, dass hier der Ort ist, wo wir gelernt haben, *was* wir lieben sollen. Und wir beginnen, uns Sorgen zu machen.

Das ist gut so. An diesem Punkt können wir ansetzen. Wir können sozusagen durch die Hintertür zu einer bewussteren Nachfolge Christi gelangen. Indem wir die formative

Kraft säkularer Liturgien aufdecken, werden wir in die Lage versetzt, die Relevanz christlicher Liturgien anzuerkennen, denen wir uns bislang widersetzt oder die wir sogar verächtlich gemacht haben. Dieser liturgische Blick weitet unser Verständnis für die kirchengeschichtliche Bedeutung der christlichen Spiritualität und Anbetung. Darauf wollen wir im folgenden Kapitel 3 eingehen.

3

Der Geist begegnet dir dort, wo du gerade stehst

Die Tradition christlicher Anbetung für ein postmodernes Zeitalter

Hungrige Herzen und erworbener Geschmack: Unseren Hunger neu ausrichten

Wie wir oben festgehalten haben, gleichen unsere Herzen menschlichen Kompassen und Peilsendern: Unsere Liebe wird magnetisch in die nördliche Richtung gelenkt, auf die unsere Herzen ausgerichtet worden sind. Die Anziehungskraft einer bestimmten Vision des guten Lebens bestimmt unsere Handlungen und unser Verhalten – ja, sogar unsere ganze Lebensweise. Liturgien sind Kalibrierungstechniken. Sie kanalisieren unsere Liebe, indem sie sie auf ein konkretes *telos* ausrichten. Doch nicht alle Liturgien sind ebenbürtig – manche leiten unsere Herzen fehl und bringen uns damit vom richtigen Kurs ab, so dass wir auf einen Pseudo- oder rivalisierenden Norden zusteuern. Unser desorientierter Herzkompass bedarf deshalb einer Rekalibrierung. Kann unsere Liebe durch säkulare Liturgien vom richtigen Weg abgebracht werden, so gilt auch, dass sie durch Gegenliturgien umorientiert (neujustiert) werden muss – durch verleiblichte, gemeinschaftliche Praktiken, die mit dem Evangelium «aufgeladen» und auf Gott und sein Königreich hin orientiert sind.

Sollte die Metapher des Herzens als Kompass nicht ohne Weiteres einleuchten, dann bietet uns der Singer-Songwriter Bruce Springsteen eine Alternative: «Jeder hat ein hungriges Herz.» Auch in der Bibel wird dieses Bild vom hungrigen Herzen bemüht (Ps 42,1–2). Hier werden unsere tiefsten Sehnsüchte als eine Art Hunger, Appetit oder Durst dargestellt. Die biologischen Aspekte unseres Daseins werden also geistlich gedeutet. Man denke etwa an die wunderschöne Einladung in Deuterojesaja (Jes 55,1):

> Auf, geht zum Wasser, all ihr Dürstenden,
> und die ihr kein Silber habt,
> geht, kauft Getreide, und esst,
> und geht, kauft Getreide, nicht für Silber,
> und Wein und Milch, nicht für Geld!

Tatsächlich preist Jesus einen solchen Hunger in der Bergpredigt als «selig»: «Selig, die hungern und dürsten nach der Gerechtigkeit – sie werden gesättigt werden.» (Mt 5,6) Und er bietet sich selbst als das einzige Mittel zum Stillen dieses Hungers an: «Jesus sagte zu ihnen: Ich bin das Brot des Lebens. Wer zu mir kommt, wird nicht mehr Hunger haben, und wer an mich glaubt, wird nie mehr Durst haben.» (Joh 6,35) Wenn das Herz wie ein Magen ist (was ein weiterer Grund dafür wäre, den «Bauch» als zeitgenössische Übersetzung von *kardia* zu verstehen!), dann könnten wir das Gebet des Augustinus im Sinne dieser Metapher umformulieren: «[D]enn auf dich hin hast du uns gemacht, und unruhig ist unser Herz, bis es ruht in dir.»

In dieser Metapher steckt mehr, als uns möglicherweise begreiflich ist. Natürlich kennen wir alle die Plattitüde «Du bist, was du isst». In den letzten Jahrzehnten haben wir allerdings immer mehr und mehr über das Wesen unseres Hungers und darüber, wie unglaublich formbar er ist, herausgefunden. Wissenschaftler und Autoren wie Brian Wansink und Michael Pollan haben darauf hingewiesen, dass unser Hunger *erlernt* ist.[47] *Dass* wir hungrig werden und essen müssen, stellt natürlich ein grundlegendes Bedürfnis

---

47 Siehe Brian Wansink, Essen ohne Sinn und Verstand. Wie die Lebensmittelindustrie uns manipuliert, Frankfurt a. M. / New York 2008 und Michael Pollan, Das Omnivoren-Dilemma. Wie sich die Indust-

des menschlichen Organismus dar. Aber die «Richtung», die unser Hunger nimmt – das, *wonach* wir hungern –, ist etwas Erlerntes und ist damit von grosser Bedeutung. Es ist also nicht nur so, dass du bist, was du isst; du bist, was du essen *willst,* und das ist etwas, was du gelernt hast. Unser Hunger ist selbst eine Art Gewohnheit, die durch bestimmte Praktiken geformt worden ist. Dieser Hunger wiederum ist Auslöser für bestimmte Routinen und Rituale, die ebenjene Gewohnheiten verfestigen. Unsere Essensgewohnheiten werden nicht durch den Verstand gesteuert, wie Wansink sagt – nicht, weil wir so dumm oder ignorant sind, sondern einfach deshalb, weil das Essen eine derjenigen menschlichen Aktivitäten ist, die auf überwältigende Weise von der Macht der Gewohnheit beherrscht werden – einer jener Automatismen, die in Kapitel 2 beschrieben worden sind.

Geschmack ist etwas, das wir uns aneignen. Aber unser Geschmack kann auch trainiert werden, ohne dass wir es bemerken. So erzeugt zum Beispiel der weitverbreitete Einsatz von Maissirup mit hohem Fruchtzuckeranteil in so vielen hochverarbeiteten Lebensmitteln den Wunsch nach mehr davon, und das trotz der negativen Effekte solcher Speisen. Das Ergebnis ist ein Teufelskreis des Hungers, der das Produkt eines «konstruierten» Geschmacks ist. Wir lernen, Dinge zu begehren, die nicht gut für uns sind, weil wir einem bestimmten System und sozialen Umfeld ausgesetzt sind, die unsere Essensgewohnheiten steuern. Unser Hunger wird ohne unser Wissen trainiert und habitualisiert («automatisiert»). Gleiches gilt für unseren tiefsten existenziellen Hunger, die *Liebe in uns.* Es kann durchaus sein, dass wir gar nicht bemerken, wie wir subtil dazu angehalten werden, nach Idolen zu dürsten und zu hungern, ohne dass wir jemals satt werden.

---

rie der Lebensmittel bemächtigte und warum Essen so kompliziert wurde, München 2011.

Und hierin liegt die eigentliche Herausforderung. Wie sich nämlich zeigt, können wir uns unseren Weg hin zu einem neuen Geschmack nicht einfach *erdenken.*

Ich möchte dies anhand eines Beispiels aus meiner eigenen Erfahrung erläutern.[48] In den vergangenen Jahren hat meine Frau Deanna mich durch ihre beständige Bekehrungstätigkeit immer mehr von der Ungerechtigkeit und der ungesunden Natur unserer vorherrschenden Verfahren der Nahrungsmittelproduktion und -konsumtion überzeugt. Für Deanna drückt sich dies in einem Bekenntnis für «gutes» Essen aus – das heisst, das zu essen, was sowohl gesund als auch gerecht ist, was aus lokalem Anbau stammt und zu unserem Wohlbefinden beiträgt. Konkret zeigt sich dies bei ihr sowohl an ihrem Engagement für ihren Garten als auch darin, dass sie die ganze Familie zum Dienst in unserer Küche rekrutiert, was zu kulinarischen Highlights führt (wofür ich unglaublich dankbar bin!). Meine Frau füllt unsere Gefriertruhe mit «glücklichen Kühen» und «glücklichen Schweinen», die lokal und unter tiergerechten Bedingungen gehalten wurden. Selbst bei ihrer Schlachtung wird auf ihr Wohlergehen geachtet.

Wie jeder rechthaberische, unbelehrbare Ehemann öffnete ich mich für die vorgebrachten Argumente erst mit der Zeit und dies auch nur widerwillig. Aus irgendeinem Grund musste ich zuerst die Werke der Autorinnen und Autoren wie Barbara Kingsolver oder Michael Pollan und ganz besonders von Wendell Berry lesen, bevor ich mich von ihren gleichlautenden Argumenten überzeugen liess. (Diese frustrierende Dynamik wird anderen Verheirateten zweifellos vertraut vorkommen.) Sie schrieben zwar nichts anderes als das, was meine Frau mir schon gesagt hatte, doch erst als ich

---

48 Der folgende Abschnitt ist in leicht abgewandelter Form erschienen in James K. A. Smith, Imagining the Kingdom. How Worship Works, Cultural Liturgies 2, Grand Rapids 2013, 8–10.

ihr grundlegendes Argument auch in Berrys Texten las, ging mir ein Licht auf. Ich war sowohl überführt als auch überzeugt. Wendell Berry hat meine Einstellung geändert.

Doch auf meinem Weg zum Lebensmittelgeschäft geschah etwas Eigenartiges: Ich registrierte eine erhebliche Kluft zwischen meinen neu gewonnenen Überzeugungen und meinem Handeln. Diese wurde mir eines Tages besonders bewusst, als ich in Berrys wundervoller Textsammlung *Bringing It to the Table* las. Dieses Buch war eine Weile mein ständiger Begleiter; ich nahm es immer und überall mit, um darin zu lesen, falls ich einmal irgendwo 30 Sekunden Ruhe haben würde. Mit grosser Begeisterung verschlang ich dieses Buch, markierte und unterstrich ganze Passagen und platzierte am Seitenrand lauter Ausrufezeichen und zustimmende «So ist es!» Als ich einmal innehielt, kurz aufblickte, um über einen zentralen Gedanken nachzudenken, wurde mir schlagartig die hässliche Ironie bewusst: Ich las Wendell Berry im Gastronomiebereich einer Costco-Filiale.

An diesem Satz sind so viele Dinge falsch, dass ich gar nicht weiss, wo ich anfangen soll. Costco ist, für diejenigen, die den Namen nicht kennen, eine Einzelhandelskette, die auf Lebensmittel aus Massenproduktion und andere Güter in Grosspackungen spezialisiert ist. Der «Gastronomiebereich bei Costco» kann insofern durchaus der Inbegriff für das sein, was sich Berry vorstellt, wenn er an den sechsten Kreis der Hölle denkt.[49] Wie auch immer. Da war ich nun, verspeiste einen dieser unterarmlangen Costco-Hotdogs (die mit an Sicherheit grenzender Wahrscheinlichkeit nicht von «glücklichen» Schweinen stammen) und nickte, Wendell Berry zustimmend, mit dem Kopf. Was war da los?

---

49 Anmerkung des Verlags: Hiermit spielt der Autor auf Dantes *Göttliche Komödie* an, in der der sechste Kreis der Hölle als Strafe für die Ketzer beim Jüngsten Gericht vorgesehen ist.

Dieses Beispiel kann für die Kluft stehen zwischen dem, was ich wollte, und dem, wovon ich *dachte,* dass ich es wollte. Es steht für die Diskrepanz zwischen meinen intellektuellen Überzeugungen und meinem vortheoretischen Verlangen, zwischen meinem Wissensstand und meinen Gewohnheiten. Offensichtlich war ich nicht in der Lage, mein Essverhalten via Verstand zu ändern. Neues Know-how um Lebensmittel übersetzt sich nicht automatisch in neue Essgewohnheiten. Berry hatte mich zwar mit seinen Argumenten überzeugt, routinemässig lenkte ich mein Auto aber immer noch ins Drive-in von *McDonald's.* Ich *glaubte* Michael Pollan, doch das änderte nichts an der Tatsache, dass ich unbedingt einen *Big Mac wollte*. (Eine Kochsendung anzusehen, macht uns noch nicht zu Gourmets; sie führt uns nicht einmal an den Punkt, dass wir wollen, was wir uns anschauen). Ein neues Essverhalten lässt sich nicht bloss durch ein neues Denken diktieren. Pollan und Berry mögen zwar meinen Verstand überzeugt haben, ihre Bücher ändern aber noch nichts an meinen Gewohnheiten. Denn ein echter Sinneswandel erfordert eine ganze Reihe neuer Praktiken. Ihre Argumente wirkten wie geistige Katalysatoren, indem ich zu ahnen begann, wie mein Essverhalten in der Vergangenheit «deformiert» worden war. Das *Ver*lernen dieser Gewohnheiten würde eine Gegenkultur neuer Praktiken notwendig machen, sozusagen ein neues Set an Tagesabläufen und Routinen, die mein Hungergefühl *um*trainieren würden. Dies war die Voraussetzung dafür, um bereit zu sein, anders essen zu *wollen*. Gleiches gilt auch für unseren spirituellen Hunger: Neues Wissen und neue Informationen können zwar dazu beitragen, dass ich die Macht schlechter Gewohnheiten erkenne. Blosse Einsicht reicht noch nicht aus, sie auch abzulegen. In diesem Sinne kann ich den Prozess hin zu neuen Gewohnheiten nicht «erdenken».

Nach dieser Selbsterkenntnis dauerte es einige Jahre, bis sich ein tatsächlicher Wandel vollzog. Die Argumente und

Überzeugungen bildeten sich heran. Die mal sanfte, mal weniger sanfte Ermutigung durch meine Frau wurde zunehmend dringlicher. Die Ermahnungen meines Arztes nahmen an Schärfe zu, und die Hinweise meiner Krankenkasse wurden immer bestimmter. Schliesslich setzte der Wandel ein: Endlich wollte ich mich besser ernähren.

Doch die Absicht allein reicht bei weitem noch nicht aus, um jahrelang eingeübte Essgewohnheiten zu ändern. Sie müssen ihre Macht verlieren und durch neue Routinen ersetzt werden. Und das braucht Übung und Zeit, genauso wie auch mein falsch erlerntes Essverhalten erlernt werden musste. Die nun folgende Schilderung, wie sich neue Gewohnheiten in unserem Leben etablieren, scheint mir eine Allegorie auch für unsere geistliche Umbildung zu sein.

Ein erster Schritt war, dass ich mich zu einer Bundesgemeinschaft bekannte, auch wenn diese anfangs nur aus Deanna und mir bestand. Eine nachhaltige Veränderung von Gewohnheiten setzt gemeinschaftliches Handeln voraus, gerade weil wahrhaft (re-)formative Praktiken ebenfalls kollektiver Natur sind. Die Grundlage neuer Essgewohnheiten bildete ein Versprechen zwischen mir und meiner Frau, dass wir uns immer wieder neu anspornen würden, an unseren täglichen Routinen dranzubleiben und uns in die Pflicht zu nehmen. Gemeinsam verpflichteten wir uns zu neuen Ess- und Fitnessritualen, erledigten Aufgaben wie das Kochen und Putzen gemeinsam und standen zusammen Abende durch, an denen uns der Magen knurrte und unsere Lust auf Süssigkeiten unbefriedigt blieb. Der gemeinschaftliche Aspekt der Umgewöhnung kann gar nicht genug betont werden.

Um meinem Verlangen eine neue Richtung zu geben, verpflichtete ich mich in einem zweiten Schritt zu Praktiken, die ich nicht tun wollte. Ich unterwarf mich neuen Disziplinen und Modellen der Ernährung und der sportlichen Betätigung.

Mit dem Training fing ich nicht deshalb an, weil es mir Spass machte, sondern weil ich wusste, dass es mir guttat. Aus irgendeinem mir unverständlichen Grund merkte ich, dass das Laufen die Art von sportlicher Betätigung sein würde, der ich nachgehen wollte. Also band ich meine Schuhe, steckte mir meine Kopfhörer ins Ohr und fing an, in Richtung Fluss zu laufen. Wir leben auf einem Hügel, so dass die erste Hälfte der Strecke recht einfach war; mir war noch nicht aufgegangen, dass ich dieselbe Strecke wieder *bergauf* zurücklaufen musste. Die ersten Tage humpelte, ja watschelte ich den Hügel hinauf. Meine Frau fragte mich jedes Mal: «Hat es dir Spass gemacht?» – «Keine Spur davon», war stets meine Antwort.

Nach einer Weile stellte sie mir wieder die gleiche Frage, und ich überraschte mich selbst mit der Antwort: «Ja, das hat sich gut angefühlt.» Mir wurde bewusst: Ich *wollte* laufen. Und wenn ich ein paar Tage lang nicht laufen konnte, weil ich auf Reisen war, dann wurde ich unruhig und ungeduldig, weil es mich so sehr nach einem guten Lauf verlangte. Heute ist es so, dass ich meine Laufschuhe immer einpacke, wenn ich unterwegs bin, und mich schon auf meine Runde freue, während ich noch im Auto sitze. Dadurch, dass ich mich zu diesem Fitnessprogramm verpflichtet habe, bin ich im Grunde genommen ein anderer Mensch geworden. Ich bin jetzt der Typ, der Sport machen *will*. Die Praxis brachte eine Gewohnheit hervor, die mich wiederum dazu anleitete, ebenjene Praxis und das, was sie versprach (Gesundheit, Energie, guten Schlaf, emotionale Stabilität), zu *wollen*. Ich habe ein neues Verlangen. Niemals hätte ich mir vorstellen können, dass es mir ein inneres Bedürfnis ist, fünf Kilometer weit laufen zu *wollen*, so dass ich jetzt sogar auf Reisen alles daransetze, um auf einem Laufband zu trainieren.

Zusammen mit der Selbstverpflichtung zur regelmässigen körperlichen Betätigung habe ich mir mithilfe von *Weight Watchers*, vor allem aber mit der Unterstützung von

Deanna, auch neue Ernährungsweisen angeeignet. Diese Umstellung meiner Essgewohnheiten ist mein eigenes kleines Versuchslabor. Um meinen Prozess besser verstehen zu können, muss man Folgendes wissen: Ich war mein ganzes Leben lang bestenfalls ein «Fleisch-und-Kartoffel»-Typ – wenn auch nur dann, wenn keine Schokolade greifbar war. Ich habe fast nie Obst oder Gemüse gegessen und mir stattdessen jede Sorte von Schokolade einverleibt, die ich kriegen konnte. Mir war klar, dass sich etwas ändern musste. Daher entschied ich mich schliesslich dazu, Salate und Bananen und griechischen Joghurt zu essen, während ich gleichzeitig meine Kalorienaufnahme im Blick behielt. Dies alles wurde mir durch eine Smartphone-App von *Weight Watchers* erleichtert, die mir vor Augen führte, was und wie viel ich ass. Die Verwendung einer App mag sich wie ein sehr individuelles Unterfangen anhören. In Wirklichkeit aber stellt sie die gebündelte Weisheit einer ganzen Community dar, die aus Ernährungswissenschaftlern und anderen Nutzern besteht, die ihren Beitrag zu einem geteilten Wissen leisten, das allen zur Verfügung steht. Die App ist in gewisser Weise das Bindeglied der Gemeinschaft.

Einerseits regt dieses Programm die Selbstreflexion an. Es verlangt, dass wir darüber *nachdenken,* was wir an einem ganzen Tag essen und trinken. Wir berechnen und budgetieren. Wir werden uns unserer Essgewohnheiten bewusst und lernen, nein zu sagen. Trotzdem glaubt niemand, dass ein nur bewusster, intellektueller Akt langfristig nachhaltig sein kann. Der Sinn einer solchen fortgesetzten Reflexion ist vielmehr der, den Nutzer in die Lage zu versetzen, neue Praktiken anzuwenden, die wiederum neue Essgewohnheiten generieren werden. Wenn diese durch ständige Wiederholung automatisiert worden sind, dann wird man zu einem Menschen, der erfolgreich seine Ernährung umgestellt hat. Anfangs gleichen wir dem bereits beschriebenen Teenager, der das Autofahren erlernt: Wir kontrollieren unsere Ernährung mit unserer Erkenntnis und spielen mit unserem Verstand alles einmal durch; in Wirklichkeit ist das jedoch nur der erste Schritt hin zu einer Lebensweise, durch die wir Tag für Tag eine neue Art erlernen, uns zu ernähren.[50]

Eine geistliche Gestaltwerdung in Christus bedingt ein grosses Mass an Umgewöhnung, weil wir uns unser Leben lang viele Gewohnheiten angeeignet haben, die dieser widersprechen. Das ist auch der Grund dafür, warum die geistliche Bildung von Kindern eine der wichtigsten Aufgaben des Leibes Christi ist. Jedes Kind, das in der Kirche und in einem christlichen Zuhause aufwächst, hat die Chance, von Geburt an in einen Prozess gewohnheitsbildender Praktiken eingebunden zu sein, die auf das Königreich Gottes hindeuten. Deshalb ist ein richtiges Verständnis über die Entwicklung von Kindern selbst ein Geschenk des Geistes. Umgekehrt haben Sorglosigkeit und Unaufmerksamkeit gegenüber der deformierenden Macht kultureller Liturgien langfristige Folgen. Die Formbarkeit kindlicher Gewohnheiten und Vorstellungswelten ist ebenso Chance wie Herausforderung.
Konkreten Ausdruck finden diese Überlegungen in Destin Sandlins bemerkenswertem Video *The Backwards Brain Bicycle* (http://bit.ly/BackwardsBike [06.10.2025]). Sandlin konstruiert darin ein Fahrrad, das eine entscheidende Besonderheit besitzt: Wenn man den Lenker nach links bewegt, dreht sich das Vorderrad nach rechts – und umgekehrt. Der Filmemacher ist sein ganzes Leben lang Fahrrad gefahren, doch auf diesem Gefährt gelingt es ihm einfach nicht. Seine neuronalen Bahnen und motorischen «Gewohnheiten» haben sich beim Erlernen des Fahrens auf einem normalen Fahrrad ausgebildet. Nur durch ausserordentliche Anstrengungen gelingt es Sandlin letztlich, dieses Rad zu fahren – nach acht Monaten Übung! *Alte Gewohnheiten lassen sich nur schwer ablegen.*

---

50 Diese sehr bewusste Vorgehensweise ist für mich eigentlich nur deshalb nötig, weil ich über mein ganzes Leben hinweg schlechte Gewohnheiten gepflegt habe, die ich ablegen muss. Eine Person, die im Gegensatz zu mir in gesunden Rhythmen aufgewachsen ist, hätte sich hingegen einen guten Geschmack und ein gutes Hungergefühl angeeignet, ohne sich dessen allzu sehr bewusst zu sein.

> Für seinen Sohn verlief die Sache allerdings ganz anders: Er konnte das «verkehrte» Fahrrad schon nach zwei Wochen fahren. Darin liegt eine bedeutende spirituelle Einsicht: Familien und Kirchen sollten sich nicht nur darauf fokussieren, jungen Menschen rechtes Wissen zu vermitteln, sondern ihnen von Kindesbeinen an die Möglichkeit zu geben, gute Praktiken einzuüben.

Das Ergebnis? Ich verspüre neue Formen des Appetits. Niemals hätte ich mir vorstellen können, dass ich nach einem Salat verlangen oder dass ich Heisshunger auf griechischen Joghurt haben könnte – oder, noch seltsamer, nein zu Schokolade sagen würde. Die täglichen Rituale haben meine Gewohnheiten verändert, die dann wiederum neue (geordnete) Arten des Hungergefühls erzeugt haben. Ich bin von einem Menschen, der das Richtige anstreben wollte, zu einem geworden, der – nicht immer, aber immer öfter – das Richtige will und auch entsprechend handelt.

Ich hoffe, der springende Punkt dieser Analogie ist deutlich geworden. Wenn Liebe sowohl Gewohnheit als auch Hunger ist, dann werden sich unser Geschmack und unser Verlangen nach dem Höchsten auf die gleiche Weise wandeln. Reflexion ist wichtig – ich hoffe sogar, dass dieses Buch als Anstoss für unser Nachdenken über die liturgische Formation (und Deformation) unserer Liebe dienen kann. Dieses Nachdenken aber sollte uns zu einer neuen Praxis und neuen Gewohnheiten führen, die unser Hungergefühl neu kanalisieren.

Die Kirche – der Leib Christi also – ist der Ort, an dem Gott uns einlädt, unsere Liebe zu erneuern, unser Verlangen neu auszurichten und unseren Appetit umzubilden. Ist es nicht die Kirche, wo wir vom Wort Gottes genährt werden und «das Wort essen» sowie das Brot des Lebens erhalten? Die Kirche ist jene Hausgemeinschaft, in der der Heilige Geist uns das zu essen gibt, was wir brauchen, und wo wir durch seine Gnade zu einem Volk werden, das ihn mehr als alles andere ersehnt. Die christliche Anbetung ist das Festmahl, bei dem wir einen neuen Hunger entwickeln – für Gott und für seinen Willen – und dann in seine Schöpfung entsendet werden, um in seinem Geiste zu handeln.

Die Kirche verwandelt sich sozusagen in ein geistliches Fitnesszentrum, wo wir unsere Herzmuskulatur trainieren. Hier soll unser fundamentalstes Verlangen, das die Art und Weise bestimmt, wie wir uns in der Welt bewegen und in ihr agieren, dem Königreich gemäss Form annehmen. Wie Matthew Boulton anmerkt, ist diese Metapher mindestens so alt wie Johannes Calvin: «Für Calvin ist die Kirche ein Sportsaal, ein Übungsgelände, eine Schule und eine Gemeinschaft zur Vorbereitung und Übung, die (wie wir hoffen und beten) in Gottes heiligende, transformative *paideia* eingeschrieben ist.»[51]

Unsere Heiligung – der Prozess, heilig und christusähnlich zu werden – gleicht eher einem *Weight-Watchers*-Programm als einem Hörbuch. Wenn Heiligung bedeutet, eine Brücke zu schlagen zwischen dem, was ich weiss und dem, was ich tue (beispielsweise nicht mehr Wendell Berry im Costco zu lesen), dann heisst das nichts anderes, als das zu verändern, was ich begehre. Und das setzt voraus, dass wir uns Disziplinen und Routinen unterstellen, die unsere tiefsten Gewohnheiten prägen. Der Geist Gottes begegnet uns nicht so sehr durch dramatische Himmelszeichen, sondern in den konkreten kirchlichen Praktiken, die unsere leiblichen Gewohnheiten miteinschliessen. Wenn wir uns die Heiligung als den Prozess vorstellen, Jesus «anzuziehen» (Röm 13,14) oder uns mit ihm zu «bekleiden» (Kol 3,12), dann ist dies aufs Engste damit verknüpft, in seinen Leib, den *Corpus Christi,* eingebunden zu werden.

---

51 Matthew Myers Boulton, Life in God. John Calvin, Practical Formation, and the Future of Protestant Theology, Grand Rapids 2011, 229 f.

Die Nachfolge ist eine Art Emigration, nämlich aus dem Königreich der Finsternis in das Königreich von Gottes geliebtem Sohn (Kol 1,13). In Christus empfangen wir einen himmlischen Reisepass; in seinem Leib lernen wir, als «Ortsansässige» seines Reiches zu leben. Bei einer solchen Migration in ein neues Königreich geht es nicht bloss darum, in ein anderes Land zu gelangen. Vielmehr müssen wir uns auch an neue Lebensweisen gewöhnen, eine neue Sprache erlernen und neue Gewohnheiten annehmen – und gleichzeitig diejenigen konkurrierender Reiche verlernen. Die christliche Anbetung ist unsere Sozialisation zu Bürgern eines himmlischen Reiches – als Bürger des kommenden Reiches Gottes (Phil 3,20).

Wohnstätten des Geistes

Es gibt einen alten Predigerwitz, der dir wahrscheinlich schon bekannt ist. Ein Städtchen wird von einem Hochwasser heimgesucht. Das Wasser steigt und steigt. Dort lebt auch ein frommer Christ, der ganz genau weiss, dass Gott ihn aus seiner Notlage retten wird. Er ist überzeugt, dass sein Herr ihm zu Hilfe eilen wird.

Als ihm das Wasser bis zu den Knien reicht und seine Nachbarn schon in Ruderbooten fliehen, kommen Freunde von ihm in einem Kanu vorbei und rufen: «Spring rein! Wir sind hier, um dich zu retten!» Doch der Mann erwidert: «Nein, nein, mir geht es gut. Gott wird mich retten.» Irritiert paddeln die Freunde weiter. Das Wasser steigt weiter und dringt nun schon durch die Fenster ein. Unser gläubiger Christ, der mittlerweile schon etwas verwirrt ist, aber immer noch fest in der Erwartung göttlicher Hilfe verharrt, watet durch sein Wohnzimmer, als ein Motorboot zu ihm gelangt. «Los, steig ein!», rufen ihm seine Retter in spe zu. «Wir kommen, dich zu retten!» – «Macht euch keine Sorgen», antwortet der Mann, schon ganz ausser Atem vom Versuch, sich über Wasser zu halten. «Mit mir ist alles in Ordnung. *Gott* wird mich retten.» Die Insassen des Bootes flehen ihn an einzusteigen, jedoch ohne Erfolg.

Am Ende muss der Mann auf das Dach seines Hauses klettern. Dunkle, aufbrandende Fluten erreichen mittlerweile schon die Dachtraufe. Das Städtchen im Hintergrund liegt verlassen da. Unterkühlt, verwirrt und mit Zweifeln kämpfend, sitzt der Mann auf dem Dachfirst, als er hört, wie sich aus der Ferne ein Hubschrauber nähert. Das Rotorengeräusch wird immer lauter, und der Mann stellt fest, dass der Hubschrauber der Küstenwache auf ihn zusteuert. Dieser lässt einen Korb herab, und ein Rettungstaucher brüllt durch das Getöse der Rotoren: «Klettern Sie hinein, Sir! Keine Angst, wir sind hier, um Ihnen zu helfen!» Wenig überraschend lehnt der Mann auch dieses Mal jegliche Hilfe ab, überzeugt, dass Gott ihn retten werde. Der Taucher versucht verzweifelt, ihn zu überreden, doch wiederum ohne Erfolg. Und so dreht der Helikopter ohne den Passagier wieder ab.

Die Geschichte endet tragisch. Im Himmel fragt der Mann Gott respektvoll: «Ich dachte, du würdest mich retten. Wo warst du?»

«Wovon sprichst du?», antwortet Gott daraufhin. «Ich habe dir ein Kanu, ein Motorboot und einen Hubschrauber geschickt. Was wolltest du mehr?»

Ihrer Schlichtheit zum Trotz birgt diese Geschichte eine wichtige Wahrheit in sich: Zu oft suchen wir den Geist im Aussergewöhnlichen, obwohl Gott doch versprochen hat, im Alltäglichen gegenwärtig zu sein.[52] Wir suchen ihn im Frischen und Neuartigen, so als wäre seine Gnade stets in einem speziellen «Ereignis» zu finden, obgleich er verspro-

---

52 Eine weise Ausformulierung dieses Gedankens findet sich in Michael Horton, Ordinary. Sustainable Faith in a Radical, Restless World, Grand Rapids 2014.

chen hat, dass sein Geist in den alltäglichen Gnadenmitteln präsent sein wird – im Wort, aber auch am Tisch. Wir halten Ausschau nach Gott im Neuen, so als ob seine Gnade immer nur im «nächsten grossen Ding» zu finden wäre; dabei lädt Jesus uns ein, Gott in einer schlichten, gewöhnlichen Mahlzeit zu finden.

Laut Michael Horton neigen wir zum Aussergewöhnlichen und ignorieren dadurch Gottes Gnade in unserem Alltag. Er schreibt: Das amerikanische Christentum ist eine Geschichte ständiger Umbrüche in Kirchen und im Leben einzelner Menschen. Ausgehend von einer aussergewöhnlichen Bekehrungserfahrung wird unser Leben von der ständigen Erwartung vom «nächsten grossen Ding» bestimmt. Die gewöhnlichen Gnadenmittel Gottes und der wöchentliche Gottesdienstbesuch öden uns zunehmend an. Lehren und Disziplinen, die in der Vergangenheit das christliche Zeugnis geprägt haben, werden oft vernachlässigt oder durch neue Moden oder Methoden ersetzt. Das Neue und Verbesserte mag uns für einen Moment blenden, aber schon bald ist es «so was von gestern» (Horton, Ordinary, 16).

Diese Geschichte beinhaltet, um es genau zu nehmen, eine inkarnatorische Botschaft: Gott begegnet uns da, wo wir sind. Wo wir ein unmissverständliches, aussergewöhnliches Eingreifen Gottes erwarten, will Gott uns in einem Kanu, einem Motorboot und in einem Hubschrauber begegnen. Überdies weiss er, dass wir Gewohnheitstiere sind – schliesslich hat er uns so geschaffen. Gott weiss, dass wir von Hungerzuständen getrieben werden, über die wir uns nicht immer Rechenschaft geben, und dass unser Verlangen und unsere Sehnsüchte durch gewohnheitsbildende Praktiken geprägt werden, die uns das Wollen beibringen. Wenn man ein Gewohnheitstier ist, dessen Liebe von säkularen Liturgien geprägt worden ist, dann sind vom Geist beseelte Praktiken, die diese Liebe umbilden und neu ausrichten, das beste Geschenk, das Gott einem machen kann. Daher begegnet er uns da, wo wir stehen, mit kontraformativen Praktiken, mit Ritualen, die unseren Hunger prägen, und mit Liturgien, die unsere Liebe formieren. Er gibt seinem Volk vom Geist inspirierte Praktiken als Geschenk mit auf den Weg. Dies ist es, was Dallas Willard meint, wenn er vom «Geist *der* Disziplinen» spricht – dass die geistlichen Disziplinen Kanäle für die transformierende Gnade des Heiligen Geistes sind.[53] Betont Willard die individuelle Ausübung der geistlichen Disziplinen, so möchte ich diese Herangehensweise mit einer These ergänzen, die in unserer Epoche der Jahrtausendwende vielleicht kontraintuitiv erscheint: Der wirkmächtigste, bedeutungsvollste und transformativste Ort des Wirkens des Heiligen Geistes ist dort zu finden, wo man ihn am wenigsten erwarten würde – in der Kirche!

Ich habe darüber hinaus keine radikale These zur Nachfolge zu verkünden. In diesem Buch wird kein neues Programm präsentiert, kein neues Rezept vermittelt und auch kein bislang streng gehütetes Geheimnis gelüftet, offenbart von einem Guru, der das Problem der Nachfolge Christi ein für alle Mal gelöst hat – so etwas wie ein geistliches Äquivalent jener Diätpillen, die im Fernsehen beworben werden (leider nicht!). Mein Standpunkt gründet vielmehr im genauen Gegenteil von neu; er ist uralt und lautet: Die kirchliche Anbetung, der Gottesdienst, ist das Herzstück der Nachfolge Christi. Dabei ist die christliche Bildung ein das ganze Leben umfassendes, Woche für Woche von Montag bis Samstag betriebenes Projekt, das seinen Grundimpuls im gottesdienstlichen Leben der Gemeinde Christi erhält, die um das Wort Gottes und den Tisch des Mahls versammelt ist. Ohne Kirche gibt es keine Heiligung – aber nicht, weil ihr Gebäude irgendeinen religiösen Zauber birgt, sondern weil

53 Dallas Willard, Das Geheimnis geistlichen Wachstums. Aus dem Amerikanischen übersetzt von Jens Uhder, Asslar 2002.

die Kirche tatsächlich der Leib Christi ist, der vom Geist Gottes belebt, sich an lebendigen Praktiken des Glaubens orientiert. Oder wie Craig Dykstra es einmal ausgedrückt hat: «Das Leben des christlichen Glaubens ist eine Praxis der vielen Praktiken» – nicht als eine besondere Leistung der Menschen, sondern weil diese Praktiken «die Wohnungen des Geistes» sind.[54] Die Praktiken des Gebets und des Gesangs, der Predigt und der Kollekte, von Taufe und Abendmahl sind die Kanus, Motorboote und Hubschrauber, die Gott uns voller Güte schickt, um bei unserem früheren Beispiel zu bleiben. Er begegnet uns da, wo wir gerade stehen, als Gewohnheitstieren, die durch unsere Praktiken geformt werden. Er lädt uns zu einer Praxisgemeinschaft ein, die sich damit zum eigentlichen *Leib* des Gottessohnes entwickelt. Durch die Liturgie lernen wir, uns mit Christus zu «bekleiden» (Kol 3,12–16).

Wessen Anbetung? Wer sind die Handelnden?

Die Vorstellung, dass der Gottesdienst das Herzstück der Nachfolge bildet, ist unglücklicherweise für Missverständnisse anfällig, weil die Definition von Anbetung so eng und reduktionistisch geworden ist. Wenn wir dieses Wort hören, denken 90 % von uns wahrscheinlich an «Musik» oder «Lobpreis», die der Predigt («Lehre») vorangehen. Deshalb halten wir Anbetung auch in erster Linie für etwas, was *wir* tun. Wie gelangen wir zu diesem neuen Verständnis der Anbetung als Zentrum der Nachfolge? Dazu müssen wir unser Verständnis von Anbetung korrigieren und erweitern. Dabei werden wir uns an eine Weisheit zurückerinnern, die die Kirche in der Moderne vergessen hat. In diesem Sinne hoffe

---

54 Craig Dykstra, Growing in the Life of Faith, Louisville ^{2}2005, 63 u. 67.

ich, dass wir eine neue Freiheit erleben werden, wenn wir uns auf die Liturgie einlassen.

Für einige von uns, besonders für die protestantischen Evangelikalen, ist der Begriff der «Liturgie» suspekt. Dieses Wort löst bisweilen starke negative Assoziationen aus. Es klingt nach «heruntergeleierten Worten», toter «Religion», die lediglich das Produkt menschlichen Strebens ist. Es könnte also sein, dass wir diesen Begriff mit Werkgerechtigkeit oder dem strikten Einhalten religiöser Regeln in Verbindung bringen. Interessant ist, dass die Reformatoren exakt die gleichen Vorbehalte gegenüber der mittelalterlichen Römisch-katholischen Anbetung hegten. Sie richteten sich nicht gegen die Liturgie als solche, sondern strebten nach einer Liturgie *im richtigen Sinne*. Das Problem war nicht die Liturgie per se, sondern ihre ungeordneten Spielarten. Die Kritik der Reformatoren richtete sich im Besonderen gegen diejenigen Praktiken der Anbetung, die de facto «verdiesseitigt» worden sind – also solche Formen, die liturgische Praktiken als Vorgänge bloss menschlicher Bestrebungen verstanden. Die Versuchung jeder Form von Anbetung, die den Körper ernst nimmt, ist die folgende: Die Heranbildung von Nachfolgern Christi in der christlichen Anbetung läuft nicht auf die gleiche Art ab wie zum Beispiel die Ausbildung von José Bautista zu einem exzellenten Baseballspieler via körperliches Training. Anbetung ist zwar ganz und gar körperlich, aber nicht *nur* materiell; und obgleich sie vollkommen natürlich ist, ist sie nie *nur* natürlich. In ihrer christlichen Form ist sie nichts weniger als eine Einladung dazu, am Leben des dreifaltigen Gottes teilzuhaben. Auch wenn die Anbetung ein zutiefst körperlicher Akt ist, darf sie nicht die dynamische Präsenz des Geistes leugnen. Im Gegenteil begegnet, nährt, transformiert und bestärkt der Heilige Geist uns gerade *durch* und *in* solchen physisch untermauerten Praktiken. Die kirchliche Anbetung ist ein einzigartiger Ort seiner transformativen und intensiven Gegenwart. Gemäss

Marva Dawn ist Gott sowohl Subjekt als auch Objekt unserer Anbetung. Der ganze Sinn von «liturgischen Formeln und Ritualen» ist es, «eine machtvolle Umgebung der Gottzentriertheit» zu schaffen.[55] Die Anbetung ist nicht *für mich* – sie ist nicht primär dazu gedacht, eine Erfahrung zu sein, die «meine gefühlten Bedürfnisse stillt». Ebenso wenig sollten wir die Anbetung auf eine Pädagogik unseres Verlangens reduzieren (die ja auch lediglich eine ausgeklügeltere «Für-mich-allein»-Version der Anbetung wäre). Stattdessen dreht sie sich um Gott und geschieht für ihn. Die Feststellung, dass Gott Subjekt und Objekt unserer Anbetung ist, macht zudem deutlich, dass der dreieinige Gott sowohl Zuhörer als auch Akteur der Anbetung ist; sie *richtet sich an* Gott und geschieht *für* ihn, und Gott ist *in* der Anbetung, im Wort und in den Sakramenten aktiv.

Das ist nun die Stelle, an der der reformliturgische Geist der Reformatoren auch für die Gegenwart noch von Belang ist. Wie Nicholas Wolterstorff herausgestellt hat, war die mittelalterliche westliche Liturgie, gegen die sich die Letzteren auflehnten, nämlich von ihrer eigenen Form von «Verdiesseitigung» befallen, insofern es sich bei ihr «um eine Liturgie handelte, in der das Handeln Gottes in ausserordentlichem Masse aus dem Blick geraten war. Die Handlungen gingen allesamt vom Menschen aus. Der Priester richtete sich an Gott. Der Priester rief die leibliche, aber statische Präsenz Christi herbei. […] Aber Gott als Akteur ist nirgendwo zu sehen.»[56] Wenn es überhaupt ums Handeln ging, dann um «das Werk des Volkes», als Ausdruck von an den Himmel gerichteten Bekundungen und in Form von rituel-

55 Marva Dawn, Reaching Out without Dumbing Down, Grand Rapids 1995, 79.

56 Nicholas Wolterstorff, The Reform Liturgy, in: *Major Themes in the Reformed Tradition,* hg. v. Donald McKim, Grand Rapids 1992, 287 f.

len Zeremonien, die ironischerweise immer nur von Menschen vollführt wurden.

Im Kontrast dazu fokussiert Wolterstorff auf den «Genius» der reformierten und protestantischen Anbetung, den er in Gottes ausdrücklichem Handeln in der Anbetung verwirklicht sieht. «Die Liturgie, wie sie die Reformatoren verstanden und praktizierten, bestand darin, dass Gott handelt und wir durch das Wirken des Geistes antworten.» In diesem Sinne

> betrachteten die Reformatoren die Liturgie als ein *Handeln Gottes, gefolgt von der gläubigen Rezeption dieses Handelns durch uns*. Die reformierte Liturgie ist von einer doppelten Überzeugung durchdrungen: zum einen von der Auffassung, dass an der Liturgie teilzunehmen bedeutet, am Handeln Gottes teilzuhaben und nicht nur in seine Gegenwart einzutreten; zum anderen von dem Standpunkt, dass wir uns das göttliche Handeln in Glaube und Dankbarkeit durch das Werk des Geistes aneignen sollen. […] Die Liturgie ist eine Begegnung zwischen Gott und seinem Volk, eine Begegnung, bei der zwar beide Seiten handeln, aber Gott die Dinge anstösst und wir darauf reagieren.[57]

Calvin betont deshalb, dass die Sakramente «nicht allein Werke des Menschen, sondern von Gott sind. Bei der Taufe oder beim Abendmahl tun wir gar nichts; wir treten lediglich vor Gott, um seine Gnade zu empfangen. Die Taufe ist, vom Menschen aus betrachtet, ein passives Werk. Wir tragen nichts dazu bei ausser unseren Glauben, für den alle Dinge in Christus bereitliegen.»[58] Der reformierte Theologe

---

57 A. a. O., 290 f. (Hervorhebung im Original).

58 Calvin, Kommentar zu Galater 5,3; zit. in John Witvliet, Worship Seeking Understanding. Windows into Christian Practice, Grand Rapids 2003, 145. Witvliet bemerkt hier «eine präzise Korrelation» zwischen Calvins «Begriff des Tätigwerdens Gottes in der Anbetung […] und Calvins soteriologischer Struktur. […] Die anhaltende Anziehungskraft von Calvins Theologie der Liturgie besteht zum Teil darin, dass

für Liturgik Hughes Oliphant Old bringt dies anschaulich auf den Punkt, wenn er argumentiert: «Calvin denkt, dass Gott in unserer Anbetung aktiv ist. Wenn wir ihn gemäss seinem Wort anbeten, dann ist er in der Anbetung der Kirche am Wirken. Für Calvin ist die Anbetung primär ein Ausdruck göttlichen Handelns und nicht bloss menschlicher Kreativität.»[59]

Anbetung ist also ein Ort göttlichen Handelns und nicht nur der göttlichen Gegenwart. Die Betonung liegt hier – im Einklang mit Calvins Gnadentheologie – auf dem Primat von Gottes gnädiger Initiative. Gott ist in der Anbetung der erste und bedeutendste Akteur. Wir werden dabei aber nicht zu einem passiv empfangenden Publikum degradiert, im Sinne eines Zuschauers, der die Handlungen eines Anderen verfolgt (was das Problem an der mittelalterlichen Anbetung war!). Die Betonung des göttlichen Agierens in der Anbetung umfasst vielmehr das Bild einer gesegneten *Inter*aktion zwischen Gott und seinem Volk, also einer liturgischen Form von Frage und Antwort, von Gnade und Dankbarkeit. Für Wolterstorff tritt dieser Aspekt besonders deutlich in der liturgischen Theologie eines späteren Calvinisten, des niederländischen Theologen Abraham Kuyper, hervor. In seinem Kommentar zu Kuypers Vorschlägen für eine liturgische Reform beobachtet er, dass für den Autor «diverse Bestandteile der Liturgie sowie die Liturgie als Ganzes als ‹*Interaktion zwischen Gott und Gemeinde*› verstanden werden müssen. Liturgie ist Handeln, und die einzelnen Handlungen sind weder nur menschlich noch nur göttlich, sondern

seine Haltung im Dialog mit einem ganzen theologischen System und in dessen Begriffen sorgfältig herausgearbeitet worden ist» (a. a. O., 147, Anm. 74).

59 Hughes Oliphant Old, John Calvin and the Prophetic Criticism of Worship, in: John Calvin and the Church. A Prism of Reform, hg. v. Timothy George, Louisville 1990, 234.

‹eine Interaktion zwischen Gott und seinem Volk, an der die Gemeinde selbstbewusst partizipiert›.»[60]

Diese Auffassung hat nichts mit einem liturgischen Pelagianismus zu tun, der das menschliche Streben priorisiert, da eine solche *Inter*aktion immer erst durch das trinitarische Wirken der Gnade ermöglicht wird. Anbetung ist gemäss Philip Butin eine «trinitarische Verordnung», in der «die initiale ‹Abwärtsbewegung› der christlichen Anbetung mit der gütigen und freien Offenbarung des Vaters einsetzt, der die göttliche Natur der Kirche durch den Sohn mit dem Mittel des Heiligen Geistes enthüllt. […] Die ‹Aufwärtsbewegung› als menschliche Antwort in der Anbetung […] ist ebenfalls grundlegend von Gott motiviert. Diese Antwort – ‹das Opfer von Lob und Danksagung› – geht aus dem Glauben hervor, der seine Ursprünge im einwohnenden Heiligen Geist hat.»[61] Im Verständnis der Reformatoren wird sogar unser «Ausdruck» von Dankbarkeit erst durch das gütige Wirken des Geistes ermöglicht. Dies ist eine liturgische Theologie, die das Mysterium und die gute Nachricht von Eph 2,8–10 aufnimmt.

---

60 Nicholas Wolterstorff, Reflections on Kuyper's *Our Worship*, ein Anhang zu Abraham Kuyper, Our Worship, hg. v. Harry Boonstra, Grand Rapids 2009, 358 (Hervorhebungen im Original); die Zitate innerhalb dieses Zitats stammen aus *Our Worship* (171 beziehungsweise 283). Am Schluss dieser Passage schreibt Wolterstorff: «Ich habe Kuypers *Our Worship* erst im Rahmen der Niederschrift der vorliegenden Überlegungen gelesen. Es gibt einige Dinge in seiner Untersuchung, von denen ich mich distanzieren würde. Aber was den zentralen Gedanken und seine Implikationen angeht, so habe ich mittlerweile das Gefühl, dass fast alles, was ich in der Vergangenheit über Liturgie geschrieben habe, darauf hinausläuft, das Rad neu zu erfinden» (a. a. O., 360).

61 Philip Butin, Revelation, Redemption, Response. Calvin's Trinitarian Understanding of the Divine-Human Relationship, New York 1995, 102; zit. in Witvliet, Worship Seeking Understanding, 146.

«Die Anbetung der Kirche ist eine Sache göttlicher Aktivität und nicht menschlicher Kreativität.» (Hughes Oliphant Old)
Berner Münster © edwin.11, Wikimedia Commons

Kehren wir nun von der Reformation zu unserem gegenwärtigen Kontext zurück: Können diese Einsichten aus der Geschichte der liturgischen Erneuerung auch heute noch relevant sein? Brauchen wir eine neue Reformation der Anbetung? Ist die zeitgenössische evangelikale Vorstellung von Anbetung – ironischerweise – dazu übergegangen, den einseitigen Naturalismus und die zuschauende Passivität nachzuahmen, welche die protestantische Reformation ausgelöst haben? Inwiefern zwingt uns die «zeitgenössische Anbetung» die Vorstellung auf, dass der Mensch alleiniger «Akteur» in der Anbetung ist; wir also nicht nur den Vorrang des Handelns Gottes in der Anbetung infrage stellen, sondern seine aktive Rolle überhaupt verneinen? Sind wir also nicht erneut dem statischen mittelalterlichen Paradigma verfallen, das sich auf die göttliche «Präsenz» konzentriert?

Als ich an einem Sonntag mit meiner Tochter in der Kirchenbank sass, habe ich eine kleine Übung durchgeführt. Unsere Gemeinde singt normalerweise aus einem Gesangbuch, doch an diesem Sonntag sangen wir ein modernes Lobpreislied, das in unserem Gottesdienstblatt abgedruckt war. Ich lud meine Tochter ein, die implizite Theologie dieses Liedes durch eine grammatikalische Analyse zu ermitteln. Ich händigte ihr einen Bleistift aus und gab ihr zwei einfache Aufgaben: Zeichne einen Kreis um jedes «mir» oder «ich» und ein Quadrat um jede Erwähnung von Gott oder Jesus, und dann wollen wir beide miteinander vergleichen.

Wir können uns vorstellen, welche der beiden Kategorien gewann. Ich will den Lobpreis von heute nicht per se verurteilen, und ebenso wenig würde ich behaupten, dass das Alter ein Kirchenlied vor schlechter Theologie schützt. Ich möchte uns einfach dazu einladen, zu erkennen, dass uns schon die Form und die grammatikalische Struktur implizit etwas darüber sagen – und insofern auch lehren – können, wen wir in der Anbetung für aktiv halten. Und wenn unsere Lieder uns als Handelnde in der Anbetung in den Vordergrund rücken («Hier bin *ich,* um anzubeten, hier bin *ich,* um mich zu verneigen ...»), dann wird sie grundsätzlich als Ausdruck des menschlichen Willens verstanden, als ein pelagianisches Unterfangen der Selbstbehauptung. Wenn wir die Anbetung unbewusst auf diese Art definieren, dann wird die These, dass sie das Zentrum der Nachfolge bildet, seltsam klingen.

Wenn wir aber das Primat des Handelns Gottes in der Anbetung wiederentdecken, dass sie der Ort gütiger und göttlicher Initiative ist, dann verstehen wir vielleicht etwas besser, wie und warum die Anbetung das Herzstück der Nachfolge bildet. Wir sollten den Gottesdienstraum daher mit einer anderen Erwartungshaltung betreten – dass wir dort nämlich von einem lebendigen, aktiven Gott empfangen und erneuert werden.

Vom Ausdruck zur Formation

Unser Verständnis davon, wer in der Anbetung aktiv ist, sollte eine weitere verbreitete Fehleinschätzung herausfordern, die möglicherweise ebenso bestimmend dafür ist, wie wir das Wort «Anbetung» verstehen. Wenn wir stillschweigend annehmen, dass *wir* die primären Akteure in ihr sind, dann gehen wir auch davon aus, dass die Anbetung ein *expressives* Unterfangen ist. Aus diesem Grund verstehen wir heute unter Anbetung nur noch die Lobpreiszeit während des Gottesdienstes, in der wir uns selbst ausdrücken können. Wir stellen uns die Anbetung primär so vor, dass sie von unten nach oben erfolgt, also als eine Möglichkeit, unser Lob und unsere Frömmigkeit Gott gegenüber auszudrücken – so, als würden wir eine einseitige Performance aufführen. Von dieser Warte aus gesehen, besteht die wichtigste Eigenschaft der Anbetung darin, dass sie *aufrichtig ist.* Ist die Anbetung Ausdruck unserer Hingabe Gott gegenüber, dann wollen wir auf keinen Fall Heuchler sein. Unsere Haltung im Lobpreis muss vielmehr ernsthaft, wahrhaftig, spontan und echt, oder anders ausgedrückt, «authentisch» sein.

Auf dieser Grundlage ergibt sich folgendes Problem: Aufrichtigkeit und Authentizität tendieren dazu, sich in der Anbetung laufend neu erfinden zu müssen.

Wenn ich Gott anbete, um ihm zu zeigen, wie sehr ich ihn liebe, dann könnte es sein, dass ich mich wie ein Heuchler fühle, wenn mein Lobpreis den immergleichen Ausdruck hat. Er wird sich mit der Zeit immer weniger «authentisch» anfühlen. Daher müssen wir neue Wege der Anbetung finden, um unsere Hingabe zu unterstreichen. Durch das Neue versuchen wir, die ungebrochene Aufrichtigkeit unserer Anbetung zu demonstrieren, die ihrem Wesen nach als Selbstausdruck verstanden wird.

Mit den besten Absichten führt dieses «expressive» Paradigma dann zu einer fragwürdigen Unterscheidung zwischen der Form der Anbetung und dem Inhalt des Evangeliums. Die konkreten Formen und Praktiken der christlichen Anbetung, wie sie über die Jahrhunderte hinweg überliefert worden sind, haben ihren Wert für unsere Zeit verloren. Die «Botschaft» des Evangeliums soll nun in neuer Form vermittelt werden, die modern, attraktiv und relevant ist. Wir gestalten Kirche neu, um auf ansprechende Weise für die Kultur der Gegenwart «relevant» zu sein.

Um den Inhalt des Evangeliums in unserer Zeit attraktiv werden zu lassen, wählen wir aktuelle kulturelle Erscheinungsformen, die den Menschen vertraut sind. Anstatt die Sinnsuchenden unserer Zeit sowie die Christen für mittelalterliche, vielleicht sperrige Praktiken zu gewinnen, die vordergründig fremdartig und sonderbar scheinen, greifen wir unserer Zeit entsprechende Praktiken auf, die leicht zugänglich sind, gerade weil wir so sehr mit ihnen vertraut sind. Anstatt in die abschreckende, fremde Atmosphäre der gotischen Kathedrale laden wir die Menschen ins hippe Café, in die Konzerthalle oder die Shopping-Mall ein, um anzubeten. Weil wir von einer klaren Trennung zwischen Form und Inhalt überzeugt sind, glauben wir auch, dass wir den Inhalt des Evangeliums herauslösen und in neue Formen giessen können. Wir gehen davon aus, dass die gewählten Praktiken im Grunde genommen neutral sind, also lediglich temporäre Hüllen für eine ewig gültige Botschaft darstellen. Wir lösen «Jesus» aus den überlieferten Formen historischer Anbetung (die wir als «traditionell» abtun) heraus, um ihn in Gestalten zu präsentieren, die sowohl unverbraucht als auch vertraut sind: Komm und begegne Jesus in der geheiligten Atmosphäre eines Cafés; komm und höre das Evangelium an einem Ort, der dir bekannt ist, da wir ihn der Shopping-Mall nachempfunden haben.

Das Problem ist nun aber, dass diese «Formen» eben nicht einfach nur neutrale Behälter darstellen, die man jederzeit austauschen kann. Wie bereits gesehen, sind die gefeierten, vermeintlich wertfreien neuen Formen in Wahrheit *Praktiken,* die immer schon auf ein bestimmtes *telos* ausgerichtet sind, also auf eine unausgesprochene Vision vom guten Leben. Ich habe aufzuzeigen versucht, dass diese kulturellen Praktiken selbst *Liturgien* sind, gerade weil sie sich an einem *telos* orientieren und danach streben, meine Liebe und mein Verlangen zu prägen. Sie sind didaktische Formen des Verlangens, die uns lehren, die Welt auf eine bestimmte Weise zu interpretieren und uns auf sie einzulassen. Wenn wir also die Botschaft des Evangeliums aus ihrem ursprünglichen Setting herauslösen und sie in die Ästhetik der Shopping-Mall verpacken, dann könnte es zwar sein, dass wir eine neue Möglichkeit gefunden haben, Menschen mit Jesus Christus bekannt zu machen; tatsächlich geht die Form dieser Praxis aber bereits mit einer bestimmten Sicht der Welt einher. Die Liturgie der Shopping-Mall erreicht unsere Herzen und erzieht sie zu einem Konsumverhalten, das die erworbenen Artikel als glücksspendende Konsumgüter definiert. Wenn ich «Jesus» in einem solchen Umfeld antreffe, dann wird mir intuitiv vermittelt, dass auch Jesus nur ein weiteres Mittel ist, das mich glücklich machen soll. Jesus Christus als Herr der Geschichte wird dabei ausgeblendet. Und obwohl ich ihn möglicherweise ganz dringend in meine Schublade mit dem ganzen anderen Zeug hineinlegen möchte, sollten wir diese Aneignung nicht mit Nachfolge verwechseln.

Dieses Paradigma der von unten nach oben ausgerichteten Anbetung umfasst eine gängige Vorstellung, die besonders im nordamerikanischen Evangelikalismus beheimatet ist. (Suche auf Google nach «worship» und schau dir die Bilder an, dann weisst du, was ich meine.) Deshalb sind auch so viele Menschen skeptisch, wenn sie das Wort «Liturgie» hören. Wenn man die Anbetung als expressiven Ausdruck unserer selbst versteht, dann wird man dazu neigen, Rituale mit «Werkgerechtigkeit» zu verwechseln, das heisst, die «liturgische» Anbetung – eine christliche Anbetung, die alte Formen und Praktiken aufnimmt – als Irrwege von Menschen zu betrachten, die sich Gottes Wohlwollen «verdienen» wollen.

Eine vom Individuum ausgehende, expressive Anbetung wird diesen Ansatz ablehnen müssen, da er für sich beansprucht, das einzig richtige Verständnis zu vertreten. Dem auf überlieferten Formen der Anbetung beruhenden Ansatz werfen sie religiöse Unaufrichtigkeit und mechanische Wiederholung vor. Die Ironie liegt jedoch darin, dass das Paradigma von Anbetung als Selbstausdruck *uns* zu primären Akteuren stilisiert. Diese Sichtweise stellt das menschliche Streben von unten nach oben in den Vordergrund, das wie Werkgerechtigkeit daherkommt.

Die Praktiken der historisch gewachsenen christlichen Anbetung sind allerdings nicht nur alte, «traditionelle» Wege, um die Christen um das Wort Gottes und den Abendmahlstisch herum zu versammeln. Sie wurzeln vielmehr in einem völlig anderen Verständnis davon, was Anbetung ist, das heisst in einem grundsätzlich anderen Paradigma. Anstelle einer Anbetung von unten nach oben als *unseres* Ausdrucks der Hingabe und des Lobpreises, wurzelt die traditionelle christliche Anbetung vielmehr in der Überzeugung, dass Gott der primäre Akteur in der Anbetung ist. Die Anbetung funktioniert demnach von oben nach unten, wie man sagen könnte. In dieser Form zeigen wir Gott nicht nur unsere Hingabe und loben ihn; wir sind darüber hinaus dazu berufen, uns von ihm in dieser Begegnung formen und prägen zu lassen. Im Rahmen dieser Anbetung werden unser Herz, unser Verlangen und unsere Liebe neu ausgerichtet. In diesem Sinne ist Anbetung nicht nur etwas, das wir tun, sondern der Ort, an dem Gott etwas *mit uns* tut. Die Anbetung ist die Essenz der Nachfolge Christi, weil sie jenes Übungsfeld ist, in dem Gott unsere Herzen neu trainiert.

Auf die Form kommt es an

Dies führt uns zu einer kontraintuitiven Hypothese. In dem Masse, wie wir zum ursprünglichen biblischen Verständnis vom Vorrang des göttlichen Handelns in der Anbetung gelangen, werden wir auch wieder würdigen können, warum die *Form* der Anbetung wichtig ist. Ich nenne sie «kontraintuitiv», weil ich glaube, dass wir den liturgischen Formalismus möglicherweise mit jener Art von inhaltsleerer Befolgung von Regeln assoziieren, die die Reformatoren infrage gestellt haben. Doch gerade weil wir ein vertieftes Verständnis für das Vermittlungshandeln des dreieinigen Gottes in der Anbetung haben, müssen wir auf die Form unserer Anbetung achtgeben und uns ihres Gewichts bewusst werden. Der Heilige Geist schenkt uns Formen der Anbetung, in denen unsere Körperlichkeit ernstgenommen wird. Wenn wir feststellen, dass es in der Anbetung auch um die Herausbildung unseres inneren Menschen geht, dann werden wir allmählich erkennen, warum es auf *die Form* ankommt. Die gelebten Praktiken der christlichen Anbetung sind Gottes Methode, unsere Liebe auf sein Königreich hin neu auszurichten. Und deshalb müssen wir uns der grossen Geschichte bewusst sein, die in diesen Praktiken vermittelt wird.

Mit der «Form» der Anbetung meine ich zweierlei: (1) den übergeordneten narrativen Bogen der christlichen Anbetung und (2) die konkreten, überlieferten Praktiken, welche die Elemente dieser grossen Erzählung beinhalten und diese in die Realität umsetzen helfen. Eine formative christliche Anbetung besitzt eine klare, biblische *Gestalt,* welche Praktiken beinhaltet, die unser Herz auf Gott und sein Königreich lenken. Im nächsten Kapitel werden wir uns genauer mit der Frage auseinandersetzen, wie die historisch gewachsene christliche Anbetung uns in die Geschichte jenes Gottes einlädt, der in Jesus Christus die Welt mit sich selbst versöhnt (2Kor 5,19). An dieser Stelle möchte ich zunächst einfach nur festhalten: Anbetung ist nicht in erster Linie eine innovative Veranstaltung mit vielfältiger Kreativität, sondern ein Ort des sorgfältigen Empfangens und vertrauensvoller Wiederholung. Das heisst nicht, dass es in ihr nicht auch Raum für sinnvolle Innovationen geben sollte. Es bedeutet nur, dass kreative Offenheit hier keinen Wert an und für sich darstellt. Wir schöpfen aus dem Erbe vergangener historischer Formen der Anbetung, die wir als Gabe betrachten sollten.

Ich spreche hier nicht vom «Stil» der Anbetung. Die Unterscheidung zwischen Form und Stil ist vielleicht nicht besonders zielführend. Ich will hier auch nicht eine «traditionelle» Anbetung gegen eine «moderne» Art des Worships ausspielen. Ich spreche mich nicht für ein Primat der Orgel gegenüber Gitarren aus und beziehe auch keine Position in der Debatte um traditionelle versus zeitgenössische Musik.

Musikstile besitzen ihr eigenes Formenvokabular, aber das ist nicht das, worum es mir hier geht.[62]

Mein Punkt ist grundsätzlicher und hat nichts mit Nostalgie zu tun. Die christliche Anbetung ist zum einen das Herz der Nachfolge und zum anderen ein Repertoire von Praktiken, das von der biblischen Erzählung geformt wurde. Nur eine Anbetung, die von dieser Erzählung inspiriert und vom Heiligen Geist durchdrungen ist, wird eine gegenkulturelle Praxis aufweisen, die den Einfluss rivalisierender, säkularer Liturgien aufheben kann. Und nicht alles, was sich heutzutage «Anbetung» nennt, wird diese Kraft besitzen, weil so viele unserer Gottesdienste kaum mehr sind als christlich verbrämte Versionen säkularer Liturgien. Sie beanspruchen die Bezeichnung «Anbetung», leugnen aber deren Macht. Wir mögen also Lieder über Jesus singen, aber diese Anbetungs-«Erfahrung» gründet eher auf Jesus als Konsumgut. In deren Fokus steht eine mit der Vision des Konsumismus einhergehende Definition von Glück, bei der der Genuss von Konsumartikeln und deren Entsorgung im Vordergrund steht und nicht Gottes *telos* und Vision von *shalom*. Deshalb können wir postmoderne Menschen viel vom Antiken Christentum lernen. Die Rituale und Liturgien der damaligen heidnischen Kultur waren offensichtlicher, wie zum Beispiel die zivilen politischen Einrichtungen, die ebenfalls als Tempel dienten. Heute kommen die Liturgien weniger eindeutig religiös verkleidet daher, sondern begegnen uns etwa in Stadien, Kapitolen, Universitäten usw. Die frühen Christen lebten ihre Anbetung viel

62 Jeremy Begbie ist einer der klügsten Experten in diesem Bereich. Siehe Jeremy Begbie, Resounding Truth. Christian Wisdom in the World of Music, Grand Rapids 2007 sowie Jeremy S. Begbie und Steven R. Guthrie (Hg.), Resonant Witness. Conversations between Music and Theology, Grand Rapids 2011.

bewusster und absichtsvoller aus. Das Herz und die Seele ihres liturgischen Lebens gingen zwar auf Israel zurück, aber sie haben nicht einfach nur die Synagoge «verchristlicht». Vielmehr kam es zu Innovationen im Sinne des Glaubens selbst, als die Nachfolger von Jesus versuchten, die Rhythmen und Praktiken auszumachen, die die Gemeinschaft Christi konstituieren sollten. Dazu gehörte die spezifische Reaktion auf die Gebote Jesu (die uns beispielsweise die Taufe und das Abendmahl gegeben haben), aber auch eine sehr sorgfältige Wiederaneignung und Umorientierung damaliger kultureller Praktiken in das Repertoire einer auf das Königreich Gottes ausgerichteten Liturgie. Mit der Zeit entwickelte der Leib Christi die Eigenschaften für die sich abzeichnende anbetende Gemeinschaft, die sich um den zum Himmel aufgefahrenen Jesus scharte und für das kommende Reich Gottes betete.

Das Ergebnis war ein reiches Erbe an Anbetungsweisheit, die von allen Christen zur Stärkung ihres Glaubens angezapft werden kann. Die Gestalt der historisch gewachsenen, bewussten, prägenden christlichen Anbetung ist «katholisch», aber nicht im Sinne von «römisch-katholisch». Das Repertoire dieser christlichen Anbetung speist sich aus der Weisheit des Leibes Christi, der, wie es Jesus versprochen hat, vom Geist in die Wahrheit geführt wird (Joh 16,13). Diese Verheissung Christi bezieht sich jedoch nicht einfach nur auf die Korrektheit von Glaubenssätzen, sondern auf einen neuen glaubensstärkenden Lebenswandel, der durch den Geist Christi inspiriert ist. In Kapitel 4 werden wir die Grundlinien einer solchen Anbetung anschauen und einige der «Regieanweisungen» diskutieren, die mit ihnen einhergehen. Dieses liturgische Erbe sollten wir als einen Ausdruck unseres «katholischen» Glaubens betrachten – als das gemeinsame, orthodoxe Erbe der Kirche, das, wie etwa das Glaubensbekenntnis von Nicäa, von vielen christlichen Traditionen geteilt wird. Die von uns kollektiv gelebte Anbetung verstärkt unsere Einheit und unsere Einigkeit, was für das Zeugnis der Kirche in unserem postchristlichen Zeitalter von besonderer Bedeutung ist.

Soll die Anbetung prägend und nicht nur expressiv sein, dann müssen wir erkennen, wie Anbetung uns tatsächlich formt. Dies führt zu einer weiteren Erkenntnis: Wenn man die Anbetung vom Ausdrucks-Paradigma abkoppelt, dann gewinnen wir auch ein neues Verständnis von der Bedeutung der *Wiederholung*. Wenn man sich Anbetung als einen von unten nach oben verlaufenden, expressiven Vorgang vorstellt, dann wird Wiederholung als unaufrichtig und unauthentisch erscheinen. Betrachtet man sie hingegen als eine Einladung zu einer von oben nach unten verlaufenden Begegnung, in der Gott die tiefsten Gewohnheiten eines Menschen umgestaltet, dann sieht Wiederholung ganz anders aus: Sie ist dann die Art und Weise, wie Gott uns erneuert. Im Transformationsprozess ist Wiederholung nichts Unaufrichtiges, weil man hier keine *Show* abzieht, sondern sich *unterwirft*. Das ist entscheidend, weil es kein Lernen ohne Wiederholung gibt. Tugendbildung braucht Übung, und es gibt keine Übung, die nicht repetitiv ist. In vielen Bereichen unseres Lebens akzeptieren wir die Wiederholung bereitwillig als etwas Gutes: um unseren Abschlag beim Golf, unser Klavierspiel oder unsere mathematischen Fähigkeiten zu verbessern. Wenn der souveräne Herr uns aber als Gewohnheitstiere geschaffen hat, warum sollten wir dann annehmen, dass Wiederholung unserem geistlichen Wachstum abträglich ist?

Oscar Wildes provokanter Dialog *Der Kritiker als Künstler* formuliert eine für uns relevante Einsicht: Lieben lernen braucht Übung, und Übung braucht Wiederholung. In gewisser Weise sind wir Teil einer Gemeinschaft, *um* glauben zu können. «Willst du Liebe empfinden?», fragt Gilbert im Dialog. «Dann stimme eine Liebeslitanei an, und die Worte werden jene Sehnsucht hervorrufen, von der die

Welt glaubt, daß sie ihr entströmen.»[63] Die Liturgie der christlichen Anbetung ist eine aus Liebe motivierte Litanei, die wir immer wieder beten und die uns vom Heiligen Geist eingegeben wurde, um genau die Liebe zu kultivieren, die er in unsere Herzen ausgiesst.

---

63 Oscar Wilde, Der Kritiker als Künstler, in: ders., Essays II, Frankfurt a. M. 1982, 138.

4

In welcher Geschichte spielst du mit?

Der narrative Bogen einer formativen christlichen Anbetung

Das Evangelium mit dem Herzen verstehen

Im Zentrum der Nachfolge steht die Anbetung. Voraussetzung ist allerdings, dass sie auf einem Set von geisterfüllten Praktiken aufbauen kann, die unser Innenleben erfassen, unser *kardia* neu ausrichten und unsere Vorstellungswelt berühren. Weil wir liturgische Wesen sind, müssen wir die konkurrenzierenden Mythologien erkennen, die es auf unser Herz abgesehen haben. Sodann sollten wir uns auf die erprobte Liturgie der christlichen Anbetung einlassen, die uns hilft, unser Leben umzustellen und neu auszurichten. Und wenn man eine Person ist, die dafür verantwortlich ist, die Gemeinde Gottes in der Anbetung anzuleiten, dann sind die Implikationen noch weitreichender: Jeder Pastor und jede Gemeindeälteste ist dann ein «Herzens-Kurator», verantwortlich für die Sorge um die Seelen der Menschen und für eine Anbetung, durch die Gemeindeglieder eine Neuausrichtung erfahren können.

Neue *In*formationen werden uns nicht von der *De*formation befreien. Gott erlöst uns von der deformierenden, und gleichzeitig gewohnheitsbildenden Macht konkurrenzierender Liturgien nicht einfach dadurch, dass er uns ein Buch gibt. Die neu erfahrene Liturgie baut auf der biblischen Erzählung auf, die sich über entsprechende körperliche Praktiken in unsere Herzen einschreibt, so dass sich am Ende die Kompassnadel unserer Liebe auf Christus, unseren magnetischen Norden, ausrichtet. Die Heilige Schrift wird auf einzigartige Weise durch bewusste, gemeinschaftsfördernde Rituale der Anbetung Bestandteil unseres Lebens. Wenn wir ein Volk sein wollen, das sich an einer biblischen Weltanschauung orientiert und sich von biblischer Weisheit leiten lässt, dann sollten wir die Schätze der historisch gewachsenen christlichen Anbetung bergen. Dies ist die beste geistliche Investition, die wir tätigen können. Diese Überzeugung wurzelt darin, dass das Wort Gottes eher unbewusst von uns angenommen wird, als dass es uns bewusst lehrmässig vermittelt würde. Das in den Schriften berichtete Drama der Erlösung wird in der Anbetung so vermittelt, dass es «hängenbleibt».[64] Das Bibelstudium und das Auswendiglernen von Versen sind zwar wichtig, doch in der regelmässigen, gemeinschaftlich gelebten Anbetung, die aus der geschichtlichen Tradition schöpft, liegt eine einzigartige, unser Vorstellungsvermögen prägende Kraft.

Alan Jacobs erzählt auf exzellente Weise, wie die Überzeugungen, dass die christliche Anbetung in allererster Linie auf der Bibel gründen sollte und deren Inhalte am wirksamsten über Rituale aufgenommen werden, Thomas Cranmers Erschaffung des *Book of Common Prayer,* das *Allgemeine Gebetbuch der Anglikanischen Kirche,* beeinflusst haben. Cranmer war weit davon entfernt, der Liturgie gegenüber feindselig eingestellt zu sein. Vielmehr war es seine evangelische Überzeugung der zentralen Stellung der Bibel im christlichen Leben, weshalb er die Riten des Gebetsbuchs entwickelte.[65] Zu diesen gehörte «The Kalendar», eine Abfolge von öffentlichen Lesungen, ähnlich dem, was wir heute als

---

64 In dem Sinne, wie Chip Heath und Dan Heath in ihrem Buch *Was bleibt. Wie die richtige Story Ihre Werbung unwiderstehlich macht* (New York 2007) vom «Hängenbleiben» sprechen.

65 Cranmers Überzeugungen waren, anders formuliert, also gleichzeitig evangelikal und «katholisch»: «[C. S.] Lewis merkt an, dass Cranmer und die anderen Schöpfer des Gebetbuchs sich wünschten, ihr Buch möge nicht für seine originäre Genialität, sondern für seine

die *lectio divina,* die fortlaufende Lesung der Schrift, bezeichnen. Dieser auf dem Kirchenjahr basierende Kalender führte das Volk Gottes einem bestimmten Ablaufplan gemäss durch die gesamte Schrift, und den Psalter (die Sammlung biblischer Lieder) hindurch. Doch zusätzlich zu dem vorgeschriebenen Rhythmus der Bibellesungen lebten Cranmers Gebete von der biblischen Sprache. Die englischen Christen eigneten sich damit unbewusst eine Empfänglichkeit für biblische Inhalte an. Jacobs zitiert Eamon Duffys widerwilliges Eingeständnis des Einflusses, den das Allgemeine Gebetbuch hatte: «Cranmers Woche für Woche gelesene düstere, aber erhabene Prosa drang in den Verstand der Menschen ein, nahm diesen in Beschlag und bildete hinfort die Substanz ihrer erhabensten und empfindsamsten Gebete».[66] Und insofern Cranmers Prosa tatsächlich eine Anwendung der Sprache der Heiligen Schrift darstellte, machten sich diejenigen, die im Rhythmus des *Allgemeinen Gebetbuchs* anbeteten, die Vorstellungswelt der Heiligen Schrift zu eigen.[67]

Um christusähnlicher zu werden, genügt es nicht, Gottes Gedanken zu denken, sondern wir müssen das wollen,

---

Katholizität und Altertümlichkeit gepriesen werden» (Alan Jacobs, The Book of Common Prayer. A Biography, Princeton 2013, 66).

66 Eamon Duffy, The Stripping of the Altars. Traditional Religion in England, 1400–1580, New Haven [2]2005, 593; zit. nach Jacobs, Book of Common Prayer, 59.

67 Jacobs hat eine wunderbare literarische Untersuchung der Frage anzubieten, wie genau die Sprache des *Book of Common Prayer* in «ästhetischer» Hinsicht funktioniert. Dabei weist er auf den Effekt von Anspielungen, Alliterationen und auf «die additive Kraft der Parataxe» in Cranmers Konjunktionsketten hin, die uns so bereitwillig über die Lippen gehen (a. a. O., 62). Und er bemerkt, dass Cranmer ein besonders ausgeprägtes Gespür dafür hatte, wie Sprache kommunikativ und auditiv funktioniert: «Denn es war ohne Zweifel die Gemeindeanbetung, die [der Autor] in erster Linie im Sinn hatte, als er die Worte seines Buchs schmiedete. Sein Englisch soll seine

was Gott will. Das setzt allerdings die Neuausrichtung unserer Herzensgewohnheiten sowie die Inbesitznahme unseres Vorstellungsvermögens voraus. Beides ereignet sich dann, wenn das Wort Gottes zum Orientierungspunkt unserer Wahrnehmung der Realität («social imaginary») wird, bevor wir überhaupt über sie *nachdenken*. Wie die säkularen Liturgien der Shopping-Mall, der Sportstadien oder der Studentenverbindungen, so beeinflussen auch christliche Liturgien nicht primär unseren Intellekt; sie wirken auch auf unseren Leib ein und steuern unser Verlangen über die sinnliche Wahrnehmung. Christliche Anbetung, die kontraformativ sein will, muss körperlich erfahrbar, greifbar und instinktiv sein. Der Weg zum Herzen führt über den Körper. Deshalb vermittelt eine kontraformative christliche Anbetung auch nicht bloss Informationen, sondern ist eine christuszentrierte Ausbildungsstätte für unsere Vorstellungswelt, die von den fremden Symbolwelten, denen wir ausgesetzt sind, gereinigt werden soll. Die christliche Anbetung lehrt uns nicht nur, wie wir denken, sondern auch, wie wir lieben sollen. Sie tut dies, indem sie uns in die Geschichte der Bibel einführt und diese uns in Fleisch und Blut übergehen lässt. Ein Mark Twain zugeschriebenes Bonmot setzt an diesem Punkt an: «Ein Mensch, der eine Katze am Schwanz trägt, lernt etwas, das er auf keine andere Art und Weise lernen kann.» Denken wir für einen Augenblick darüber nach und stellen uns vor, ich hätte schon mal eine Katze am Schwanz getragen. Stellen wir uns zudem vor, ich wäre ein Meistererzähler, der sein Erlebnis auf anschauliche und konkrete Weise darstellen könnte. Wir werden ungleich mehr lernen, wenn wir tatsächlich eine Katze am Schwanz durch die Gegend tragen, als wenn wir eine Geschichte darüber hören. Warum ist das

---

vollste Lebendigkeit entfalten, wenn es laut und unisono ausgesprochen wird. Die *vox populi* bildete die Orgel, auf der diese verbale Musik gespielt werden sollte» (a. a. O., 63 f.).

so? Weil dieses Erlebnis eine einzigartige Erfahrung mit einschliesst. Die Unmittelbarkeit dieser Realität kann ich nur erfassen, wenn ich sie am eigenen Leib erfahre. Ich mache eine Erfahrung, die sich nur schwer in Worte fassen lässt, aber eine eigenständige Form des Verstehens beinhaltet. Auch im Ablauf und in den Ordnungen eines hochstehenden christlichen Gottesdienstes lernen wir etwas über das Evangelium, das wir auf keine andere Weise lernen können und das sich vielleicht nicht einmal in Worte fassen lässt. Im Vollzug und den Praktiken des christlichen Gottesdienstes steckt ein Verständnis von Gott, das uns auf einer tieferliegenden Ebene begegnet als die rein intellektuelle Wahrnehmung. Das Evangelium trifft uns existenziell, ja, übertrifft unser Vorstellungsvermögen und führt zu einem neuen Verhalten in dieser Welt, das wir nie ganz in Glaubenssätzen, Lehrmeinungen oder einer christlichen Weltanschauung ausdrücken können.

In diesem Kapitel werden wir das Drehbuch und die Praktiken der geschichtlich gewachsenen christlichen Anbetung nachzeichnen. Darin liegt ein Geschenk der Tradition, die zu unserer Erneuerung überliefert worden ist.

Anbetung charakter-isiert uns

Jede Liturgie ist, so haben wir gesehen, auf ein *telos* ausgerichtet – eine implizite Vision des gelingenden Lebens, mit der ihre Rituale aufgeladen sind. Diejenigen, die durch solche Liturgien geformt werden, werden daher zu Menschen, die ihren Zielen nacheifern. Wenn wir also unreflektiert die Liturgien des Konsumismus übernehmen, werden wir mit der Zeit «lernen», dass der Zweck des menschlichen Lebens im Kaufen und Konsumieren liegt. «Was ist der primäre Zweck des Menschen?», fragt der Konsumkatechismus und antwortet: «Dinge in der irrigen Annahme zu kaufen, dass ich für immer Spass daran haben werde.» Wenn wir stattdessen die von Augustinus sogenannten «Bürgerrituale» der diversen Aussenposten der «irdischen Stadt» akzeptiert haben, werden wir so geformt, dass wir Herrschaft als unser *telos* anstreben und unser Leben entsprechend führen.

Die christliche Anbetung verfügt über ihre eigene Vision des gelingenden Lebens, die nicht nur «spirituell» ausgerichtet ist und in einem körperlosen Himmel stattfindet. Die biblische Vision des *shalom* der Schöpfung ist zwar «himmlischer» Natur, sie skizziert aber eine himmlische Ordnung, die auf der Erde zur Realität wird (Offb 21,1–2). Dies ist ein *telos,* das wir im Gebet erlernen: «Dein Reich komme. Dein Wille geschehe, wie im Himmel, so auf Erden.» (Mt 6,10). Diese Vision hat nichts mit Eskapismus zu tun, sondern ist auf die Wiederherstellung aller Dinge aus: Gott wird nicht alle Dinge zerstören, sondern *erneuern.* Die biblische Vision unseres *telos* ist damit, wie bereits angedeutet, eine Art geheiligter Humanismus – eine Vision davon, was Menschsein bedeutet. Die biblische Vision lehnt jede Dichotomie zwischen dem Natürlichen und dem Übernatürlichen ab. Wie Henri de Lubac es formuliert, ist die menschliche Gattung vielmehr mit einer natürlichen Neigung zum Übernatürlichen ausgestattet, wobei das übernatürliche Wirken der Gnade uns unsere natürliche Sendung erkennen lässt, für die wir geschaffen sind.[68] N. T. Wright bringt diese Wechselwirkung zwischen dem Natürlichen und dem Übernatürlichen im Christentum präzise auf den Punkt:

> Der Schlüssel zu allem liegt jedoch darin, dass sich die christliche Vision der Tugend, also des Charakters, der zur zweiten Natur geworden ist, genau um die Entdeckung dessen dreht, was es heißt, wahrhaft Mensch zu sein – Mensch zu sein auf eine Weise, von der

---

68 Siehe Henri de Lubac, Die Freiheit der Gnade. II. Band. Das Paradox des Menschen. Übertragen von Hans Urs von Balthasar, Einsiedeln 1971, 277–294.

> die meisten von uns nicht einmal geträumt haben. Wenn dem so ist, dann folgt notwendig, dass es Übereinstimmungen mit anderen Visionen von Tugend geben wird, genau wie es Punkte geben wird, an denen das Christentum völlig andere Anforderungen stellt und völlig andere Hilfen anbietet, um jenen Anforderungen gerecht zu werden. Es gehörte zum Anspruch der frühen Christen, dass sie in und durch Jesus sowohl einen völlig anderen Weg entdeckt hatten, Mensch zu sein, als auch einen Weg, der das Beste aufgriff, was die antike Weisheit zu bieten hatte, und der dann diese Weisheit in einen Rahmen stellte, in dem sie endlich ihren wahren Sinn erhielt.[69]

In Christus, dem Bild des unsichtbaren Gottes (Kol 1,15), werden wir zu den Ebenbildern, als die wir geschaffen worden sind (Gen 1,27–30). Im Sinne von Augustinus' These von der Hinordnung des Menschen auf Gott hin fährt Wright fort:

> Wozu sind wir überhaupt hier? Die grundlegende Antwort [...] lautet: Wir sind hier, um echte Menschen zu werden, die den Gott widerspiegeln, zu dessen Bilde wir geschaffen sind, und das tun wir einerseits in der Anbetung und andererseits in der Mission in ihrem vollen Sinne. All dies tun wir nicht zuletzt, indem wir «Jesus nachfolgen». Worauf läuft das hinaus? Die Nachfolge Jesu bringt durch das Wirken des Heiligen Geistes eine Transformation des Charakters zustande, die die christliche Version dessen darstellt, was Philosophen «Tugend» genannt haben. Diese Transformation wird bedeuten, dass wir tatsächlich «die Regeln einhalten» – aber nicht aufgrund eines von außen aufgezwungenen Pflichtgefühls, sondern aufgrund des Charakters, der in uns gebildet wurde. Und sie wird bedeuten, dass wir tatsächlich «unserem Herzen folgen» und «authentisch» leben – doch nur, wenn jener transformierte Charakter voll funktionstüchtig ist – wie ein Pilot mit lebenslanger Erfahrung – und wenn die im Voraus getane harte Arbeit in spontanen Entscheidungen und Handlungen Frucht trägt, die das widerspiegeln, was tief innen in einem Menschen geformt wurde. Und in der Welt im

---

69 N. T. Wright, Glaube – und dann? Von der Transformation des Charakters, Marburg 2011, 24.

> weiteren Sinne sehen wir uns vor der Herausforderung, in allen Lebensbereichen eine neue Generation von Führungspersönlichkeiten heranwachsen und sich entwickeln zu lassen, deren Charakter von Weisheit und Dienst an der Allgemeinheit geprägt wurde, nicht von Gier nach Geld und Macht.[70]

«Wozu sind wir überhaupt hier?», fragt Wright. Diese Frage hat eine kosmische Implikation und Auswirkungen auf das Verständnis der christlichen Gemeinschaft. Einerseits ist dies eine jener letzten «grossen» Fragen, die sich nur uns Menschen aufdrängt: Worum geht es eigentlich? Was macht Sinn? Was ist unser Auftrag in unserem Leben? Warum sind wir hier? Andererseits handelt es sich auch um eine Frage, die sich im Zusammenhang mit der Anbetung stellt. Es ist vielleicht eine Frage, die wir uns bei der Suche nach unserem Platz in den Kirchenbänken stellen, oder die uns beim Eingangsspiel unruhig werden lässt. Wozu sind wir hier? Was bringt das alles? Was ist der Sinn der Anbetung?

Wrights Antwort auf beide Fragen ist interessanterweise die gleiche: «Wir sind hier, um echte Menschen zu werden, die den Gott widerspiegeln, zu dessen Bilde wir geschaffen sind […].» Der Zweck der Anbetung ist mit dem Zweck des Menschseins verwoben – oder anders gesagt, der Sinn der *Anbetung* ist aufs Engste mit dem Sinn der *Schöpfung* verknüpft. Das Ziel der christlichen Anbetung ist die Erneuerung des Schöpfungsauftrags, nämlich als Ebenbild Gottes (wieder-)hergestellt und anschliessend als Träger seines Abbilds *in* und *für* die Welt *ausgesandt* zu werden.

Eine andere Möglichkeit, dies zu begreifen, ist zu sagen, dass eines der Ziele der christlichen Anbetung darin besteht, uns in einem doppelten Sinne zu «charakter-isieren». Erstens lädt uns Wright dazu ein, die Schrift als die Erzählung vom sich langsam auflösenden Drama des handelnden Gottes zu

---

70 A. a. O., 34.

betrachten. Wir sind aufgerufen, Figuren (Charaktere) in dieser Geschichte zu sein, die Rolle von Gottes Ebenbildern einzunehmen, die seine Schöpfung in Ehren halten und sie kultivieren. Diese Rolle einzuüben heisst, die Person zu werden, zu der wir gedacht sind. Hier geht es allerdings weder um Schauspielerei noch um ein blosses So-tun-als-ob; es ist vielmehr die Rolle, zu der wir geboren sind. Indem wir zu diesen Figuren (Charakteren) werden, werden wir zu uns selbst, und indem wir diese Rolle annehmen, finden wir unsere Berufung. Die Dynamik ist die gleiche wie in den *Bekenntnissen* von Augustinus, die mit seinem berühmten Gebet «[D]enn auf dich hin hast du uns gemacht, und unruhig ist unser Herz, bis es ruht in dir.» beginnen. Der Kirchenvater hat sein ganzes Leben lang nach Liebe an den immer falschen Orten gesucht, Rollen ausprobiert und Charaktere dargestellt, die ihn entmenschlichten und ihn immer weiter vom Schöpfer entfernten. Erst als er Christus «anzieht» wie ein Kleidungsstück, findet er sich selbst und wird zu der Person, zu der er gemacht worden ist. Erst dann nimmt er die Rolle an, für die er geboren war.

Die christliche Anbetung «charakter-isiert» uns aber auch noch in einem weiteren Sinne. Während der Anbetung schreibt uns der Heilige Geist den *Charakter* ein, der uns zu einer bestimmten Art von Menschen macht. Wie hängen diese beiden Bedeutungen von «Charakter-isierung» zusammen? Was hat das Spielen einer Rolle in Gottes Drama mit dem Erwerb eines tugendhaften Charakters zu tun? In seinem wichtigen Buch *Der Verlust der Tugend* schreibt Alasdair MacIntyre: «[I]ch kann die Frage ‹Was soll ich tun?› nur beantworten, wenn ich die vorgängige Frage beantworten kann: ‹Als Teil welcher Geschichte oder welcher Geschichten sehe ich mich?›».[71] Wir sind jetzt an einem Punkt ange-

71 Alasdair MacIntyre, Der Verlust der Tugend, Frankfurt a. M. 1984, 288.

langt, an dem wir dieses Argument einer erneuten Würdigung unterziehen können. Denn es ist die Geschichte, von der ich ein Teil bin – in der ich eine Rolle (Charakter) spiele –, die bestimmt, was genau als Charakter, als Tugend zählt.

Was als Tugend gilt, steht in Beziehung zu einem vorgestellten Ziel oder Zweck, einem *telos*. Wenn eine Gewohnheit die Ausrichtung auf ein bestimmtes *telos* ist, eine Neigung, sich in eine gewisse «Richtung» hin zu entwickeln, dann müssen wir dieses *telos* bestimmen, um in der Lage zu sein, eine Gewohnheit als Tugend oder als Laster zu identifizieren. Um zu wissen, ob eine Gewohnheit eine Tugend oder ein Laster ist, müssen wir Wrights Frage beantworten: «Wozu sind wir hier?»

Deshalb ist die Tugend auch mit einem Gefühl von Exzellenz verbunden. Denn sie ist eine Disposition, die uns ermöglicht, das Gute zu erreichen, für das wir gemacht sind. Anders ausgedrückt: Eine Tugend ist eine gute Gewohnheit, die uns auf dasjenige *telos* ausrichtet, das am besten für uns ist. Erst wenn wir das *Ziel* definieren, können wir wissen, ob etwas oder jemand gut funktioniert oder nicht. Nehmen wir ein Beispiel jenseits der Moral. Sagen wir, ich habe eine Flöte und benutze sie dazu, um Marshmallows über einem Lagerfeuer zu rösten (das ist eine lange Geschichte – lassen wir das). Wie wir uns vorstellen können, funktioniert das nicht besonders gut, so dass ich das Instrument frustriert zu Boden werfe. «Das ist eine furchtbare Flöte!», sage ich. Naja, nein, nicht wirklich, weil ich sie nicht für das benutze, wofür sie gemacht ist. Marshmallows rösten ist nicht das angemessene *telos* für eine Flöte.

Es ist unschwer zu erkennen, wie tiefgreifende Meinungsverschiedenheiten über das *telos* der Menschheit radikal unterschiedliche Auffassungen davon hervorbringen können, was als tugendhaft und was als lasterhaft gilt. Oft geben wir uns keine Rechenschaft über diese eigentlichen Ziele. Sie bleiben in den verschiedenen Narrativen (verschiedenen Weltanschauungen oder «social imaginaries», wie man sagen könnte) weithin unausgesprochen, wenngleich höchst einflussreich und sehen äusserst unterschiedliche *Ziele* für die Menschheit vor. So würde eine Weltsicht, die Macht, Herrschaft und Gewalt zur Grundlage hat, die Sanftmut und Demut Christi als Laster interpretieren; im Gegensatz dazu sehen Christen in Jesus ein Beispiel der Tugendhaftigkeit und schätzen seine Sanftmut und Demut daher als Tugenden, denen wir nacheifern können.

Das *telos* der Christen *ist* tatsächlich Christus selbst: Jesus Christus ist die Verkörperung dessen, wofür wir gemacht sind und die Verkörperung der Aufgabe, zu der wir berufen sind. Deshalb ist die Ermahnung von Paulus, uns «mit der Liebe zu bekleiden» (Kol 3,14 nach der Neuen Genfer Übersetzung), gleichbedeutend mit der Mahnung, den Herrn Jesus Christus anzuziehen (vgl. Röm 13,14). So werden wir zu echten Menschen. Dafür sind wir hier.

Und wie kommt das zustande? Indem wir Teil der Geschichte Gottes werden, der in Christus die Welt mit sich versöhnt, was genau das ist, worum es in der christlichen Anbetung geht: Wir lassen uns immer wieder auf das Heilsgeschehen Gottes ein, nehmen in ihm unsere Rolle ein, die wir immer wieder neu einüben. Wenn unsere Liebe liturgisch geformt ist – das heisst, wenn die Liebesfähigkeit eingeübt werden muss –, dann müssen wir sicherstellen, dass die Praktiken der christlichen Anbetung dem Drehbuch des Evangeliums entsprechen, indem sie die biblische Erzählung nachbilden. Ein solches Verständnis von ihr ist genau das, was wir in der historisch gewachsenen Liturgie der Kirche wiederfinden. Wir müssen weder das Rad neu erfinden noch neue Liturgien. Vielmehr können wir die Gaben des Heiligen Geistes an seine Kirche neu entdecken, indem wir den gesammelten Ertrag der christlichen Anbetung aufnehmen und adäquat für unseren eigenen Kontext fruchtbar machen.

> Eine Versuchung kann zum Beispiel darin bestehen, anstelle des Gebets in blinden Aktivismus zu verfallen. Doch Hans Urs von Balthasar erinnert uns daran, dass die Anbetung einer Mission dient:
> *Gebet,* kirchliches wie persönliches, ist somit aller Aktion vorgeordnet: keineswegs primär als psychologische Kraftquelle («tanken gehen», sagen die Heutigen), sondern als die der Liebe gebührende Tat anbetender Verherrlichung, in welcher sich ursprünglich der Versuch einer antwortenden Selbstlosigkeit und damit eines Verstandenhabens der göttlichen Kundgabe darstellt. Es ist ebenso tragisch wie lächerlich, wenn Christen unserer Zeit diese elementare Vorordnung, von der das ganze Alte und Neue Testament, das Leben Jesu wie die Theologie Pauli und Johannis Zeugnis ablegen, zugunsten einer bloßen Begegnung Christi im Nächsten oder gar in der rein weltlichen Arbeit und technischen Betriebsamkeit untergehen lassen möchten. Schon vermögen sie zwischen weltlicher Aufgabe und christlicher Sendung in ihr keinen Unterschied mehr festzustellen. *Wer aber Gottes Antlitz nicht aus der Kontemplation kennt,* wird es in der Aktion nicht wiedererkennen, selbst dann nicht, wenn es ihm aus dem Antlitz der Erniedrigten und Beleidigten entgegenleuchtet. (Hans Urs von Balthasar, Glaubhaft ist nur Liebe, Einsiedeln [7]2011, 73).

Die Anbetung erneuert uns (und unsere Geschichte)

Formative christliche Anbetung zeichnet ein Bild von der Schönheit des Herrn – und eine Vision des *shalom,* den er für die Schöpfung wünscht – auf eine Weise, die unser Vorstellungsvermögen fesselt. Wenn wir *auf das hin* handeln, wonach wir uns sehnen, und wenn wir uns nach dem sehnen, was unsere Vorstellungskraft gefesselt hat, dann muss die re-formative christliche Anbetung unsere Vorstellungskraft in Beschlag nehmen. Das bedeutet, dass die christliche Anbetung uns als *ästhetischen* Wesen begegnet. Sie spricht unser Unterbewusstsein stärker an als unsere Überzeugungen. Unser Vorstellungsvermögen ist ein ästhetisches Organ. Unsere Herzen sind wie Saiteninstrumente, die von

Geschichten, Dichtung, Metaphern und Bildern angeschlagen werden. Wie wir bereits in Kapitel 1 festgestellt haben, hat Antoine de Saint-Exupéry dies treffend auf den Punkt gebracht: «Wenn Du ein Schiff bauen willst, dann trommle nicht Männer zusammen, um Holz zu beschaffen, Aufgaben zu vergeben und die Arbeit einzuteilen. Sondern lehre sie die Sehnsucht nach dem weiten endlosen Meer.»

Dieses Zitat kam mir wieder in den Sinn, als ich im Londoner Museum *Tate Britain* die Gelegenheit hatte, ein Gemälde im Original zu betrachten, das mich immer schon fasziniert hat. Es trägt den Titel *The Boyhood of Raleigh* und stammt von dem Präraffaeliten Sir John Everett Millais (1829–1896). Wie wir uns vielleicht erinnern, war Sir Walter Raleigh einer der unerschrockenen Entdecker in den Diensten von Königin Elizabeth I. und gründete einige der ersten britischen Kolonien im heutigen North Carolina. Allerdings setzte er auch zweimal die Segel, um sich auf die Suche nach dem sagenumwobenen Eldorado zu begeben. In dem Gemälde stellt sich Millais vor, was genau einen solchen Abenteurer und Entdecker ausmacht. Seine Hypothese? Man muss ein guter Geschichtenerzähler sein. Raleigh und ein junger Freund sitzen da und lauschen fasziniert den Erzählungen eines alten Seemanns voller Runzeln, der auf ein riesiges offenes Meer deutet und sie mit Geschichten in seinen Bann schlägt, was auf der anderen Seite liegen möge. Nach Millais' Interpretation pflanzte die Erzählung eine Sehnsucht in Raleigh ein, die ihn sein ganzes Leben antreiben und lenken sollte.

Die christliche Anbetung sollte ebenfalls eine Geschichte erzählen, die uns dazu anspornt, auf das gewaltige Meer hinauszufahren, das der dreieinige Gott ist, und die in uns eine Sehnsucht «nach einer besseren Heimat, nämlich nach der himmlischen» (Hebr 11,16) entfacht – eine Sehnsucht nach dem kommenden Reich Gottes.

Es ist die biblische Vision von *shalom,* die in der christlichen Anbetung konkret dargestellt werden sollte; eine Vision

Geschichten ziehen unsere Fantasie in ihren Bann und lehren uns, uns nach der unendlichen Grösse Gottes zu sehnen.
Sir John Everett Millais (1829–1896), «The Boyhood of Raleigh»
© Tate Gallery, London / Art Resource, NY

von einer Welt, in der das Lamm unser Licht ist, Schwerter zu Pflugscharen geschmiedet werden, uns allezeit in allem alles Nötige ausreichend zur Verfügung steht, Menschen aus allen Nationen und Stämmen, Völkern und Sprachen dem Herrn das gleiche Loblied singen und wo das Recht wie Wasser und die Gerechtigkeit wie ein nie versiegender Bach strömt – diese Vision wird uns *in ihren Bann schlagen,* und das nicht nur, weil wir «wissen», dass Gott dies will. Vielmehr zeichnen die konkreten Praktiken jener Anbetung, die allesamt auf unsere Vorstellungskraft einwirken – durch die Metaphern der biblischen Geschichte, die Poesie der Psalmen, das Versmass der Loblieder und Chorgesänge, die materiellen Elemente von Brot und Wein und die Visionen, die in den farbenfrohen Kirchenfenstern festgehalten sind – gleichsam ein Bild, das unser Verlangen aktiviert. Anbetung funktioniert genauso wie Dichtung: Beide haben mit Erzählungen zu tun und zielen auf unser Vorstellungsvermögen ab. Daher ist eine für Schriftsteller gültige Maxime auch für Lobpreisleiter relevant: zeigen, nicht erzählen. In einem tiefgründigen Buch zur Literaturkritik mit dem Titel *How Fiction Works* befasst sich der Kritiker James Wood eingehend damit, wie Literatur funktioniert. Diese «bittet uns nicht, Dinge (in einem philosophischen Sinn) zu glauben, sondern sie uns (in einem künstlerischen Sinn) *vorzustellen*», wie er dabei herausstellt. «Sich die auf seinem Rücken brennende Sonne vorzustellen, ist etwas völlig anderes, als zu glauben, am nächsten Tag werde die Sonne scheinen. Die eine Erfahrung ist beinahe sinnlich erfahrbar, die andere ganz und gar abstrakt.»[72] Lässt sich diese anregende Intuition nicht auch analog auf die christliche Anbetung anwenden? «Wenn wir eine Geschichte erzählen, wollen wir primär eine imaginative Erfahrung auslösen, auch wenn wir vielleicht noch eine Lehre zu erteilen hoffen», wie Wood ergänzt.

Aristoteles bezeichnete die *Mimesis,* also die Nachahmung, als eine der hauptsächlichen Aufgaben der Literatur. *Mimesis* ist auch einer der Gegenstände des Neuen Testaments (siehe 1Kor 4,16 und 11,1, Eph 5,1 oder Phil 3,17). Wie Wood aber herausstellt, heisst das nicht, dass Prosa und Poesie die Realität lediglich «kopieren» sollten. Vielmehr geht es hier darum, eine gewisse *Plausibilität* zu kultivieren. Nach Aristoteles macht die beste Kunst plausibel, was ansonsten unmöglich erscheint. Es ist eine Sache der *mimeti-*

---

72 James Wood, Die Kunst des Erzählens, Reinbek 2013, 202, der hier Brigid Lowe, Victorian Fiction and the Insights of Sympathy, London 2007, 82 f. zitiert.

schen Überzeugungskraft, die uns dafür gewinnen will, zu glauben, dass etwas tatsächlich *sein könnte.*

Und ist das nicht auch das, was die christliche Anbetung Woche für Woche tun sollte – dem Geist Gottes, bei dem nichts unmöglich ist, die Gelegenheit zu geben, uns davon zu überzeugen, dass gerade *dies* sehr wohl *sein könnte,* dass also trotz einer Million Stimmen, die lauthals das Gegenteil bekunden, die gnadenvolle gute Nachricht des Evangeliums *wahr* ist? Den Satz «Die Toten mögen wiederauferstehen» zu verstehen, ist das eine; etwas ganz anderes ist es hingegen, wenn man *fühlt,* wie es sein muss, wenn es wahr ist, dass «er auferstanden ist». Aber das ist eine Überzeugung, die über unser Vorstellungsvermögen heranreift. Eine Anbetung, die unsere Liebe erneuert, wird auch unserer Vorstellungskraft ein neues Narrativ vermitteln. Die christliche Anbetungstradition besitzt einen narrativen Bogen, in dem die Erzählung von der Erlösung in der Form der Anbetung ausgedrückt und damit «die wahre Geschichte der ganzen Welt» dargestellt wird.[73] Und sie giesst diese Erzählung in die Sprache, die unsere Vorstellungswelt anregt. Geben wir den historisch gewachsenen Liturgien entsprechenden Raum, so werden unser Vorstellungsvermögen und unsere Wahrnehmung hierdurch geheiligt – denn sie verankern die biblische Geschichte so tief in unserem Vorbewussten, dass das Evangelium den «Hintergrund» bildet, vor dem und durch den wir die Welt wahrnehmen, auch wenn wir nicht bewusst

---

73 Michael W. Goheen und Craig Bartholomew, The True Story of the Whole World. Finding Your Place in the Biblical Drama, Grand Rapids 2009. Dieser Titel ist angelehnt an N. T. Wrights These in *The New Testament and the People of God* (Minneapolis 2009, 41 f.): «Der springende Punkt am Christentum ist, dass es eine Geschichte vorlegt, die die Geschichte der ganzen Welt ist – eine öffentliche Wahrheit.»

über sie «nachdenken». Nur wenn man auf so tiefer Ebene durch die gute Nachricht geprägt worden ist, kann man mit C. S. Lewis sagen: «Ich glaube an Christus, so wie ich glaube, daß die Sonne aufgegangen ist, nicht nur, weil ich sie sehe, sondern weil ich durch sie alles andere sehen kann.»[74] Das ist ein «Glaube», der in Fleisch und Blut übergegangen ist.

Und dies kann durch die Anbetung geschehen, weil sie uns jede Woche erneut dazu einlädt, eine Reihe von Praktiken auszuüben, die nicht lediglich Informationen vermitteln, sondern auch unsere Liebe und Sehnsucht durch geistliche Disziplinen stärken. Sie schreiben ästhetische Muster in unsere Vorstellungswelt ein, mithilfe derer wir die Welt auf einer tieferen Ebene verstehen, ohne dies jemals in Worte zu fassen – auf der Ebene unseres «social imaginary». Mensch zu sein heisst, in einer narrativen Verzauberung der Welt zu leben. Die christliche Anbetung befeuert unsere Vorstellungskraft mit einem biblischen Bild von einer Welt, die, in den Worten des Dichters Gerard Manley Hopkins formuliert, «von Gottes Grösse durchdrungen ist».

Eine Anbetung, die uns heilt, ist eine Anbetung, die uns «re-narrativiert». Eine Anbetung, die uns neu macht, ist eine Anbetung, die unsere eigentliche Identität auf einer unbewussten Ebene neu erzählt. Um dies zu bewerkstelligen, muss die christliche Anbetung von der biblischen Erzählung durchtränkt sein und uns in sie einladen, indem sie unser ganzes Menschsein, insbesondere unsere Körperlichkeit anspricht. Diese zweifache Überzeugung ist es, die die traditionelle christliche Anbetungspraxis ausmacht. Die sorgfältige Erschliessung dieses Erbes steht am Anfang der Wiederbelebung unseres Glaubens, der unsere Zukunft

---

74 C. S. Lewis, Ist Theologie Dichtung?, in: Das Gewicht der Herrlichkeit und andere Essays, Basel 2005, 41–58, hier 58.

verändert. Betrachten wir nun, *wie* die liturgische Tradition dies verkörpert.[75]

Die Tatsache, dass wir durch Geschichten geprägt werden, ist auch dem Evangelium gegenüber kritisch eingestellten Kulturschaffenden nicht entgangen. Betrachten wir zum Beispiel die Einsicht des Medienunternehmers David Rose, der Designer und Entrepreneure dazu auffordert, die Welt durch Produkte «wiederzuverzaubern»: Der letzte Schritt auf der Leiter der Verzauberung besteht darin, eine Geschichte zu erschaffen oder eine bestehende zu ergänzen, die den Nutzer verzaubert. Warum eine Geschichte? Weil wir alle unser Leben als Geschichte betrachten, mit einem Hauptdarsteller (wir selbst), einem Thema und einer Handlung (die sich soweit recht interessant anhört, aber noch nicht abgeschlossen ist). Zudem hören wir gerne Geschichten über andere Menschen und sogar über Dinge. Geschichten wecken unsere Neugier – wie geht es weiter? – und unsere Emotionen – was würde ich in dieser Situation tun? Geschichten haben die einzigartige Kraft, uns zu fesseln, bestenfalls Empathie in uns hervorzurufen und uns zu verzaubern. Designer, die das Potenzial der Personalisierung, der Sozialisierung und Aneignung von Inhalten durch Games erkannt haben, müssen sie nur noch in eine spannende Story verpacken. Wir werden Teil der Story, die sowohl unseren Verstand als auch unser Herz berührt. Dadurch wird

75 Das Folgende gibt nicht einmal vor, eine umfassende Theologie der Anbetung zu sein. Vielmehr ist es eine Einladung dazu, die historische Anbetung auf neue Weise zu betrachten. Zu breiter gefächerten Einführungen in die bewusste, historische Anbetung siehe beispielsweise Robert Webber, Ancient-Future Worship. Proclaiming and Enacting God's Narrative, Grand Rapids 2008; Bryan Chapell, Christ-Centered Worship. Letting the Gospel Shape Our Practice, Grand Rapids 2009; Mike Cosper, Rhythms of Grace. How the Church's Worship Tells the Story of the Gospel, Wheaton 2013; oder Michael Horton, A Better Way. Rediscovering the Drama of God-Centered Worship, Grand Rapids 2003. Eine luzide Einführung samt Ressourcen für die praktische Umsetzung all dessen findet sich in *The Worship Sourcebook. A Classic Resource for Today's Church* (Grand Rapids [2]2013).

sie Teil unseres Erbes, unserer Volksbräuche, unserer Mythologie. Wir haben Anteil an der Handlung, ja, wir sind sogar die zentrale Figur in der Geschichte. (David L. Rose, Enchanted Objects. Design, Human Desire, and the Internet of Things, New York 2014, 203 f.)

Der narrative Bogen der christlichen Anbetung

Trotz unterschiedlicher Ausdrucksformen (aus der ihre «Katholizität», das heisst ihre Universalität, herrührt)[76] vermittelt die christliche Anbetungstradition vor allem eines: das grundlegende Drehbuch bzw. das erklärende Narrativ, wie Gott durch seine Gnade alles mit sich versöhnt (Kol 1,20). Verschiedene Autoren erkennen vier Kernbereiche, wie diese Traditionen auf die Gemeinde Christi einwirken können:

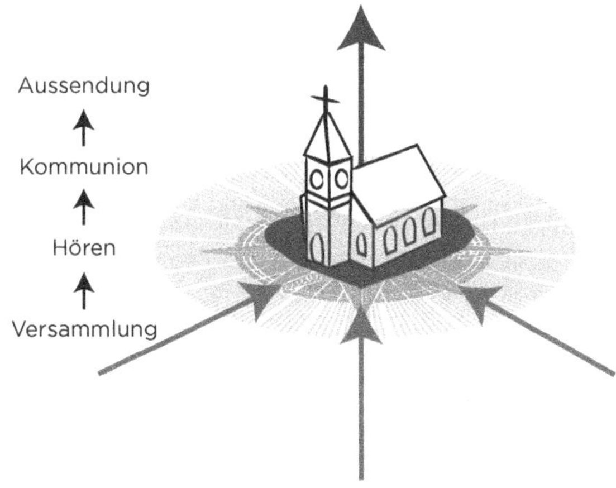

76 In meinem Buch *Imagining the Kingdom* (170 f.) habe ich eine Tabelle aus Frank Senns monumentalem Werk *Christian Liturgy. Catholic and Evangelical* (Minneapolis 1997) zitiert, die die narrative Kontinuität des historischen, «katholischen» Gottesdienstes über eine Reihe von christlichen Traditionen hinweg (römisch-katholisch, lutherisch, anglikanisch, methodistisch und presbyterianisch/reformiert) aufzeigt.

Der Erzählbogen jener Anbetung, die uns über die Jahrhunderte hinweg überliefert worden ist, ist eine grosse Reinszenierung vom Verhältnis Gottes zur Schöpfung. Jeder Schritt setzt sich aus kleineren Unterschritten zusammen. So beginnt das erste «Kapitel» – *Versammlung* – mit einem *Ruf* zur Anbetung, der uns daran erinnert, dass Gott hier der gnädige Initiator ist. Diese Art der Anbetung führt uns vor Augen, dass wir unsere Existenz ihm verdanken. Im Gegensatz zu einem Gottesdienst, der mit einem Musikstück beginnt, während dem die Gemeindeglieder allmählich hereinschlendern, um in der Menge ihren Platz zu finden, hat ein Gottesdienst, der mit einem Ruf zur Anbetung beginnt, bereits ein Wort von Gott empfangen. Gott ist in der Anbetung aktiv und will uns begegnen. (Man beachte, wie bereits diese Grundanlage der christlichen Anbetung der gängigen Kultur entgegenläuft. Im Vordergrund stehen nicht wir, indem wir über die Welt nach unseren Bedingungen verfügen). Der Ruf zur Anbetung ist eine allwöchentliche Vergegenwärtigung des Primats und der Souveränität des Schöpfergottes in unserem Leben: So wie wir von Gott in Existenz gerufen werden, so werden wir vom selben Gott, der uns durch die Macht seines Geistes in Christus erlöst, in ein neues Leben mit ihm gerufen. Und so wie die schöpferische Macht Gottes uns erschaffen hat, so wird die erneuernde Kraft des Geistes uns dazu befähigen, ganz Mensch zu sein.

Indem wir in die heilige Gegenwart Gottes gerufen und von seiner Gnade in Empfang genommen werden, werden wir uns seiner Heiligkeit und unserer Sündhaftigkeit bewusst und dadurch in eine Zeit der Beichte geführt.[77] In dieser gemeinschaftlichen Praxis werden wir mit unseren Sünden konfrontiert, Sünden, die wir begangen haben, oder Sünden,

---

77 So ist der Ablauf in meiner reformierten Tradition. In den christlichen Traditionen, die das Abendmahl jede Woche feiern, ist das Schuldbekenntnis in der Eucharistie enthalten.

wo wir etwas unterlassen haben. Unser fehlgeleitetes Verlangen und unsere Komplizenschaft mit ungerechten Systemen wird dabei offenbar. Wöchentlich zur Beichte aufgerufen zu werden heisst, an ein entscheidendes Kapitel aus der Erzählung der Evangelien erinnert zu werden. Was geht verloren, wenn wir dieses Kapitel aus unseren Versammlungen herauslösen, die doch eigentlich den Anspruch haben, christliche Anbetung zu sein? Wir verlieren einen wichtigen, *kontra*formativen Aspekt des Evangeliums, der die säkularen Liturgien des Selbstvertrauens zurückweist, die uns Woche für Woche vermitteln, an «uns selbst zu glauben». Sie sind nichts weiter als falsche Evangelien der Selbstbehauptung, die sich Gottes Gnade widersetzen. Die Praxis der Beichte ist eine entscheidende Disziplin zur Erneuerung unserer Liebe.

Die Beichte ist allerdings keine unterwürfige Praxis einer «Wurmtheologie», also einer Art von spirituellem Masochismus. In ihr ist die gute Nachricht von Vergebung und Sündenerlass immer präsent. Die gute Nachricht der Vergebung ist eine gegenkulturelle (und daher kontra*formative*) Praxis, die der Hoffnungslosigkeit und Verzweiflung eines «Evangeliums des Konsums» entgegentritt, das lediglich Waren und Dienstleistungen, aber keinen wahren Frieden anzubieten hat.

Es sollte deutlich geworden sein, inwiefern die historisch gewachsene christliche Anbetungspraxis einem Drehbuch verpflichtet ist, das einer «narrativen Logik» folgt. Nachdem wir durch das Gnadenmittel der Beichte in die Gegenwart des heiligen, aber vergebenden Gottes gerufen worden sind, treten wir jetzt in den Abschnitt *Hören* im Gottesdienst ein. Dazu gehört das Hören seines Gesetzes und Willens für unser Leben. Dieses Gesetz ist aber kein schweres Joch, das wir zu «tragen» haben, um uns unsere Erlösung zu verdienen; ist uns doch in (und nur wegen) Christus bereits vergeben worden. Vielmehr verstehen wir das Gesetz jetzt als ein Geschenk, durch das Gott uns in seiner Gnade auf Wegen führt, die zu unserem Besten sind und zu einem gelingenden Leben führen. Durch die Bekanntgabe des Gesetzes lädt Gott uns dazu ein, «im Einklang mit dem Universum» zu leben.[78] Wir hören Gottes Wort an uns und erhalten eine weitere Möglichkeit, die biblische Erzählung zu *unserer* Erzählung zu machen, uns selbst als handelnde Figuren im Drama der göttlichen Errettung zu erkennen.

Wir gelangen zum Höhepunkt des narrativen Bogens. Es handelt sich um die *Kommunion* (sprich Abendmahlsgemeinschaft) mit Gott und miteinander. Wir sind dazu eingeladen, uns zum gemeinsamen Mahl an den Tisch des Schöpfers des Universums zu setzen, um mit dem König gemeinsam zu speisen. Und weil wir *alle* dazu eingeladen sind, sollten wir auch alle miteinander versöhnt sein. Unsere Kommunion mit Christus schwappt über in die Kommunion der Glieder seines Leibes. Hier wird eine *soziale,* ja sogar *politische* Realität sichtbar: An diesem Tisch gibt es keine Logenplätze und keine Reservierungen für VIPs, kein Filet Mignon für die, die es sich leisten können, während dem Rest nur Krümel bleiben. Der Tisch des Herrn ist in einer Welt zunehmender Ungleichheit eine Instanz der Angleichung, eine praktisch gewordene Vision von einem Festmahl «mit alten Weinen, mit fettem Mark, mit alten, geläuterten Weinen.» (Jes 25,6). Dieses merkwürdige Festmahl ist das Bürger-Ritual einer anderen Stadt – der himmlischen Stadt –, weshalb es auch einen Treueschwur enthält, das apostolische Glaubensbekenntnis. In dieser Kommunion werden unsere Herzen direkt ins Zentrum des dreifaltigen Lebens Gottes hineingezogen. In gewisser Weise ist der Mittelpunkt der Liturgie daher das *Sursum corda,* der liturgische Ruf: «Erhebet eure Herzen». In der Anbetung «erheben wir sie zum Herrn». Das Abendmahl (oder Eucha-

---

78 Stanley Hauerwas, With the Grain of the Universe, Grand Rapids 2001, der sich hier einer Metapher von John Howard Yoder bedient.

ristie) ist nicht bloss eine Möglichkeit, an etwas zu erinnern, was sich in der Vergangenheit abgespielt hat; es ist vielmehr ein Mahl, das unsere Herzen nährt. Es ist ein existenzielles Mahl, das unseren tiefsten, menschlichsten Hunger in neue Bahnen lenkt.

Nachdem wir in das Leben des dreieinigen Gottes eingetreten sind – das heisst, in Christus erneuert, von seinem Wort erfrischt und vom Brot des Lebens genährt worden sind –, werden wir in die Welt hinausgesandt, um die göttliche Schöpfung zu bewahren und zu pflegen und alle Nationen in die Nachfolge zu führen. Die *Aussendung* am Ende des Gottesdienstes ist eine Wiederholung der ursprünglichen Berufung der Menschheit zur Ebenbildlichkeit Gottes, denn in Christus – und in der Praxis der christlichen Anbetung – können wir endlich die Menschen sein, als die wir geschaffen worden sind. So werden wir ausgesandt, um als lebendige, atmende «Ebenbilder» Gottes das Heiligtum seiner Schöpfung zu bewohnen. Wir tragen sein Bild in uns, *indem* wir unsere Mission erfüllen, die Schöpfung zu bewahren und auch andere dazu einzuladen, ihr Menschsein in seiner Geschichte zu finden. So endet die Anbetung mit einem Segen, der sowohl eine Segnung als auch eine Aufforderung zum *Gehen* ist, allerdings zum Gehen *in* und *mit* der Gegenwart des Sohnes, der uns niemals verlassen oder im Stich lassen wird – zum Gehen in Frieden, um den Herrn zu lieben und ihm zu dienen.

Dies sind lediglich die gröbsten «Handlungsstränge» der geschichtlich gewachsenen christlichen Gottesdienstpraxis. In meinen Literaturempfehlungen am Ende dieses Buchs sind Quellenangaben zu finden, in denen dieser Erzählstrang der Anbetung detaillierter thematisiert wird. In einem gewissen Sinne jedoch wird ein Buch, das das Drehbuch zusammenfasst, nie das Gleiche sein, wie wenn man selbst in diese Praktiken eintaucht. Die lebensweltliche Praxis geht der abstrakten Theorie voraus. Das Ziel jeglicher

Analyse oder Erklärung kann nur das sein, uns erkennen zu helfen, was *in* den Praktiken auf dem Spiel steht – das heisst, uns verstehen zu helfen, warum wir das tun, was wir eben tun, wenn wir anbeten. Denn ansonsten haftet diesen Ritualen einfach nur der Beigeschmack des «Traditionellen» oder, schlimmer noch, des Aberglaubens, der leblosen Routine an. Doch sobald wir das biblische Narrativ erkennen, das *in* die Praktiken eingebettet ist und von ihnen getragen wird, sollten wir sehen, inwiefern und warum Anbetung das Herzstück der Nachfolge Jesu ist. Anbetung ist das sakramentale Zentrum der transformierenden göttlichen Gnade. Wir können sie uns als Reparaturwerkstatt für unseren erotischen Kompass vorstellen. Oder wir stellen uns, wie Calvin vorgeschlagen hat, die Anbetung in der Kirche wie einen Fitnessclub vor, in den uns der Heilige Geist durch die Routinen eines geistlichen Workouts schickt, das unsere Herzen erneuert. An manchen Tagen wachen wir auf und haben, wenn wir ehrlich sind, keine Lust auf Fitnessübungen. Das Bett ist ein so bequemer Ort und die Welt draussen so kalt, es wäre so leicht, einfach da zu bleiben, wo man ist. Aber das Volk Gottes ist nicht dort, ebenso wenig wie die Sakramente des Geistes dort zu finden sind. Und wir wissen, dass wir die Abendmahlsgemeinschaft brauchen. Wir benötigen die geistliche Nahrung des Wortes Gottes, und zwar auch dann, wenn wir uns gerade nicht «danach fühlen». Wir wissen, welche Art von Menschen wir sein möchten, und wir wissen, dass wenn wir uns auf diese Erzählung einlassen, der Heilige Geist unsere Gewohnheiten verändern wird.

Zwischenspiel: Herausfordernde Fragen

Was tun wir aber, wenn der Gottesdienst unserer eigenen Gemeinde nicht so aussieht? Was, wenn wir in den sonntäglichen Zusammenkünften unserer Kirche nichts erkennen können, was diesem narrativen Verlauf auch nur im Entferntesten nahekommt? Nun ja. Mit Furcht und Zittern kann ich drei Dinge dazu sagen.

- Erstens, sieh genau hin. Dieser Erzählstrang ist nicht im alleinigen Besitz der «hochkirchlichen» Liturgie. Lass nicht zu, dass ein besonderer «Stil» dich von dem narrativen Grundgerüst ablenkt, das den Gottesdienst umrahmt. Wenn du allerdings Mitglied einer Gemeinde bist, die das Wort «Anbetung» nur auf einen Teil des Gottesdienstes beschränkt, nämlich auf die Musik, dann wirst du den eben beschriebenen narrativen Bogen wahrscheinlich nicht antreffen. In diesem Fall gilt:
- Versuche, ein Teil der Lösung zu sein. Wenn du Pastorin, Priester, Gemeindeälteste oder Lobpreisleiter bist, dann hast du jetzt die Chance, eine Rolle bei der Erneuerung der Anbetung in deiner Gemeinde zu spielen. Bist du ein normales Gemeindemitglied, dann kannst du deine Gemeindeleitung zu einer Diskussion einladen, die die Aufmerksamkeit allmählich auf die verborgenen Schätze der kirchlichen liturgischen Tradition lenkt. Wenn du auf diese Weise nach Erneuerung deiner Kirchgemeinde strebst, kannst du auf die Notwendigkeit von gelebter Jüngerschaft hinweisen. Hilf deinen Schwestern und Brüdern zu erkennen, dass wir Gelegenheiten zu einer vom Heiligen Geist befeuerten Gegen- und Re-Formation verpassen, wenn wir die Schätze der historischen Anbetungspraxis einfach links liegen lassen und sie nicht praktizieren. Bezeichne das Vorgehen nicht als Projekt zur «Wiederentdeckung» oder zur Verteidigung «traditioneller» Anbetungsformen und auch nicht als eine nostalgische Rückkehr zu irgendeinem vermeintlich goldenen Zeitalter. Was mit dieser historisch gewachsenen christlichen Anbetungstradition auf dem Spiel steht, ist die *Zukunft* des Glaubens und nicht seine Vergangenheit.

- Sollte sich herausstellen, dass eine Erneuerung letztlich nicht möglich erscheint, so musst du nach vielen Gebeten und Beratungen vielleicht die schwierige Entscheidung treffen, eine neue Anbetungsgemeinschaft zu suchen. Ich sage das mit der grössten Vorsicht und möchte betonen, dass es die «perfekte Kirche» nirgendwo gibt. Weil ich aber glaube, dass Anbetung das Zentrum der Nachfolge Christi bildet – und dass daher die Kirche eigentlich das Zentrum des christlichen Lebens darstellt –, bin ich auch der Meinung, dass es für die Nachfolge entscheidend ist, in eine Praxisgemeinschaft einzutauchen, die das reformative Potenzial hat, das wir beschrieben haben. Es geht um dein Herz.

Ja, ich glaube sogar, dass die Zukunft eines rechtgläubigen, gewissenhaften, widerstandsfähigen Christentums von der Erneuerung der Anbetung abhängt. Um die Zukunft des christlichen Glaubens zu skizzieren, müssen wir zunächst einmal etwas genealogische Forschung betreiben. Dabei geht es um die Frage, wie wir an den Punkt gelangt sind, an dem wir heute stehen. Charles Taylor macht auf eine bestimmte Strömung im modernen Christentum aufmerksam, die einen enormen Einfluss auf einige seiner gegenwärtigen Ausprägungen hatte, besonders auf den Evangelikalismus. Er bezeichnet sie als eine Dynamik der «Exkarnation» oder Entleiblichung.[79]

Dieser Ausdruck ist bewusst provokant gewählt, da er einer tragenden Säule unseres Glaubens widerspricht, nämlich der Inkarnation oder Fleischwerdung Gottes. Sie besagt, dass Gott Mensch geworden ist und Fleisch angenommen

---

79 Charles Taylor, Ein säkulares Zeitalter, Frankfurt a. M. 2009, 475–491. Zu einer weiterführenden Untersuchung dazu siehe James K. A. Smith, How (Not) to Be Secular. Reading Charles Taylor, Grand Rapids 2014, 57–59.

hat – dass also der ewige, unkörperliche Gott sich nicht zu schade war, einen Körper anzunehmen, sich in Fleisch und Blut zu inkarnieren. Dieser Gedanke der Inkarnation steckt hinter der traditionellen christlichen Lehre von den Sakramenten, wonach *materielle Dinge* uns das Ewige und Göttliche erschliessen lassen. Neben der Überzeugung, dass der Mensch Jesus Gott verkörpert, haben die Christen traditionell auch behauptet, dass der Heilige Geist in der Schöpfung präsent ist.

Eine der unbeabsichtigten Konsequenzen der protestantischen Reformation war nach Taylor eine Entzauberung der Welt. Die späteren Reformatoren blickten kritisch auf die Art und Weise, wie ein solch verzaubertes, sakramentales Verständnis der Welt in einen reinen Aberglauben abgedriftet war, und betonten deshalb das simple Hören auf Gottes Wort, die Botschaft des Evangeliums und die nüchterne Schlichtheit der christlichen Anbetung. Das Resultat dieses Prozesses kulminierte in einer *Ex*karnation – einer Entkörperlichung des christlichen Glaubens, durch die er zu einer «verkopften» Angelegenheit mutierte, die auf eine einzige Botschaft reduziert und mit dem Verstand erfasst werden konnte. Das Christentum wurde auf eine verkürzte Formel gebracht, die Empfänger des Glaubens auf körperlose Gehirne reduziert.

Die «Spiritualität» des «Spirituellen-aber-nicht-religiösen» ahmt diese Art von entkörperlichter Religion oft nach, manchmal auch ohne es zu bemerken. Die Selbsthilfe-Spiritualität unserer gegenwärtigen Kultur ist, wie man sagen könnte, bemerkenswert «protestantischer» Natur. Wir begnügen uns mit ein paar inspirierenden Aphorismen, ein paar «Gedanken für den Tag», die uns durch den Alltag helfen sollen, und mit ein paar berührenden Weisheiten auf unseren Starbucks-Tassen, und schon haben wir die «Botschaft», die wir brauchen, um ein bedeutungsvolles Leben zu führen. Es handelt sich hier um eine Spiritualität, die auf

Menschen als «denkende Subjekte» zugeschnitten ist, die einen entzauberten Kosmos bewohnen.

Warum spielt das für die Zukunft des Christentums eine Rolle? Die ganze Welt liegt nun entzaubert vor uns, wir sind bloss noch von einer abgeflachten «Natur» umgeben. Ich gehe von einer Rückkehr eines wiederverzauberten Christentums in neuen Formen aus, das tatsächlich eine Zukunft haben wird. Die protestantische Exkarnation hat ihr Geschäft im Grunde genommen bereits an andere abgetreten. Sucht man nach einer Botschaft, nach einer inspirierenden Idee oder nach neuen Impulsen, die unseren Intellekt ansprechen, so steht eine ganze Kulturindustrie bereit, die das Gewünschte nur zu gerne liefert. Warum bräuchte man die Kirche dafür? Man kann auch einfach *Ellen Degeneres* oder *Oprah Winfrey* oder einen TED-Talk schauen.

Was Menschen aber vielleicht innehalten lässt – und sie wahrscheinlich zum Nachdenken bringen wird –, sind Begegnungen mit religiösen Gemeinschaften, die in Zeiten geistlicher Dürre einen neuen offenen Himmel erleben. Es werden christliche Gemeinschaften sein, die aus den Quellen der «inkarnatorischen» christlichen Anbetungstradition schöpfen, die Erfahrungen erlauben, die unsere Sinne ansprechen, und eine Spiritualität verkörpern, die Raum für Transzendenz schafft. Diese Gemeinschaften werden fremdartig wirken und gerade deshalb umso attraktiver. Ich behaupte nicht, dass sie sich zu grossen oder populären Massenbewegungen entwickeln werden. Aber sie werden wachsen, gerade weil ihre althergebrachte inkarnatorische Praxis eine Antwort auf die schwindende Kraft einer entkörperlichten Spiritualität ist. Mit anderen Worten: Die geschichtlich gewachsene christliche Anbetungspraxis ist nicht nur das Herzstück der christlichen Nachfolge, sie könnte auch das Herzstück unserer Evangelisation sein.

Die armselige Do-it-yourself-Spiritualität wirkt auf den Menschen letztlich isolierend und vereinsamend und ist nicht krisenresistent. Die Masse der zwar spirituell offenen, aber nicht religiösen Menschen könnte sich deshalb als überraschend offen für etwas völlig anderes zeigen. Manche könnten sich wider Erwarten fragen, ob nicht «Verzicht» zu einer neuen Ganzheitlichkeit führt, und ob nicht Freiheit in der Beschränkung zu finden ist und ob nicht die gewöhnungsbedürftigen Rituale der christlichen Liturgie vielleicht die Antwort menschlichen Strebens sind. Was die christlichen Gemeinschaften in unserem «säkularen Zeitalter» kultivieren müssen, ist eine fest im Glauben ausharrende Geduld; vielleicht sollten sie sogar jenes Zeitalter als ein Geschenk betrachten, durch das sie ein *inkarnatorisches*, verkörpertes, rechtgläubiges Christentum erneuern und kultivieren können, das allein als eine echte Alternative zur rein «spirituellen» Variante des Christentums erscheinen wird.

Das Geschenk der Beichte

Ich möchte ein Beispiel hervorheben, nämlich die Praxis der Beichte und die Zusicherung der Vergebung. Sie bildet zwar nur ein Kapitel im narrativen Bogen der christlichen Anbetung, könnte aber deutlich machen, was auf dem Spiel steht, wenn wir einzelne Elemente dieser Erzählung aus unserer Anbetung streichen.

In den 1980er Jahren erlebte der nordamerikanische Evangelikalismus eine fast revolutionäre Neuerung durch das, was später als «Megachurch» bezeichnet wurde. Was diese neue Art des evangelikalen Christentums definierte, war nicht so sehr die Grösse als vielmehr die Strategie. Die Philosophie des Sendungsbewusstseins und des Evangelikalismus hinter der Megachurch-Bewegung wurde oft als «seeker sensitive» bezeichnet. (Gottesdienste sollen dem nichtgläubigen Suchenden möglichst zugänglich und unbedrohlich erscheinen.) Die allsonntäglichen Zusammenkünfte waren demnach weniger darauf fokussiert, diejenigen auszurüsten, die bereits Christen waren, sondern eher darauf, «Suchende» zu empfangen, das heisst diejenigen, die noch keine Christen waren, aber dafür neugierig genug, um eine «Veranstaltung» zu besuchen, die niedrigschwellig, einladend, unterhaltsam und informativ ist.

Damit die Kirche sich allerdings zu *so einem* Ort entwickeln konnte, sollte sie sich weniger nach, nun ja, *Kirche* anfühlen. Wollte sie auf Suchende eingehen, würde sie jene Aspekte ihrer Praxis und Tradition verwerfen müssen, die für die «Kirchenfernen» angeblich Hindernisse darstellten. Sollte die Kirche sich einladend anfühlen, dann müsste sie familiär, offen und «cool» sein, sich also durch jene professionellen Erfahrungen auszeichnen, die die Leute mit Konsumtransaktionen und einem aufregenden Konzerterlebnis assoziierten. Die für die Suchenden sensible Kirche *fühlte* sich wie die Shopping-Mall, das Konzert und Starbucks in einem an – denn das sind Orte, die die Menschen *mögen* und wo sie sich wohlfühlen.

Dies veränderte nicht nur die Architektur und das Dekor nordamerikanischer evangelikaler Gemeinden, sondern auch die Art und Weise der Anbetung. «Traditionelle» Liturgien wurden als altmodisch, verstaubt und, was am allerschlimmsten ist, langweilig empfunden. Von anderen Aspekten der christlichen Anbetungstradition, wie etwa dem Abendmahl, nahm man an, dass sie aus Sicht der Suchenden schlicht und ergreifend merkwürdig erscheinen würden. Eine sucherorientierte Gemeinde würde stattdessen manche Aspekte der christlichen Verkündigung und Anbetung in den Hintergrund rücken müssen, um jene Aspekte des Evangeliums in den Vordergrund stellen zu können, die sich positiver anfühlten. Weniger Zorn, mehr Glück, weniger Gericht und mehr Ermutigung, weniger Beichte und mehr Vergebung.

Ein typischer Aspekt der traditionellen christlichen Liturgie, der aus konsumentenorientierten Gemeinschaften verbannt wurde, war die Praxis einer gemeinschaftlichen Beichte der Sünden. Diese war ein typischer Bestandteil in klassischen Gottesdienstformen. Allwöchentlich bekannte die kirchliche Versammlung vor dem heiligen Gott ihr Versagen und ihre Fehltritte, «die Dinge, die wir getan haben, und die Dinge, die wir nicht getan haben» (Sünden des Tuns und des Unterlassens). Diese regelmässige Beichte der Sünden wurde immer mit einer «Absolution» und einer Zusicherung der Vergebung beantwortet – die Bekanntgabe der guten Nachricht, dass uns in Christus die Sünden vergeben sind.

Diese regelmässige, strenge und unkomfortable Beichte der Sünden wirkt nicht wie etwas, was suchenden Menschen Freude bereiten würde. Vielmehr wirft sie schwierige Fragen auf und konfrontiert uns mit beunruhigenden Wahrheiten über uns selbst. Es fühlt sich also an wie das genaue Gegenteil einer Sensibilität für diejenigen, die auf der Suche sind.

Aber was, wenn die Gelegenheit zur Beichte *genau das* ist, wonach wir uns sehnen? Was, wenn eine Einladung dazu tatsächlich die Antwort auf unsere Suche ist? Wenn wir unsere Sünden bekennen *wollen* und das nicht einmal bemerken, bis wir die Chance dazu bekommen? Oder anders formuliert: Was, wenn die Beichte unbewusst das Bedürfnis eines jeden gebrochenen Herzens ist? In diesem Fall wäre eine Einladung zur Beichte das «Sensibelste», was wir tun könnten – ein Geschenk für suchende Seelen.

Eigenartigerweise scheint ausgerechnet das heutige Fernsehen diesen Punkt zu unterstreichen. Mir kommen zwei prägnante Beispiele dafür in den Sinn.

Das erste ist die düstere und verstörende, aber hervorragende Miniserie *True Detective* vom Sender HBO. In der ersten Staffel spielen Matthew McConaughey und Woody Harrelson die Hauptrollen der beiden Mordkommissare Rust Cohle und Marty Hart. Die Einzelheiten der Story müssen uns an dieser Stelle nicht weiter interessieren. Ich möchte einfach nur auf eine Folge verweisen, in der Rust als der beste Verhörbeamte seines Reviers auftritt, dem es gelingt, fast jedem ein Geständnis zu entlocken. Auf die Frage, wie er das anstellt, antwortet er, dass seine Methode in einer philosophischen Auffassung der menschlichen Natur wurzelt:

> Sieh mal, alle wissen, dass mit ihnen irgendetwas nicht stimmt. Sie wissen nur nicht, was es ist. Jeder will gestehen, und jeder will irgendeine kathartische Geschichte dafür. Besonders die Schuldigen. Und schuldig ist jeder.

Hier stehen wir vor einer Wahrheit, die sich die suchersensible Bewegung nicht hätte vorstellen können: Die Menschen *wollen* beichten.

Diesen Gedanken kann man sogar in einem BBC-Melodrama wie *Last Tango in Halifax* finden. Die Handlung ist in der malerischen Landschaft von Yorkshire angesiedelt und erzählt die Verflechtungen zweier Familien, die jeweils ihre eigenen Geheimnisse und ihre eigene dunkle Vergangenheiten haben. Gegen Ende der zweiten Staffel legt eine eigensinnige Tochter namens Gillian vor ihrer neuen Stiefschwester Caroline ein schockierendes, verstörendes Geständnis ab. Diese Beichte entspringt einem inneren Bedürfnis, ja, sie wird regelrecht aus Gillian herausgewürgt – ein Punkt, den der Regisseur noch unterstreicht, indem er uns zeigt, wie sich Gillian buchstäblich ins Waschbecken übergibt. Dieses keineswegs einladende Bild bringt den inneren, physischen Drang, zu bekennen, auf den Punkt. Als die immer noch schockierte Caroline Gillian fragt, warum sie ihr das erzählt hat, kann Gillian nur sagen, dass sie es tun *musste*, ja, es sogar tun *wollte*.

Dieses Bedürfnis zu beichten mag kontraintuitiv erscheinen. Die suchersensible Bewegung hat anscheinend angenommen, dass dies das *Allerletzte* wäre, was Nichtchristen tun wollten. Warum um alles in der Welt sollten Sünder mit ihren Sünden konfrontiert werden wollen? Ich hingegen frage mich, ob diese Zeugnisse aus der Populärkultur nicht vielmehr darauf hindeuten, dass das Gegenteil der Fall ist:

Tief in unserem Inneren wissen wir bereits um unsere Fehltritte und unsere Zerbrochenheit. Und wenn das so ist, dann sind Rituale, die uns zur Beichte unserer Sünden einladen, tatsächlich ein Geschenk an uns. Die Beichtrituale haben ihre eigene evangelistische Kraft.

Pointiert ausgedrückt wird dieser Punkt in den letzten Zeilen von Graham Greenes Roman *Der stille Amerikaner*. Nachdem der Erzähler namens Fowler sich in verhängnisvolle Geschäfte verwickelte, die auch einem jungen Mann namens Pyle geschadet haben, spricht er eine Entschuldigung aus:

> «Es tut mir leid, Phuong.»
> «Was tut dir leid? Das ist doch ein herrliches Telegramm. Meine Schwester …»
> «Ja, geh schon und sag es deiner Schwester. Aber zuerst küß mich!»
> Ihr aufgeregter Mund glitt mir hastig über das Gesicht, und schon war sie fort.
> Ich dachte an den ersten Tag, und wie Pyle damals an meinem Tisch im «Continental» gesessen hatte, den Blick hinüber auf die Milchbar gerichtet. Seit seinem Tod war mir alles geglückt. Doch wie sehr wünschte ich, daß jemand existierte, dem ich hätte sagen können, wie leid es mir tat.[80]

Die gute Nachricht ist natürlich die, dass so jemand wirklich existiert.

Die Poetik der Beichte

Ich habe betont, dass die christliche Anbetung unsere Liebe neu ausrichtet, indem wir Teil einer neuen Geschichte werden und diese gleichzeitig Teil unseres Lebens wird. Dies ist

---

80 Graham Greene, Der stille Amerikaner. Aus dem Englischen von Dietlind Kaiser, Wien 1995, 236 f.

die Geschichte des Gottes, der in Christus die Welt mit sich versöhnt. Aber die christliche Anbetung stellt diese Geschichte nicht nur auf der Basis einiger «Fakten» dar. Vielmehr ist sie narrativ und imaginativ und wirkt eher wie ein Roman als ein Zeitungsartikel auf uns. Bei der Geschichte geht es nicht nur um das *Was* der Anbetung, sondern auch um das *Wie*.

Wenn die biblische Erzählung von Gottes Erlösung nur eine blosse Information wäre, die bei uns ankommen müsste, dann hätte uns der Herr einfach ein Buch und jede Menge Hausaufgaben mitgeben können. Doch seit der Himmelfahrt Christi sind die Kinder Gottes dazu berufen, sich als ein Leib um das Wort und den Tisch des Herrn zu versammeln, um zu beten und zu singen, zu beichten und zu danken. Wir bringen dem Herrn unsere Herzen dar, der sie durch die formative Kraft seiner Gnade verändert, die in den Riten der christlichen Anbetung zum Ausdruck kommt. In der Anbetung der versammelten und zugleich berufenen Gemeinde ereignet sich etwas, was über die blosse Weitergabe von Informationen hinausgeht.

Das, was heute in der Anbetung geschieht, zieht sich durch die ganze Geschichte des Volkes Gottes hindurch. Bereits damals war sie von einer bestimmten *Poesie* geprägt. Genauso wie Gott uns als liturgischen Wesen und Gewohnheitstieren begegnet, genauso tritt er uns auch als imaginativen Wesen gegenüber, die vom Schönen bewegt und beeinflusst werden. Diese entscheidende Einsicht über die Formation ist so alt wie die Psalmen.[81] Eine unsere Sehnsucht stillende Anbetungspraxis ist nicht einfach nur lehrreich, sondern primär poetisch. Sie malt ein Bild, entwirft Metaphern und erzählt eine Geschichte.

---

81 Siehe Martin Tel und John Witvliet (Hg.), Psalms for All Seasons. A Complete Psalter for Worship, Grand Rapids 2012.

So gesehen ist das Evangelium nicht nur Information, die unseren Verstand bereichert, sondern eine Art und Weise, die Welt zu sehen, eine Art Blaupause unserer Vorstellungskraft. Geschichten, die unter die Haut gehen, sprechen unser Vorstellungsvermögen an. Sie bauen auf Poesie und nicht auf Didaktik auf. Wir sind fasziniert von Geschichten und nicht von Checklisten. Die Melodie und der Rhythmus von Poesie haben die Fähigkeit, in die subtileren Regionen unserer Vorstellungswelt vorzudringen, so wie es eine Doktorarbeit niemals könnte. Die Dramatik und die Figuren eines Romans hallen in uns nach, und zwar noch lange nachdem wir die Argumentationslinien eines Buchs schon wieder vergessen haben. Geschichten beeinflussen, wie wir uns in der Welt bewegen. Wer Dante, Dickens oder David Foster Wallace wirklich *verinnerlicht* hat, bewohnt die Welt auf eine andere Art und Weise. Geschichten bleiben.

Der Schriftsteller David Foster Wallace stellt in einem komplett anderen Kontext dar, was ich hier zu beschreiben versuche. In einem faszinierenden Essay über die «harmonische Eleganz» der Tennisikone Roger Federer beschreibt Wallace das systematische Trainingsprogramm, das die Meisterschaft dieses Sportlers hervorgebracht hat. Foster bringt dies in folgenden Gedanken auf den Punkt, die ich hier nur unvollständig auszudrücken vermag:

> Das erfolgreiche Retournieren eines harten Aufschlags erfordert etwas, das manchmal «kinästhetischer Sinn» genannt wird und die Fähigkeit bezeichnet, den Körper und seine künstlichen Verlängerungen durch komplexe und sehr schnelle Aufgabensysteme zu kontrollieren. Die Sprache verfügt über eine ganze Begriffswolke für die diversen Teilaspekte dieser Fähigkeit: Gespür, Fingerspitzengefühl, Gestalt, Propriozeption, Abstimmung, Ballgefühl, Kinästhesie, Anmut, Körperbeherrschung, Reflexe und so weiter. Für begabte Juniorspieler ist die Verfeinerung des kinästhetischen Sinns das oberste Ziel des extremen täglichen Trainingspensums, von dem man immer

> hört. Dabei handelt es sich um ein Muskel- und Nerventraining. Wenn man Tag für Tag Tausende von Bällen schlägt, entwickelt man die Fähigkeit, etwas nach «Gefühl» zu machen, das mit normalem, bewusstem Denken nicht möglich ist. Ein solches unablässig wiederholtes Üben kommt Außenstehenden oft öde oder sogar grausam vor, aber der Außenstehende spürt auch nicht, was im Spieler vor sich geht – immer wieder kommt es zu winzigen Feinabstimmungen, und das Gespür für die Auswirkungen jeder einzelnen Veränderung schärft sich, auch wenn es dem normalen Bewusstsein zunehmend unzugänglich ist.[82]

«[E]twas nach ‹Gefühl› zu machen, das mit normalem, bewusstem Denken nicht möglich ist.» – Dieses Zitat ist keine schlechte Beschreibung des Ziels der Nachfolge. Um dem Bild des Gottessohns zu entsprechen, muss man das Evangelium so sehr im «kinetischen Sinn» verinnerlicht haben, als Know-how, das einem in Fleisch und Blut übergegangen ist, dass man nach «Gespür» macht, was mit dem normalen Bewusstsein nicht bewerkstelligt werden kann. Du bist dergestalt in Christus erneuert worden, dass du ihn in einer Weise liebst, von der du nicht einmal etwas ahnst. Du hast ein christusähnliches «Gespür» für die Welt und handelst dementsprechend, «ohne darüber nachzudenken».

Diese Art von «Gespür» geht tiefer als das Wissen; es ist ein Know-how, das wir auf poetische Weise mit unserer Vorstellungskraft verinnerlichen. Formative Anbetung spricht uns auf dieser Ebene an, sie zeigt uns Dinge auf,[83] berührt uns, formt uns. Ich kehre zum Beispiel der Beichte zurück, um diesen Punkt zu illustrieren. Die Praxis und die gemein-

---

82 David Foster Wallace, Federer aus Fleisch und nicht, in: Der Spass an der Sache. Alle Essays, Köln [4]2018, 132–158, hier 147.

83 Siehe Peter Jonkers neues Buch über das Predigen von einem «kontrollierenden Bild» [controlling image] *Preaching in Pictures. Using Images for Sermons That Connect* (Nashville 2015).

schaftliche Disziplin der Beichte ist ein wichtiger Aspekt der grossen Erzählung, die unser Dasein in der Welt bestimmen sollte. Wenn aber die Sensibilität, die die Beichte generieren sollte, Teil unseres Lebens werden soll, dann muss sogar unsere Beichte eher die Ebene der Poesie als diejenige der Didaktik erreichen. Anders ausgedrückt: *Wie* wir beichten, macht einen Unterschied im Hinblick darauf, ob diese Praxis wirklich formativ sein wird.

Betrachten wir zwei sehr unterschiedliche Beichtgebete. Das erste ist ein zeitgenössisches Gebet, dessen Herkunft ich aus Gründen, die gleich klar werden, unerwähnt lasse:

> Heute bekennen wir, dass wir nicht genug getan haben, um unseren Planeten zu schützen. Wir bekennen, dass wir es nicht vermocht haben, unsere Regierung zur Festlegung von Grenzwerten zu bewegen, die von Schutzmassnahmen geprägt sind. Wir gestehen, dass wir als Konsumenten es Unternehmen gestattet haben, gefährliche Giftstoffe freizusetzen, die empfindliche Ökosysteme zerstören und Menschen schaden, besonders denjenigen, die am verwundbarsten sind. Gott der Gerechtigkeit, hilf uns, das Notwendige zu begreifen und ein klares Signal an unsere politischen Führer zu senden, dass sie die entscheidende Wahl zwischen dem gegenwärtigen Pfad der «Zerstörung» und dem moralisch verantwortbaren Pfad des Mitgefühls und der Achtung vor dem Leben treffen müssen, der unsere Abhängigkeit von dir und unsere Verbundenheit mit der ganzen Schöpfung anerkennt.

Hier dürfte kaum die Gefahr bestehen, dass jemand dies als «poetisch» beschreiben wollte. Dieses Gebet ist vielmehr vollständig auf den Inhalt fixiert, zielt darauf ab, in erster Linie didaktisch zu wirken, und wäre für eine Gemeinde nur sehr schwer zu rezitieren, gerade weil es keinen Rhythmus und keinen Takt besitzt, die eine eingängige Melodie erzeugen könnten. Deshalb wird es auch eine Beichte sein, die schnell vergessen ist.

Betrachten wir demgegenüber ein Beichtgebet aus der Anbetungstradition, das uns gerade deshalb vielleicht bekannt vorkommt, weil es dank seiner Poetik die Zeiten überdauerte:

> Most merciful God,
> we confess that we have sinned against you
> in thought, word, and deed,
> by what we have done,
> and by what we have left undone.
> We have not loved you with our whole heart;
> we have not loved our neighbors as ourselves.
> We are truly sorry and we humbly repent.
> For the sake of your Son Jesus Christ,
> have mercy on us and forgive us;
> that we may delight in your will,
> and walk in your ways,
> to the glory of your Name. Amen.

> (Barmherziger Vater. Wir bekennen, dass wir gegen Dich gesündigt haben in Gedanken, Worten und Werken, durch das, was wir getan und unterlassen haben. Wir haben Dich nicht von ganzem Herzen geliebt; wir haben unsere Nächsten nicht wie uns selbst geliebt. In Reue und Demut bekennen wir unsere Schuld. Um Deines Sohnes Jesu Christi willen sei uns gnädig und vergib uns unsere Verfehlungen, dass wir von nun an Deinen Willen freudig erfüllen und auf Deinen Wegen wandeln. Zur Ehre Deines Namens. Amen.)[84]

Wir können den einprägsamen Tonfall und den Rhythmus dieses Gebets spüren, selbst wenn es das erste Mal ist, dass wir es hören oder lesen. Der Gebrauch von Parallelismus und Parataxe, von Symmetrie und Reihung, Allusion und Alliteration sorgt dafür, dass es uns unterhalb des Radars unseres Bewusstseins «anspricht».

Stellen wir uns nun vor, wie wir dieses Gebet immer und immer wieder aus den Kehlen einer ganzen Gemeinde

---

84 Zitiert nach Das Allgemeine Gebetbuch der Reformierten Episkopalkirche in Deutschland. Erster Teil, Schwarzenborn 2014, 100 (https://rekd.de/allgemeine-gebetbuch/).

vernehmen würden, wo es lebendig wird wie ein Lied. Die Quintessenz einer poetischen Beichte ist nicht die, dass sie möglichst schön klingt; schliesslich bekennen wir darin unsere Sünden, unsere Versäumnisse und unser Versagen. Aber es ist ihre Poesie, durch die sie uns im Kopf bleibt und durch die sie in die tiefen Quellen unserer Vorstellungskraft einsickert. Dies bedeutet, dass das Gebet latent da ist, uns auch durch die Woche hindurch begleitet und uns auf der Zunge liegt. Auf dieses Gebet gestützt, können wir seinem Versprechen Vertrauen schenken, dass er, wenn wir unsere Sünden bekennen, treu und gerecht ist und uns vergibt (1Joh 1,9). Das Gebet ist daher nicht nur ein «Ritual» für Sonntagmorgen, sondern ein Geschenk, das uns die ganze Woche in unserer Christusnachfolge begleitet.

Wir sind von Herzen dankbar dafür, weil wir das nachfolgende Gebet niemals, wirklich *niemals* hören, ohne zugleich die damit einhergehende Gute Nachricht zu vernehmen:

> Almighty God have mercy on you,
> forgive you all your sins
> through our Lord Jesus Christ,
> strengthen you in all goodness,
> and by the power of the Holy Spirit
> keep you in eternal life. Amen.
>
> (Der allmächtige Gott erbarme sich über uns, er vergebe uns all' unsere Sünden, er stärke uns durch die Kraft seines Geistes in allem Guten und führe uns zum ewigen Leben. Durch Jesus Christus, unseren Herrn. Amen.)[85]

Indem wir mit diesem Gebet durch den Alltag gehen, leben wir in einer anderen Art von Geschichte, mit der Beschei-

---

85 Zitiert nach Das Allgemeine Gebetbuch der Reformierten Episkopalkirche in Deutschland. Erster Teil, Schwarzenborn 2014, 101 (https://rekd.de/allgemeine-gebetbuch/).

denheit der Beichte auf den Lippen, hungrig nach der Barmherzigkeit Gottes und voller Sehnsucht, sie den Menschen gegenüber zu verkörpern.

5

Behüte dein Herz

Die Liturgien unseres Zuhauses

«Wir aber lieben, weil er uns zuerst geliebt hat.» (1Joh 4,19). Diese Wahrheit bestätigt genau das, was ich in diesem Buch beschreibe: das Modell des Menschen als Liebender und die Vision von Nachfolge, die sich daraus ergibt. Gottes Gnade und Liebe sind es, die unsere Fähigkeit zu lieben erst möglich machen – sogar als wir noch seine Feinde waren (Röm 5,8–10). Die bemerkenswerte und wunderschöne Aussage des Johannes besagt nicht nur, dass wir *Gott* lieben, weil er uns zuerst geliebt hat, sondern dass wir überhaupt *lieben können*, weil er uns zuerst geliebt hat. Selbst unsere ungeordnete Liebe legt indirekt Zeugnis davon ab, dass wir im Bilde Gottes geschaffen sind.

Der Schweizer Theologe Hans Urs von Balthasar fasst dies in einem Bild zusammen, das sowohl biblisch als auch schön ist, einer Metapher, die zugleich natürlich und übernatürlich ist. «Wenn eine Mutter viele Tage und Wochen das Kind angelächelt hat, erhält sie einmal das Lächeln des Kindes zur Antwort», so von Balthasar. «Sie hat im Herzen des Kindes die Liebe geweckt, und indem das Kind zur Liebe erwacht, erwacht es zur Erkenntnis […].»[86] Es ist fast so, als würden wir lieben, um zu erkennen. In Wirklichkeit aber werden wir in die Liebe hineingeliebt. Nachdem von Balthasar das Primat der mütterlichen Initiative dargelegt hat, fährt er fort: «Erkenntnis […] beginnt zu spielen, weil das

86 Hans Urs von Balthasar, Glaubhaft ist nur Liebe, Einsiedeln [7]2011, 49. Ich danke Mark Bowald für dieses Buch, das mich fortwährend weiter beschenkt.

Spiel der Liebe, von der Mutter her, vom Transzendenten her, vorgängig begonnen hat.» Hier wird ein natürliches und zugleich ikonisches Bild einer Realität gezeichnet, die transzendent und ewig ist:

> So legt sich Gott als Liebe vor dem Menschen aus: von Gott her leuchtet die Liebe auf und stiftet dem Menschenherzen das Liebeslicht ein, das gerade diese – die absolute – Liebe zu sehen vermag: «Denn Gott, der da sprach, aus Finsternis solle Licht aufleuchten, er selber ist aufgeleuchtet in unseren Herzen, damit die Erkenntnis sich entzünde von der (Liebes-)Herrlichkeit Gottes auf dem Antlitz Christi» (2 Kor 4, 6). Aus diesem Antlitz lächelt der Urgrund des Seins uns väterlich-mütterlich an. Sofern wir seine Geschöpfe sind, liegt der Keim der Liebe, als Gottesbild (imago), schlummernd in uns. Aber wie kein Kind ohne Geliebtwerden zur Liebe erwacht, so kein Menschenherz zum Verstehen Gottes ohne die freie Zuwendung seiner Gnade – im Bild seines Sohnes.[87]

Das Lächeln der liebenden Mutter, welches das Lächeln des Säuglings hervorlockt, ist ein Sinnbild für eine kosmische Wahrheit: Mit seiner Menschwerdung hat Gott unterstrichen, dass er uns zuerst geliebt hat. Indem er uns in Fleisch und Blut begegnet, schenkt er uns sein Lächeln. Und er schenkt uns sogar die Gnade, mit der wir ihn zurücklieben können. Dieses Bild entfaltet eine grosse Kraft, weil es so fassbar und real ist; wir sehen das pausbäckige Gesicht vor uns, riechen jenen einzigartigen Duft, den nur Neugeborene verströmen, hören das Schmatzen des säugenden Kindes und haben zu guter Letzt das selige Lächeln einer Mutter vor Augen, das einen Ausdruck von Bezauberung und Liebe auf ihrem Gesicht erstrahlen lässt. Und dieses Lächeln ist, so von Balthasar, eine eigenständige Art des Sakraments – ein Mittel der Gnade, ein Kanal der Liebe. Der Schöpfer des Universums begegnet uns auf die gleiche Weise und erweist

---

87 A. a. O., 49 f.

uns seine Fürsorge, indem er uns in seinem fleischgewordenen Sohn gegenübertritt.[88] Jesus ist das Lächeln Gottes. Jener inkarnatorische Impuls, eine Antwort in uns zu provozieren, setzt sich in seinem Leib fort, und zwar auf konkrete Weise, indem er unseren Glauben stärkt, uns nährt und uns auf unserem Weg mit Brot, Wein und Wasser versorgt.

Diese Metapher ist aber auch noch in einer anderen Hinsicht hilfreich. Denn sie erinnert uns daran, dass unsere Fähigkeit zu lieben in unseren Elternhäusern erlernt wird. Unser Zuhause ist nämlich ein zutiefst formativer (oder *de*formierender) Ort, in dem wir von Kindesbeinen an lernen, wie man liebt. Wir lieben, weil er uns zuerst geliebt hat, aber *wie* man liebt, lernen wir zu Hause.[89] Dies ist Teil einer wichtigen Realität, die wir anerkennen und akzeptieren müssen. Anderthalb Stunden am Sonntagmorgen reichen eben nicht aus, um Herzen neu auszurichten, die täglich konkurrierenden Liturgien ausgesetzt sind. Die gemeinsame Anbetung der versammelten Gemeinde ist zwar das Herzstück der Nachfolge, aber das bedeutet nicht, dass sie die *ganze* Nachfolge ausmacht. Die gemeinschaftliche Anbetung prägt zwar unser Herz auf sehr grundlegende und notwendige Weise, aber wir müssen auch die Gelegenheit nutzen, um unter der Woche Liturgien zu kultivieren, die auf das Reich Gottes hin ausgerichtet sind. Die «grosse» Liturgie des Sonntagmorgens sollte «kleinere» Liturgien generieren, die unsere Existenz auch durch die Woche strukturieren. Unsere Nachfolge unter der Woche sollte sich nicht einfach darauf beschränken, weiteres Bibelwissen zu erwerben; wir sind ja

---

88 Jesaja hat zudem das Bild von Gott als einer nährenden Mutter gezeichnet: «Würde eine Frau ihren Säugling vergessen, ohne Erbarmen mit dem Kind ihres Leibs? Selbst wenn diese es vergessen würden, werde doch ich dich nicht vergessen!» (Jes 49,15).

89 Siehe James Olthuis, The Beautiful Risk. A New Psychology of Loving and Being Loved, Grand Rapids 2001.

nicht liturgische Wesen am Sonntag und «denkende Subjekte» an den restlichen Tagen der Woche. Unsere alltägliche Praxis muss vielmehr die formative Macht unserer wöchentlichen Anbetungspraktiken erweitern und verstärken, indem sie in unsere alltäglichen Liturgien eingewoben wird.

Es gibt noch eine Reihe weiterer Räume, wo wir mit den Liturgien, die unser Leben beherrschen, bewusst umgehen können und sollten. Wir sollten die Gelegenheit ergreifen, um die formativen Praktiken der Anbetung auch in anderen Bereichen unseres Lebens anzuwenden. Die Anbetung als Zentrum der Nachfolge Christi anzusehen, heisst nicht, die Nachfolge auf den Sonntag zu begrenzen, sondern die Anbetung auf das ganze Leben auszudehnen, sie zu einem Lebensstil auszubauen.

Genauso wie wir die Liturgien der christlichen Anbetung in der Gemeinde ernst nehmen sollen, sollten wir den Liturgien in unserem Haushalt ebenso viel Aufmerksamkeit schenken.[90] Genauer gesagt sollten wir auf die Rhythmen und Rituale achtgeben, die den Hintergrund unseres Familienlebens bilden, und über das *telos* nachdenken, auf das diese Aktivitäten ausgerichtet sind. Ein von Geschwindigkeit geprägter Lebensstil bedeutet, dass wir uns am Ende

---

90 Aus Gründen, die hoffentlich weiter unten klar werden, versuche ich, das Wort «Haushalt» zu benutzen und nicht bloss vom «Heim» oder vom «Zuhause» zu sprechen, weil ich nicht der verengten Auffassung das Wort reden möchte, derzufolge wir alle Eltern sind. Gott beruft einige von uns zum Singledasein (1Kor 7,8), und nicht alle von uns leben in der Konstellation Eltern-Kinder zusammen. Hingegen kann es alle möglichen Arten von «Haushalten» geben, die getreuliche Orte einer christlichen Formation sind. Tatsächlich halte ich es für bedeutsam, dass diejenigen von uns, die in Familien leben, Platz für Schwestern und Brüder schaffen, die alleinstehend sind, und dass wir die Vielfalt der Möglichkeiten anerkennen, einen Haushalt zu bilden.

ohne viel Nachdenken in Routinen verlieren. Wir tun das, von dem wir glauben, dass es «gute Eltern» tun würden. Und vielleicht glauben wir auch, dass dies einfach «das ist, was wir eben machen», ohne zu erkennen, dass diese Dinge vielleicht auch etwas *mit uns* tun. Dieses Kapitel ist eine Einladung dazu, unser Familienleben einer liturgischen Prüfung zu unterziehen, damit wir dessen Kraft zur Ausrichtung unserer Herzen erkennen und einsehen, dass unsere täglich gelebten Rituale möglicherweise einer Neuausrichtung bedürfen.

Wir sollten dabei allerdings auch beachten, dass die Liturgien in unseren Hausgemeinschaften aus denen der Gemeinde *hervorgehen* und uns *in diese hineinziehen*. Kein Heim und keine Familie kann ihre eigene «Kirche» sein, und kein Haushalt ist ein Ersatz für den Haushalt Gottes (Eph 2,19). Wir alle müssen unsere Häuser im Haus Gottes verorten und unsere natürlichen Familien innerhalb der «ersten Familie», nämlich der Kirche, situieren.[91] Hierbei müssen wir als Erstes verstehen, auf welche Weise uns die Anbetung der Kirche lehrt, *wie* wir Familien und Hausgemeinschaften sein können. Und anschliessend müssen wir prüfen, wie unsere «kleinen» Heimliturgien von den «grossen» Liturgien des Leibes Christi genährt werden und uns wieder zu diesen zurückführen können.

Liturgische Lektionen für «Haushalter»

Ich habe dargelegt, dass in der Anbetung Lernprozesse auf Ebenen ablaufen, die uns nicht immer bewusst sind. Die Praktiken der christlichen Anbetung tragen biblische Wahrheiten in sich, die wir manchmal eher beiläufig aufnehmen

91 David Matzko McCarthy, Sex and Love in the Home, Neuausgabe, London 2004, 93–97.

als bewusst lernen. Sie zeigen vielleicht wirkmächtiger als Erklärungen auf, was Gott für uns will. Die kirchliche Anbetung vermittelt wichtige Bilder, wie gelingendes Leben in den Hausgemeinschaften und Familien aussehen kann. Und wenn wir diese impliziten Bilder expliziter machen, dann können wir möglicherweise einige Einsichten darüber gewinnen, wie wir unsere Hausgemeinschaften liturgisch gestalten können. Betrachten wir zwei dieser kraftvollen Bilder aus der gottesdienstlichen Gemeinschaft: die Taufe und die Hochzeit.

Erstens müssen wir von der Tendenz Abstand nehmen, die Taufe rein «expressiv» zu verstehen. Sie ist nicht in erster Linie eine Möglichkeit für die Getauften, ihren Glauben und ihre Hingabe an Gott zu demonstrieren. Wie bei der Anbetung im Allgemeinen handelt auch hier Gott als der eigentliche Akteur. Die Taufe ist gerade deshalb ein Sakrament, weil sie ein Mittel der Gnade ist, um uns durch Gottes barmherzige Initiative zu kennzeichnen und zu versiegeln. Sie ist das äussere Zeichen dafür, dass der Herr ein bundestreuer Gott ist, der seine Versprechen auch dann einhält, wenn wir es nicht tun. Deshalb wurden seit den Tagen der frühen Kirche ganze Hausgemeinschaften getauft (Apg 16,33; 1Kor 1,16). Zudem ist es der Grund dafür, warum durch die Geschichte hindurch innerhalb des «katholischen» Christentums gläubige Eltern ihre Kinder taufen liessen.[92] Als Sakrament ist die Taufe nicht einfach nur Ausdruck *unseres* Glaubens, sondern ein von oben her vermitteltes Symbol für Gottes barmherzige Verheissungen. Er hat uns erwählt,

92 Ich werde hier nicht für die Säuglingstaufe plädieren (einen Taufmodus, der über eine Reihe von Traditionen hinweg befolgt wird). Meine Analyse setzt sie voraus, ist aber auch in vielerlei Hinsicht für die Glaubenstaufe relevant. Ein Austausch, der hier nach einem allgemeinen Konsens sucht, findet sich in John H. Armstrong (Hg.), Understanding Four Views on Baptism, Grand Rapids 2007.

bevor wir glauben konnten, und er liebt uns, bevor wir überhaupt wissen, was Liebe bedeutet.

Die Taufe ist unsere Initiation in ein *Volk*. Durch die Taufe schafft sich Gott ein einzigartiges Volk, das eine neue Polis bildet, eine neue religiös-politische Realität (Peter Leithart nennt sie die «Stadt der Taufe»),[93] die durch die Überwindung von gesellschaftlichen Klassen und des erblichen Adels gekennzeichnet ist. Sie besteht aus einem bunten Haufen – «Da sind in den Augen der Welt nicht viele Weise, nicht viele Mächtige, nicht viele Vornehme.» (1Kor 1,26), wie es in der Bibel heisst. Aber gerade dies ist das Kennzeichen der Stadt Gottes, seines umgekehrten Königreichs: «Das Törichte dieser Welt hat Gott erwählt, um die Weisen zu beschämen, und das Schwache dieser Welt hat Gott erwählt, um das Starke zu beschämen, und das Geringe dieser Welt und das Verachtete hat Gott erwählt, das, was nichts gilt, um zunichte zu machen, was etwas gilt» (1Kor 1,27–28). Die Bürger dieser Stadt von Täuflingen haben nicht bloss nichts, sie sind auch nichts! Trotzdem sind sie auserwählt und beauftragt, die Träger des Bildes Gottes zu sein. Sie sind seine Prinzen und Prinzessinnen, die Zeugen eines kommenden Reichs sein sollen und die für die Erneuerung der Welt berufen sind.

Die Taufe erzeugt also eine soziale Realität und verweist zugleich auf sie. Deshalb findet sie auch im Kontext der gemeinschaftlichen Anbetung statt. Womöglich wird nur eine Person getauft, aber wir alle sind an diesem Sakrament beteiligt. Als Gemeinde Christi sind wir dabei nicht blosse Zuschauer. Das Ritual sollte uns zumindest unsere eigene Taufe in Erinnerung rufen und uns helfen, unser eigenes «Treueversprechen» zu vergegenwärtigen. Es führt uns vor Augen, dass wir Bürger einer anderen Stadt sind. Das ist

93 Peter Leithart, The Priesthood of the Plebs. A Theology of Baptism, Eugene, OR 2003, 210.

auch der Grund dafür, warum manche Kirchen geweihtes Wasser an ihrem Eingang bereitstellen, stellt es doch eine greifbare, konkrete Gelegenheit dar, um uns daran zu erinnern, *wem* wir eigentlich gehören. Wenn wir die Kirche für ein Gebet oder für den Gottesdienst betreten, dann ist das Berühren des Wassers – und vielleicht auch die Selbstsalbung damit – eine körperlich aktualisierte Erinnerung daran, dass wir ein von Gott erwähltes Volk sind. Die Taufe ist eine Praxis, die unsere Beziehung auch zu anderen sozialen Einheiten wie Familie und Staat rekonstituiert.

Was also sagt die Taufe über die Familie aus? Welches Verständnis von Familie wird in dieser Anbetungspraxis vermittelt? Was lernen wir intuitiv, wenn wir an diesem Ritual teilnehmen? Die Liturgie der Taufe fordert uns, die Gemeinde, dazu auf, ebenfalls ein Bundesversprechen abzugeben. Sollen beispielsweise Kinder getauft werden, dann wendet sich der Pastor der Gemeinde zu und fragt so etwas wie:

> Versprecht ihr, das Volk des Herrn, dass ihr diese Kinder in Liebe aufnehmen, für sie beten, sie in den Glauben einführen und sie in der Gemeinschaft der Gläubigen ermutigen und unterstützen wollt?[94]

Und daraufhin antwortet die Gemeinde: «Wir versprechen es, so wahr uns Gott helfe.» Der erneuerte Bund bindet uns zu einer Gemeinschaft zusammen, zu einer «Stadt» (einer Polis, wie die Griechen gesagt hätten, einer Art «Republik»). Aber wenn wir eine neue Verkörperung der Polis sind, dann sind wir auch ein neues Modell der geistlichen Familie, Gottes «Hausgenossen» (Eph 2,19). In diesem Haushalt relativieren sich die biologischen Abstammungslinien. Unser Versprechen bei der Taufe – als Eltern und als Gemeinde – signalisiert, dass das, was als «Familie» zählt, nicht nur die geschlossene Kernfamilie ist, die so häufig als «die Familie» idolisiert

---

94 Ordnung für den Taufgottesdienst der Christian Reformed Church (1981) im *Psalter Hymnal*, 955.

wird. Wollen christliche Gemeinden also tatsächlich die Bedeutung der Taufe verinnerlichen und aus ihr leben, dann müssen sie zu Gemeinschaften werden, in denen sich die Blutsverwandtschaft dem Blut Christi unterordnet – wo sich «natürliche» Familien also nicht auf sich zurückziehen und nur noch ein Eigenleben führen.[95] Der orthodoxe Theologe Alexander Schmemann hat dies recht pointiert so ausgedrückt: «Eine Ehe, die nicht ständig ihre eigene Selbstsucht und Selbstzufriedenheit kreuzigt und durch dieses ‹Sterben› über sich selbst hinausweist, ist keine christliche Ehe. Die eigentliche Sünde der heutigen Ehe ist nicht Ehebruch oder Mangel an ‹Anpassung› oder ‹geistliche Grausamkeit›, sondern die Selbstanbetung der Familie, ihre Ablehnung, die Ehe als auf das Königreich Gottes ausgerichtet zu sehen.»[96]

Stattdessen stellt die Kirche unsere «erste Familie» dar,[97] was sowohl eine Herausforderung als auch ein Segen ist. Einerseits fordert sie nämlich noch eine weitere Sphäre der in der Spätmoderne dominierenden Autonomie heraus, die Privatsphäre der Familie. Andererseits stellt sie eine willkommene Erleichterung dar: Wir müssen diese Kinder nicht ganz allein grossziehen!

Die von Schmemann erwähnte «Idolisierung» der natürlichen Familie resultiert im kaum erträglichen Druck,

---

95 Ich fand dies immer schon einen wichtigen Grund dafür, Opa oder Oma, die vielleicht andernorts Pastoren sind, *nicht* extra anreisen zu lassen, um ein Enkelkind zu taufen. Denn dies würde *in der Praxis* signalisieren, dass die Blutsverwandtschaft im Leib Christi irgendeine Rolle spielen würde. Damit soll die «natürliche» Familie natürlich nicht untergraben, sondern lediglich in ihrer Bedeutsamkeit relativiert werden – und die Taufe ist eines der wichtigsten Rituale dafür.

96 Alexander Schmemann, Aus der Freude leben. Ein Glaubensbuch der orthodoxen Christen, Olten/Freiburg i. Br. 1982, 110.

97 David Matzko McCarthy, The Good Life. Genuine Christianity for the Middle Class, Grand Rapids 2004, 52.

eine abgeschlossene, selbstgenügsame, autonome Einheit zu bilden. Der Autor beklagt: «Nicht der Mangel an Ehrfurcht vor der Familie läßt die Scheidung als einen fast natürlichen Prozeß erscheinen – es ist diese Selbstvergötzung, die die moderne Familie so leicht zerbrechen läßt; es ist jene Identifizierung der Ehe mit Glück und mit der Weigerung, das Kreuz anzunehmen.»[98] Die Rituale des politischen Liberalismus (ganz gleich, ob man ideologisch eher «liberal» oder «konservativ» ist) zeichnen ein Bild von der Familie als der Brutstätte für gute Staatsbürger, pflichtbewusste Produzenten und eifrige Konsumenten; sie schliessen die Familie zugleich in ein privates, geschlossenes Heim als Teil des amerikanischen Unabhängigkeitsideals ein.[99] Das Ergebnis ist eine untragbare Last, die der Familie auferlegt wird. Die im Liberalismus implizite «vorherrschende Theologie der Familie [...] isoliert sie durch die vornehme und einsame Aufgabe, eine ganze Gemeinschaft zu sein», wie McCarthy anmerkt. Das Taufgelübde stellt sich einer solchen Vorstellung entgegen. Denn die darin erwähnte Liebe mit ihren Verpflichtungen überschreitet die Grenzen von «privaten Wohnsitzen» und «Kernfamilien», weil sie uns in eine Hausgemeinschaft einführt, die grösser ist als die, die unter unserem Dach existiert. Das in der Taufe enthaltene Versprechen deutet auf eine andere Theologie der Familie hin, die anerkennt, dass «Familien gut funktionieren, wenn wir gar nicht erwarten, dass sie uns alles geben, was wir brauchen». Stattdessen ist die soziale Rolle der Familie nach Massgabe der Taufe die, eine Familie zu sein, die «von einem grösseren gesellschaftlichen Gebilde abhängig ist. [...] Theologisch ausgedrückt ist die Familie dazu

---

98 Schmemann, Aus der Freude leben, 110 f.

99 Siehe die scharfsinnige Analyse von McCarthy, Sex and Love in the Home, 93–97.

berufen, ein Teil des sozialen Abenteuers zu sein, das wir die Kirche nennen.»[100]

Damit wird die Taufe zu einem fast subversiven Sakrament, das viele unserer überkommenen Vorstellungen vom gesellschaftlichen Leben revolutioniert, die uns überliefert worden sind – selbst jene, die behaupten, «konservativ» oder «religiös» zu sein. Denn wie McCarthy anderswo angemerkt hat, «stiftet die Taufe eine Gemeinschaft, die unsere familiären Beziehungen prägt».[101] So wie sie die Abstammungslinien der Priesterschaft relativiert, so re-situiert und re-positioniert sie auch die Blutslinien der eigenen Familie. Unser Taufversprechen unterstreicht die Tatsache, dass «die Kirche unsere erste Familie ist». Und «wenn die Kirche unsere erste Familie ist, dann sollte auch unser zweites Heim dadurch geprägt und unsere Türen entsprechend offen sein für den Fremden, den Kranken und den Armen».[102] Die Taufe öffnet das Heim und befreit es von der Last einer unmöglichen Selbstgenügsamkeit, während sie es zugleich für die «disruptiven Freundschaften» öffnet, die das Kennzeichen des Königreichs Gottes sind.[103]

Eine der wichtigsten Entscheidungen, die wir in Bezug auf die Glaubensunterweisung in unserem Zuhause treffen können, ist deshalb die Wahl der Gemeinde, der wir uns anschliessen wollen. Eine weise Glaubensunterweisung beginnt im Zentrum der gemeinschaftlich gelebten Anbetungspraxis der Kirche. Eine der besten Entscheidungen, die Eltern für die Glaubensreise ihrer Kinder treffen können, ist also die, sich einer Gemeinde anzuschliessen, deren liturgische Praktiken jene Geschichte inszenieren, die wir oben beschrieben haben. (Wir werden darauf in Kapitel 6 noch näher eingehen.)

---

100 A. a. O., 111.

101 McCarthy, Good Life, 52.

102 Ebd.

103 Zu disruptiven Freundschaften siehe a. a. O., 35–37.

In der Taufe verwirklicht sich ein stillschweigendes Verständnis von Familie und Hausgemeinschaften, das auch auf die Hochzeitszeremonien zutrifft. In diesen Ritualen lernen wir, *wie* man Familie lebt, und das selbst dann, wenn wir nicht bewusst darüber nachdenken. Wenn wir an der Hochzeit einer Cousine teilnehmen und dann an derjenigen eines WG-Kollegen und dann zu der eines Neffen gehen, dann verinnerlichen wir «unter dem Radar» eine Vision davon, wie eine Familie aussehen sollte – so als würden wir lernen, eine Katze am Schwanz zu tragen. Auch dieses Beispiel ist also ein Aspekt der kulturellen Immersion, bei der wir unsere kritischen, «apokalyptischen» Fähigkeiten schulen müssen, um die kulturellen Liturgien von Hochzeiten differenziert deuten zu können.

Wir könnten versucht sein, die explosionsartige Entwicklung der Hochzeitsbranche als gute Nachricht zu betrachten, als Zeichen dafür, dass unsere Kultur beginnt, Ehe und Familie anzuerkennen – bis wir zwischen den Zeilen lesen und tatsächlich jene Vision vom guten Leben erkennen, die von unseren kulturellen Mustern befördert wird.

Wir wollen versuchen, eine vertraute Institution mit einem anderen Blick zu betrachten. Sehen wir uns die «Hochzeitssaison» einmal durch die liturgische Brille an. Was entdecken wir dabei?

Es ist die Zeit, in der man am Wochenende zu Veranstaltungen strömt, die Facebook zum Glühen bringen und Instagram mit einer Flut von sepiafarbenen Fotos überschwemmen. Eine langersehnte Hoffnung, auf Pinterest bildlich festgehalten, wird endlich Wirklichkeit, während wir bis tief in die Nacht tanzen. Es ist nicht *Lollapalooza* oder *Bonnaroo,* sondern die Hochzeit unserer Cousine.

Die Aufregung hatte sich seit dem ersten Facebook-Post immer weiter hochgeschaukelt – dem mit dem Video, in dem er ihr vor der schönen industriellen Kulisse des Brooklyn Navy Yard einen Heiratsantrag machte, während eine

Band, deren Mitglieder Bärte und jede Menge Banjos hatten, sie mit einem Ständchen «überraschte». Das Video ging natürlich viral, wodurch die Messlatte für die Hochzeit selbst noch höher gelegt wurde. Die Einladungen wurden in Zigarrenbüchsen im Stil der 1950er Jahre verschickt und zeigten übereinandergelegte Abbildungen ihrer beider Tattoos auf handgeschöpftem Papier, ausgestattet mit Vintage-Briefmarken für die Rückantworten. Das Catering für die Hochzeitsfeier übernehmen koreanische Taco-Foodtrucks, und die Band, die schon bei der Verlobungsfeier gespielt hat, wird nun noch einmal auftreten – diesmal mit noch mehr Mandolinen. Stattfinden wird das Ganze unter einem mit Hopfen behangenen und von Kerzen erhellten Baldachin, während alle das Craft Beer des Bräutigams geniessen. Die Hochzeit hat ihren eigenen Tumblr-Blog und natürlich ihren eigenen Hashtag. Und jeder geht mit einer eigenen Mundharmonika nach Hause, auf der die Namen der Braut und des Bräutigams eingraviert sind. Niemand wird diesen Tag vergessen, vor allem deshalb nicht, weil er akribisch fotografiert, gepostet, geteilt, getweetet und hochgeladen werden wird. Und wir alle wissen ja, dass das Internet niemals vergisst.

Die Hochzeitsindustrie setzt Schätzungen zufolge 49 bis 51 *Milliarden* Dollar im Jahr um. Hochzeitsshows wie *Mein Traum in Weiß* und *Bridezillas – Bräute flippen aus!* bilden eine eigene Kategorie im «Reality»-TV. Und meine völlig unwissenschaftliche Auswertung von Pinterest legt nahe, dass etwa 80 % der Inhalte im Internet mit Hochzeiten zu tun haben. Vorbei sind die Zeiten, als, wie mir ältere Gemeindemitglieder berichteten, Paare am Sonntagabend in der Kirche geheiratet haben. Heutzutage ist eine Hochzeit viel zu wichtig, als dass man sie einfach so sang- und klanglos abwickeln könnte. Sie ist erst dann wirklich passiert, wenn das Hochzeitsvideo à la Wes Anderson auf Vimeo gepostet wurde. «Wir heiraten! Wir müssen eine *Hochzeit* planen!»

Ist all das nicht ein Beleg dafür, dass unsere Gesellschaft die Ehe mehr wertschätzt als je zuvor?

Nicht wirklich. Schätzungen besagen, dass die Gewinne der Scheidungsindustrie denen der Hochzeitsindustrie genau entsprechen (ein Umstand, der sogar eine eigene Dokumentation angestossen hat).[104] Uns interessiert aber vor allem das Spektakel der Hochzeit – das Event, bei dem wir im Mittelpunkt der Aufmerksamkeit stehen, unsere Liebe zeigen und andere auf eine Weise an unserer Romanze teilhaben lassen, die sie nie wieder vergessen werden. Die Hochzeitsbranche lebt von der Konkurrenz, vom Reiz des Neuen und von einem unaufhörlichen Überbietungswettbewerb (und dabei haben wir von dem Einfluss, den die Statusbeiträge bei Facebook auf die Singles ausüben, noch gar nicht gesprochen). Wie Charles Taylor vielleicht gesagt hätte, sind Hochzeiten in unserem «Zeitalter der Authentizität» in der Dynamik des «gegenseitigen Darstellens» gefangen; was zählt, ist, *gesehen zu werden*. Deshalb verbringen wir auch mehr Zeit mit der Planung und Durchführung des spektakulären Hochzeitsevents als mit der mühsamen Arbeit, eine Ehe aufrechtzuerhalten.

Die implizite Mythologie der Hochzeitsindustrie spiegelt aber auch wider, wie wir die Ehe überhaupt betrachten. Tatsächlich ist die Ehe durch die mythisch aufgeladenen Hochzeiten fast zum Scheitern verurteilt. Denn solche Hochzeiten drehen sich um die romantische «Verkupplung» zweier schwer Verliebter, so als wäre die Ehe eine langfristig angelegte Übung darin, dem anderen tief in die Augen zu schauen – mit gewissen Extras. Aber selbst dann ist ein Ehepartner derjenige, der mich *sieht,* der meine Bedürfnisse und mein Verlangen erfüllen und mich «ganzmachen» wird. Selbst unsere romantische Verkupplung wird damit letztlich zu einer Form der Eigenliebe (wie es auf sehr witzige Weise

---

104 *Divorce Corp*, www.imdb.com/de/title/tt2636456/.

die Werbespot-Parodie «MeHarmony» aus der Comedyshow *Saturday Night Live* veranschaulicht).

Dieses romantische Bild kommt bereits in den Flitterwochen zum Ausdruck. Denn um Schwung in unsere Ehe zu bringen, müssen wir «raus» und uns aus dem Trott des alltäglichen Ehelebens herauslösen (was offensichtlich Gift für die Ehe ist). Damit die Ehe hält, müssen wir dieser Logik zufolge «Dates» und romantische Wochenenden zu zweit planen, um «das Feuer in Gang zu halten». Und auf gar keinen Fall dürfen wir zu früh Kinder bekommen; diesem Mythos zufolge sind Kinder nämlich das Äquivalent eines ehelichen Stimmungskillers, denn die Ehe ist eine Romanze, und eine Romanze hat nur Platz für zwei.

Zu viele Hochzeiten sind reines Spektakel, in denen wir unsere Zweisamkeit feiern. Wir sind dabei eher als Beobachter denn als Partner anwesend. Und in diesem Sinne sind solche Hochzeiten oft auch ein Vorspiel für die Art von Ehe, die dann folgt. Wenn die Liebenden einander in die Augen

Die Rituale der Hochzeits-«Industrie» sind Liturgien des Narzissmus, wie es auf diesem Bild von Banksy illustriert wird.
Banksy, Mobile Lovers © PA

schauen, dann wenden sie sich von der Welt ab – eine selbstbezogene Innerlichkeit, die sehr pointiert vom Bild «Mobile Lovers» von Banksy eingefangen wird.

Dieser «romantische», auf die Zweierbeziehung reduzierte Blick auf die Liebe und die Ehe durchdringt fast alle unsere kulturellen Narrative und wird in vielen unserer Hochzeitsrituale in Szene gesetzt – besonders in denen, die sich selbst für besonders «expressiv» halten. Tatsächlich ist diese Ansicht so tief in unserem «social imaginary» verankert, dass wir uns gar keine Alternative vorstellen können (vielleicht noch nicht einmal in der Kirche, die dieser Mythologie ebenfalls erlegen ist). Ist eine Hochzeit nicht die Verwirklichung unserer romantischen Träume? Und ist die Ehe nicht das Idyll von einer nicht enden wollenden Hochzeit oder ewig währenden Flitterwochen?

Vergleichen wir dieses Bild von Ehe und Familie, das durch kulturelle Liturgien wie TV-Dramen oder romantische Komödien vermittelt wird, mit der gegenkulturellen, biblischen Vision eines orthodoxen Hochzeitsritus.[105] Dieser besteht aus zwei «Schritten» oder Stufen. Der erste ist die Verlobung. Im Eingangsbereich oder in der Vorhalle der Kirche stellt der Priester Braut und Bräutigam eine Frage. Den Bräutigam fragt er: «Hast du, Nicolai, den guten und ungezwungenen Willen und die feste Absicht, diese Elisabeth, die hier bei dir steht, zur Frau zu nehmen?» Und an die Braut gerichtet: «Hast du, Elisabeth, den guten und ungezwungenen Willen und die feste Absicht, diesen Nicolai, der hier bei dir steht, zum Manne zu nehmen?» Jeder von beiden antwortet abwechselnd mit «Ja», und das sind die *einzigen* Worte, die sie während der Zeremonie sprechen werden. Da gibt es keine expressive Möglichkeit, um «ihre Liebe zu zeigen», ebenso wenig wie das Verfassen eines besonderen

---

105 Siehe zum Beispiel *Das Sakrament der Ehe*, www.rocor-augsburg.de/de/content/das-sakrament-der-ehe---die-krönung.

Ehegelübdes. Der Akteur ist hier der Herr Jesus Christus, der Bräutigam der Kirche, und das Leben der beiden als Mann und Frau (und als künftige Eltern) wird hier in diese Realität aufgenommen. Der dreieinige Gott steht im Mittelpunkt der Zeremonie, die dadurch eine Vision von der Ehe offenbart, worin dieser Gott ebenfalls das Zentrum sein soll. Dies wird auf wunderbare Weise in Ehegelübden zum Ausdruck gebracht, die ihre Taufe «im Namen des Vaters, des Sohnes und des Heiligen Geistes» wieder aufgreifen.

Unsere Freunde Christopher und Jennifer Kaczor erzählen eine bewegende Geschichte über ihre Familie, die schon vor ihrer Heirat begann. Chris erinnert sich in einem kurzen Essay mit dem Titel *The Myth of Vampire Children* (Der Mythos der Vampirkinder) an folgende Situation: «Meine Zeit an der Universität war, wie die vieler anderer auch, sehr ereignisreich. Ich war Collegesportler und Redakteur einer Campuszeitung. Ich hatte meine Liebe zur Philosophie entdeckt und überlegte, ob ich eine Doktorarbeit schreiben sollte. Das Leben war toll, ein ganzes Universum voller Möglichkeiten. Und dann bekam ich den Anruf, der alles veränderte. Nur ein Satz aus diesem Gespräch war wirklich wichtig: ‹Ich bin schwanger.›»

In diesem Moment dachte Chris, dass sein Leben vorbei sei. «Ich hatte den Mythos geglaubt, dass Kinder nur eine Belastung sind», wie er sich erinnert. «Eine finanzielle Belastung, eine emotionale Belastung, eine Belastung, die Träume zerstört. Ich hielt Kinder eigentlich nur für Vampire, die ihren Eltern die Lebenskraft aussaugen» – was genau dem Mythos entspricht, den die «romantische» Sichtweise der Ehe fördert.

Aber das änderte sich alles, als die kleine Elizabeth endlich zur Welt gekommen war. Während er sie zusammen mit sechs weiteren Kindern grosszog, realisierte Chris, dass Kinder ein Geschenk für ihre Ehe und keine Störung oder Gefährdung waren. Sie sind eine Einladung, Tugenden wie Dankbarkeit, Demut, Geduld und Standhaftigkeit «anzuziehen». In den Jahren zuvor, so räumt er ein, «dachte ich, ein Baby zu bekommen sei das Schlimmste, was mir passieren konnte. Aber ich hätte mich nicht gründlicher irren können.» Kinder sind wie das Holzkreuz für den Mythos der Vampirkinder: «Ein Kind zu haben ist nicht das Ende der schönen Dinge im Leben», fasst Chris zusammen, «es gehört zu den schönen Dingen des Lebens.» (Christopher Kaczor, The Myth of Vampire Children, First Things, Februar 2015, 17 f.)

Mit den Ringen an den Fingern, die ihnen in der Verlobungsfeier angelegt wurden, werden Braut und Bräutigam dann in einer Prozession vom Vorraum in den Altarraum geführt – ein performativer Akt, der symbolisiert, dass ihre Ehe in das Reich Gottes eingeführt werden muss. Ihre Familie ist Teil der ersten Familie, die der Leib Christi ist. Alexander Schmemann beschreibt dies folgendermassen: «Die ‹natürliche› Ehe wird in ‹das große Geheimnis Christi und der Kirche› hineingenommen, und so erhält sie durch das Sakrament eine ganz neue Bedeutung; hier wird nicht nur die Ehe als solche, sondern alle menschliche Liebe verwandelt.»[106] Wenn die «natürliche» Institution ihrer Ehe in das Heiligtum eingeführt wird, ist dies der «Eintritt in die Kirche, also das Eintreten der Welt in die ‹kommende Welt›».[107] Das ist ein Bild für unser natürliches Verlangen nach dem Übernatürlichen, das in Christus sein *telos* findet – ein Vorgeschmack auf das kommende Reich Gottes.

Dies bringt uns zum zweiten Schritt oder zur zweiten Stufe des Ritus: der Krönung. Hier wird die individuelle Geschichte des Paares in die grosse Heilsgeschichte eingebettet, in die Geschichte der Treue Gottes zu seiner Braut, dem Volk Gottes. In den Gebeten während dieses Teils des Gottesdienstes werden biblische Vorbilder gefeiert – Ehemänner und Ehefrauen, Mütter und Väter, einschliesslich derer, die mit Hoffnungslosigkeit und Unfruchtbarkeit zu kämpfen hatten. Braut und Bräutigam werden narrativ mit

106 Schmemann, Aus der Freude leben, 107.

107 A. a. O., 109.

einer Wolke von Zeugen umgeben, die veranschaulichen, wie fromme Familien aussehen – Familien, die, wenig überraschend, ganz anders sind als die in *Bridezillas*. Diese Stufe gipfelt in der Krönung des Paares, bei der sie buchstäblich «im Namen des Vaters, des Sohnes und des Heiligen Geistes» zu Dienern und Dienerinnen Gottes gekrönt werden. Damit wird deutlich, wie Schmemann es ausdrückt, dass «[j]ede Familie [...] ein Königreich, eine Kirche im Kleinen, daher ein Sakrament und ein Weg, auf dem man ins ewige Königreich gelangt»,[108] darstellt. Ihre Ehe ist eine Mission, und gemeinsam werden sie Zeugnis ablegen. Schmemann fasst dies sehr schön zusammen:

> Und das wollen die Kronen der Trauung ausdrücken: hier ist der Beginn eines kleinen Reiches, das ein Abbild des wahren Königreiches werden kann. Vielleicht geht diese Chance in einer einzigen Nacht verloren – in diesem Augenblick jedoch ist es noch eine offene Möglichkeit. Aber selbst wenn sie verspielt wurde und tausendmal verlorenging: wenn zwei Menschen zusammenhalten, sind sie füreinander im wahrsten Sinn König und Königin, und nach Jahrzehnten ist es dann möglich, daß Adam sich tief mit Eva geeint weiß, da eine Verbundenheit herangereift ist, die wenigstens in etwa die Liebe des Gottesreiches widerspiegelt. In Filmen und Magazinen ist die «Ikone» der Ehe stets ein junges Paar. Doch einst – im Licht und in der Wärme eines herbstlichen Nachmittags – sah der Schreiber auf der Bank eines öffentlichen Platzes in einer dunklen Pariser Vorstadt ein altes, armes Ehepaar. Da saßen sie schweigend, Hand in Hand, und erfreuten sich an dem Licht des letzten warmen Tages im Jahr. Sie bedurften keiner Worte, alles war längst gesagt, alle Leidenschaft vergangen, und die Stürme hatten sich gelegt. Das Leben lag hinter ihnen, und doch war es jetzt gegenwärtig: in dieser Stille, in Licht und Wärme und in dem schweigenden Hand in Hand. Diese Gegenwart war für die Ewigkeit bereit, reif für die nicht endende Freude. Hier spiegelte sich das Bild der Ehe in ihrer himmlischen Schönheit.[109]

---

108 Ebd.

109 A. a. O., 109 f.

Dies sind keine Kronen royaler Privilegien, sondern die Kronen von Märtyrern, die Christus bezeugen. Mann und Frau werden als Zeugen gekrönt und zur Opferbereitschaft aufgerufen. Deshalb endet das Sakrament der Ehe mit der Eucharistiefeier am Tisch Gottes, wo *alle*, die anwesend sind, vom Leib und Blut des Gekreuzigten genährt werden. Daher wird fortan *jedes* Abendmahl eine Hochzeitsfeier sein, eine andere Art und Weise, auf die wir lernen, verheiratet zu sein – in der wir die Geschichte des Bräutigams, der sein Leben für seine Braut gegeben hat, sehen, riechen und schmecken. Jeder Sonntag ist eine Erneuerung des Ehebunds.

Das lernt man in den Liturgien der *Bachelorette* nicht, und auch nicht in den individuell zugeschnittenen Hochzeiten, die sich nur um das Paar drehen. Im Gegenteil müssen wir uns bewusst werden, wie viel wir von diesen kulturellen Liturgien über die Ehe und die Familie «gelernt» haben, und nun bewusst versuchen, diesen Einfluss zurückzudrängen, indem wir in die Gegenliturgien des Leibes Christi eintauchen. Wenn wir unsere Hausgemeinschaften und Familien in den Haushalt Gottes einbetten, dann rückt unsere eigene Sippe, mit ihrer Tendenz, zum Götzen zu werden, aus dem Zentrum. Gleichzeitig werden wir dadurch in der einzigen Gemeinschaft verankert, die uns wirklich tragen kann: die Gemeinschaft des dreieinigen Gottes.

Die Liturgie der Ehe zeigt an, dass diese eine Aufforderung dazu ist, anderen zu dienen; ein Ehemann und eine Ehefrau schliessen einen Bund mit Gott und miteinander, so dass sie ein «Volk» im Kleinen bilden, das, wie Israel und die Kirche, den Nationen Zeugnis ablegt. Die Ehe dient dem Allgemeinwohl. Dies kommt sehr schön in der Abschlussformel des Traugottesdienstes bei den Methodisten zum Ausdruck, die in einer «Aussendung» gipfelt.
Der Pastor wendet sich dem frischvermählten Paar zu, und gibt ihnen einen Segen und einen Auftrag mit auf den Weg, indem er sagt:

Der ewige Gott halte die Liebe zwischen euch lebendig,
so dass der Frieden Christi auf eurem Haus liegen möge.
Geht nun und dienet Gott und eurem Nächsten in allem, was ihr tut.

Und zur Gemeinde gewandt, erteilt er dieser einen ähnlichen Auftrag und einen ähnlichen Segen:

Legt Zeugnis ab von der Liebe Gottes in dieser Welt,
damit jene, die keine Liebe kennen,
grossherzige Freunde in euch haben werden.
Die Gnade des Herrn Jesus Christus,
die Liebe Gottes
und die Gemeinschaft des Heiligen Geistes
sei mit euch allen.
Amen.

Unsere Hausgemeinschaften – unsere «kleinen Königreiche» – müssen durch konstante Neuausrichtung auf den Leib Christi gestärkt werden. Woche für Woche werden unsere kleinen Königreiche Teil des Königreichs Gottes. Die gemeinschaftliche Anbetung durch die Gemeinde bettet die Familie in die Geschichte Gottes und in das grössere Volk Gottes ein.[110] Von dort werden wir in unsere Hausgemeinschaften und Familien zurückgeschickt, wo wir dann die Gelegenheit haben, die kirchliche Anbetung auch auf unsere «kleinen Kirchen» auszuweiten. Wir müssen also über die Liturgien reflektieren, welche die Orte prägen, an denen wir unser tägliches Brot verzehren – denn die formative Kraft der christlichen Anbetung wird verstärkt, wenn unser Alltagsleben diese Rhythmen aufnimmt und widerspiegelt.

---

110 Dies ist einer der Gründe dafür, dass man die multigenerationale Anbetung wertschätzen sollte, in der Familien zusammen als Ganzes beten, anstatt dass die Kinder zu irgendeiner expressiven Erfahrung anderswo in der Kirche gebracht werden.

Hütet eure Herzen

Ich hatte schon immer ein ambivalentes Verhältnis gegenüber dem Bild der Kernfamilie. Gemeinhin vermittelt es den Eindruck einer *zentrierten* Familie, mit Mutter und Vater im Mittelpunkt, um die herum Kinder wie Satelliten kreisen, und die zusammen einen der Grundbausteine der Gesellschaft – als eine «atomare Einheit», wenn man so will – darstellen. (Der traurige Zustand unseres Zeitalters besteht unter anderem darin, dass ein solches Bild heutzutage als antiquiert und verstaubt gilt.) Wenn man wie ich in der letzten Phase des Kalten Kriegs aufgewachsen und von Filmen wie *Die rote Flut* geprägt worden ist, dann verweist die Vorstellung von einer «atomaren familiären Einheit» auch auf einen Luftschutz- oder Atombunker, auf eine Festung, die uns vor den Gefahren einer bedrohlichen Welt schützen soll.

Diese Metapher ist zwar krass, aber nicht ganz ohne Grundlage. Es gibt zugegebenermassen extreme Versionen davon, die isoliert und angstbesetzt sind (Versionen, die von denjenigen vertreten werden, die wir als die «Doomsday-Prepper» der christlichen Elternschaft bezeichnen können). Dennoch sind wir zu Recht vorsichtig, wenn es um den Einfluss der Welt auf unsere Familien und vor allem auf unsere Kinder geht. Tatsächlich findet sich eine solche Mahnung bereits in der Bibel: Wir sind sowohl diejenigen, die unsere Kinder prägen, als auch die Verteidiger ihrer Herzen und ihres Verstands, die Hüter ihres Vorstellungsvermögens und verantwortlich für ihre Bildung. Es ist also nur natürlich, dass wir sie verteidigen, stets auf der Hut wie Scharfschützen, die nach sich abzeichnenden Bedrohungen in der Ferne Ausschau halten. Wenn der Vater in Sprüche 4,23 seinen Sohn dazu ermahnt, auf sein Herz zu achten, dann gehört diese Anleitung selbst zu dieser Form von Verteidigung.

Was aber, wenn wir die realen Gefahren übersehen? Was ist, wenn wir zwar unsere Wände gegen die intellektuellen

Druckwellen aus Ideen und Botschaften aus der Welt verstärken, aber sie nicht gegen die Art von toxischer Strahlung isolieren, die unsere intellektuellen Verteidigungsstellungen durchdringen kann?

Dies geschieht, wenn wir Eltern unsere Kinder so erziehen, als wären sie lediglich «denkende Subjekte». Jede Erziehungsstrategie und jede Pädagogik geht von bestimmten Annahmen über das Wesen des Menschen aus (insoweit Kinder überhaupt Menschen sind – und glaub mir, ich erinnere mich noch an Zeiten, als das kaum zu glauben war). Und da wir alle von den kartesischen Quellen der Moderne getrunken haben, neigen wir dazu, unsere Kinder als Gefässe des Intellekts zu verstehen, als freischwebende Gehirne, und sie entsprechend zu erziehen und zu beschützen. Wir versuchen, ihren Glauben dadurch zu fördern, dass wir sie mit biblischem Wissen versorgen und sie so unterrichten, dass sie uns die richtigen Antworten geben können. Wir versuchen sie nach und nach geistig so auszustatten, dass sie selbst die falschen Lehren erkennen können, mit denen sie in der Welt konfrontiert werden. Wenn wir Menschen im Grunde genommen «denkende Subjekte» sind, dann sollte sowohl unsere Verteidigung als auch unsere Pädagogik in erster Linie didaktisch und theologisch sein.

Aber wie sieht es aus, wenn man *Liebende* erzieht? Was heisst es, eine Hausgemeinschaft als formativen Raum zu strukturieren, in dem unsere Wünsche und unser Verlangen in die richtige Richtung gelenkt werden sollen? Wie kann ein Zuhause ein Ort sein, an dem unsere Herzen neu ausgerichtet werden?

Das verändert die Situation. Es bedeutet, dass wir über den Ethos unserer Hausgemeinschaft nachdenken sollten – über die unausgesprochene «Stimmung», die in unseren alltäglichen Ritualen mitschwingt. Jedes Heim verfügt über ein «Grundrauschen», und dieses Grundrauschen hat eine Melodie, die auf ein bestimmtes Ziel, ein *telos* abgestimmt ist. Wir müssen unsere Hausgemeinschaften und damit auch unsere Herzen darauf einstimmen, seine Gnade zu besingen. Und diese Einstimmung verlangt einen bewussten Umgang mit dem Grundrauschen, dem konstanten Hintergrundgeräusch, das durch unsere Routinen und Rhythmen erzeugt wird. Dieses Geräusch ist eine Art von imaginärer Tapete, die beeinflusst, wie wir uns die Welt vorstellen. Das kann entweder eine Melodie sein, die Gottes Wünsche für seine Schöpfung bestärkt, oder (oft unbewusst) eine Begleitmusik, die sich disharmonisch zu dem Lied des Herrn verhält. Man könnte jeden Tag biblischen «Input» bekommen und trotzdem in einer Hausgemeinschaft wohnen, deren hektische Rhythmen im Einklang mit den konsumistischen Mythen von Produktion und Konsumtion stehen. Wir können jede Wand in unserem Zuhause mit Bibelversen tapezieren und trotzdem die impliziten Rituale der Selbstzentrierung statt der Opferbereitschaft fördern.

Jede Hausgemeinschaft und jede Familie tut daher gut daran, ihre alltäglichen Routinen zu überprüfen und sie durch eine liturgische Brille zu betrachten. Welche Geschichte wird in jenen Rhythmen vermittelt? Welche Vision vom guten Leben transportieren jene Praktiken? Und welche Art von Mensch kommt heraus, wenn wir diese kulturellen Liturgien internalisieren?

Solche liturgischen Revisionen werden je nach Hausgemeinschaft höchst kontextabhängig sein. Eine Studenten-WG wird vollkommen andere Routinen haben als ein junges Paar mit Säuglingen und Kleinkindern. Beide werden auch von unterschiedlichen Arten von kulturellen Liturgien angezogen und beeinflusst. Ein Mehrgenerationenhaushalt in Los Angeles wird eine ganz andere Reihe von täglichen Routinen – und daher Versuchungen – haben als ein Rentnerpaar in Winnipeg. Die machtvollen kulturellen Liturgien des Jugendsports wirken auf Collegestudierende, die zusammenleben, fast gar nicht ein, und das Gerede einer

«Clubkultur» berührt das Leben jenes Paares mit Kleinkindern nicht. Unsere liturgischen Versuchungen und die negativen Einflüsse, denen wir ausgesetzt sind, sind immer kontextabhängig. Wir alle sollten die Routinen untersuchen, die unsere Hausgemeinschaft für selbstverständlich erachtet, gerade weil genau dies die Routinen sind, über die wir gewöhnlicherweise nicht nachdenken – und deren formative Kraft wir daher auch nicht erkennen. Wir halten sie einfach für «das, was wir eben machen», und sehen möglicherweise nicht, was sie mit uns anstellen.

Wenn wir die Routinen, in die wir verwickelt sind, kritisch untersucht haben, können wir uns bewusster der Aufgabe widmen, Gegenmassnahmen zu entwerfen. In allererster Linie muss unser Haushalt in den grösseren Haushalt Gottes eingelassen sein; die Liturgien unseres Zuhauses sollten aus den formativen Liturgien von Wort und Tisch erwachsen und diese verstärken.[111] Wie Michael Horton es so treffend in seinem Buch *A Better Way* in Bezug auf die Anbetung ausgedrückt hat, bindet uns die biblische Anbetung in das Drama der christuszentrierten Erlösung mit ein. Jene liturgische Formation «charakter-isiert» uns; sie webt uns in die Geschichte von Gott in Christus ein und formt damit unseren Charakter. Die formativen Liturgien eines christlichen Haushalts sind vom Reichtum der kirchlichen Anbetung abhängig.

Wie würde es aussehen, wenn die Rhythmen der gemeinschaftlichen christlichen Anbetung den Takt für unsere alltägliche Anbetungspraxis in unseren Haushalten vorgeben würden?

---

111 In diesem Zusammenhang bietet es sich an, sich noch einmal mit dem *Directory for Family Worship* (Leitfaden für den Familiengottesdienst) der Westminstersynode zu befassen, einer Ergänzung zu ihrem *Directory for the Public Worship of God* (Leitfaden für den öffentlichen Gottesdienst).

Die Anbetung in der Familie wird in dem Ausmass formativ sein, in dem sie unsere Vorstellungskraft und nicht bloss unseren Intellekt anspricht. Dafür muss sie in der ästhetischen Währung der Imagination in Umlauf sein – das heisst in Form von Geschichten, Dichtung, Musik, Symbolen und Bildern. Eine solche Anbetung wird fühlbar, konkret und leibhaftig sein. (Als biblisches Vorbild denke man an dieser Stelle nur exemplarisch an den Propheten Jeremia.) Kinder sind rituelle Wesen, die das Evangelium über Praktiken verinnerlichen, die ihre Vorstellungskraft in Beschlag nehmen.

Deshalb sollte Musik zur Anbetung in der Familie dazugehören. Wie Augustinus oft zitiert wird, «betet der, der singt, doppelt». Im Schwung einer Melodie und in der dichterischen Komposition eines Kirchenlieds ist etwas am Werk, was dafür sorgt, dass die biblische Geschichte sich uns unauslöschlich einprägt.

Deshalb sollten wir als Familien in die Rhythmen des liturgischen Kalenders des «Kirchenjahrs» eintauchen.[112] Die Rhythmen von Advent und Weihnachten, Dreikönigstag und Pfingsten, Fastenzeit und Ostern sind eine einzigartige Möglichkeit, die Lebensstationen von Jesus nachzuvollziehen. Die liturgischen Farben dieser Abschnitte des Kirchenjahrs werden damit Teil der spirituellen «Tapete» unseres Zuhauses und prägen die Einstellung einer Familie zur jeweiligen Gnadenzeit. Das edle Purpur des Königs, das strahlende Weiss der Weihnachtszeit und das feurige Rot des Pfingstfestes kreieren eine Art symbolisches Universum, das uns in eine andere Geschichte einlädt.

---

112 Man könnte umgekehrt auch den Familienkalender am Kühlschrank zu einem liturgischen Kalender machen. Eine übersichtliche und für Kinder geeignete Darstellung des Kirchenjahrs bietet der *Kirchenjahr*-Kalender von Claudine Horat, in dem auch persönliche Feste wie Geburtstage festgehalten werden können (Zürich 2005).

Diese Festkreise verfügen auch jeweils über eigene Rituale. Familien können zum Beispiel jedes Jahr gemeinsam einen Adventskranz basteln und die Kinder dann ganz konkret daran teilhaben lassen, die Kerzen von Hoffnung, Liebe, Freude und Frieden anzuzünden – die manchmal auch «Prophetenkerze», «Kerze von Bethlehem», «Hirtenkerze» und «Engelskerze» genannt werden –, in der Vorfreude darauf, an Weihnachten den Glanz der Christuskerze zu bewundern. Während der Fastenzeit können Familien ein gemeinsames Fasten einüben, bei dem die grummelnden Mägen das Hungern und Dürsten nach Gerechtigkeit körperlich erfahrbar machen. Solchen Formen von häuslicher Anbetung ist eine Körperlichkeit zu eigen, die uns dazu anspornt, das Evangelium neu zu verstehen, und zwar auf eine Weise, die in unserer Vorstellungskraft fortwirkt und damit prägend dafür ist, wie wir unser Leben in dieser Welt gestalten.

Das ist ein wichtiger Punkt: Die formativen Rituale in unseren Häusern sind nicht bloss «private» Übungen, sondern haben *öffentliche* Auswirkungen. Die Neugestaltung unseres Lebens in den Familien und in der Gemeinde durch Anbetung mündet schliesslich in der *Sendung* in diese Welt. Unser Ziel liegt nicht darin, ein «perfektes» Familienleben zu erschaffen, in das wir uns zurückziehen, um uns vor der grossen bösen Welt zu schützen. Denn dies würde bedeuten, uns unserer Mission, «in alle Welt zu gehen», zu entziehen. Stattdessen werden wir uns der formativen Rhythmen unseres Familienlebens *bewusst,* damit dieses zu einem weiteren Raum wird, in dem wir darauf vorbereitet werden, in die Welt hinauszugehen und sowohl unseren Kulturauftrag als auch den Missionsbefehl zu erfüllen, nämlich für unsere Nächsten Ebenbild Gottes zu sein.

Wir könnten sagen, dass die sakramentale Kraft der christlichen Anbetung unseren Alltag «verzaubert» und uns daran erinnert, dass die Welt, in der wir leben, nicht einfach nur eine verflachte «Natur» darstellt, sondern vielmehr eine

Schöpfung, die mit der Präsenz und der Macht des Heiligen Geistes durchtränkt ist. Die Welt, in die wir gesandt sind, ist eine Welt, die uns dazu auffordert, unsere Kultur mitzugestalten, die unsere Barmherzigkeit und unser Mitgefühl erfordert. Die Schöpfung Gottes ist immer mehr als das, was wir sehen. Was «natürlich» erscheint, ist von der Grösse Gottes durchdrungen. In der Anbetung lernen wir, die Welt auf eine Weise zu bewohnen, die von der Gegenwart und dem Wirken Gottes erfüllt ist. Wir öffnen uns für Wege, die Verzauberung der Welt in die sogenannten alltäglichen Bereiche unseres Lebens einfliessen zu lassen. Wir versuchen, «verzauberte Haushalte» zu kultivieren, die diese Realität widerspiegeln.

Betrachten wir nur ein paar Beispiele. Mein Freund Rev. Chris Schutte, Priester der *Christ Church Anglican* in Phoenix, erzählte mir, dass in seiner Gemeinde alle Täuflinge eine Taufkerze erhalten, die sie mit nach Hause nehmen dürfen. Sie werden dazu angehalten, die Kerze jedes Jahr hervorzuholen und sie an ihrem Tauffest anzuzünden. Der Anblick und der Duft der kleinen Flamme sind sozusagen «aufgeladen» mit der Erinnerung daran, was der Heilige Geist getan hat – und noch immer bewirkt. Die Taufkerze erinnert sie auch daran, dass die Kerzen ihres «natürlichen» Geburtstags durch ihre Identität als Getaufte in Christus eine neue Bedeutung erhalten und geheiligt werden. Die Taufkerze unterstreicht diesen neuen Geburtstag als «neue Schöpfung». Das Anzünden der Kerze ist somit eine materielle Erinnerung daran, *wer* sie sind und *wem* sie gehören, und die Einbindung dieses Ritus in ihr Familienleben bekräftigt, dass ihre Taufe *für* die Welt erfolgt ist.

Eine Gemeinde, der wir früher angehört haben, liess die Täuflinge einen Gegenstand der Erinnerung mit nach Hause nehmen. Bei der Taufe erhielt die Familie des Kindes ein kleines Ornament aus Ton, das von einem in der Gemeinde beheimateten Künstler hergestellt wurde. Auf der einen

Seite waren die Worte «Ich bin dein Gott» zu lesen und auf der anderen, umrahmt von einem Regenbogen, die Worte «Du bist mein Kind». Der Regenbogen ist eine sinnbildliche Erinnerung daran, dass Gott sich an sein Bundesversprechen hält und seine Verheissungen gegenüber seinem Volk erfüllt. Dieses einfache Ornament ist somit in gewisser Weise «verzaubert» durch den Kontext, in dem es überreicht wird, fast so, als würde die sakramentale Kraft der Taufe auf dieses Ornament übergehen. Viele Eltern hängen dieses Kleinod in das Zimmer ihres Kindes, wo es jahrelang hängt, sei es über dem Babybett, über dem Kinderbett oder über dem Schreibtisch ihres Teenagers. Dort bleibt es dann, in guten wie in schlechten Zeiten, wenn das Kind eifrig seinen Glauben lebt, aber auch dann, wenn es ab und zu vom Weg abkommt. Seine beständige Präsenz erinnert uns daran, dass Gott uns gegenüber treu bleibt, auch wenn wir untreu sind (2Tim 2,13). Auf diese Weise wird ein einfaches materielles Geschenk zu einem verzauberten Gegenstand, der uns beständig zu hoffen lehrt.

Zu Hause Kathedralen bauen

In seinem Buch *Communities of Practice* erzählt der Bildungstheoretiker Étienne Wenger die Geschichte von zwei Steinmetzen. Auf die Frage, was sie denn da tun, antwortete der eine: «Ich schneide diesen Stein in eine perfekte quadratische Form», und der andere: «Ich baue eine Kathedrale.»[113]

Ich male mir aus, dass der erste Steinmetz bei der Antwort des zweiten kurz innehält und sich dann sagt: «Das stimmt. Das habe ich ganz vergessen. Wir bauen eine Kathedrale.»

---

113 Étienne Wenger, Communities of Practice. Learning, Meaning, and Identity, New York 1998, 176.

Als ich diese Geschichte zum ersten Mal gehört habe, erinnerte sie mich an den Blog *Building Cathedrals,* der die Weisheit von sieben katholischen Frauen vereint, allesamt Absolventinnen der Princeton University, die, wie sie es formulieren, «bestrebt sind, unsere Familien so zu bauen wie die Architekten der grossen Kathedralen ihre detailreichen Meisterwerke gebaut haben: Tag für Tag und Stein auf Stein, mit einem Auge für Details, die nur Gott erkennen wird». Die Arbeiten des Maurers und Steinmetzen sind bisweilen mühselig und langwierig, und trotzdem sind sie für das grosse Unterfangen des Kathedralenbaus unerlässlich. Ebenso verhält es sich mit der elterlichen Erziehung: Auf die kleinen Dinge kommt es an. Mikrorituale können grosse Auswirkungen haben.

Ein Beispiel: Man sollte nie die formative Macht des Abendessens der Familie unterschätzen. Diese dahinschwindende Liturgie ist ein wichtiger Schauplatz der christlichen Prägung. Vielfach wird es schwierig sein, das Bild des Kathedralenbaus im Blick zu behalten, vor allem wenn das Abendessen zum bevorzugten Ort für Streitigkeiten unter Geschwistern wird. Aber selbst dann lernen die Mitglieder dieser kleinen Sippe noch, ihren Nächsten zu lieben. In der schlichten Routine des täglichen gemeinsamen Abendessens erahnen unsere Kinder etwas von den Verheissungen Gottes, der trotz allem zu seinem Bund mit uns steht. Und dann wird es Abende geben, an denen das Alltägliche zurücktritt und das angesammelte Kapital dieser gemeinsam eingenommenen Mahlzeiten uns die Gelegenheit schenkt, unsere Kinder dazu einzuladen, die Welt auf neue Weise zu sehen. Unterschätzen wir nicht die Bedeutung der Erziehung am Abendbrottisch. Das ist mir gerade kürzlich wieder sehr bewusst geworden. Als wir eines Abends rund um den Familientisch versammelt waren, drehte sich das Gespräch irgendwann um eine herzzerreissende Geschichte von einem zwölfjährigen Jungen, der zu einem Kinderspielplatz lief, um dort einen neunjährigen Nachbarsjungen mit einem Messer zu töten. Anschliessend klopfte er irgendwo in der Nachbarschaft an die Tür, bat darum, die Polizei zu rufen, gestand sein Verbrechen und teilte den Beamten mit, dass er sterben wolle.

Als meine Frau Deanna diese Geschichte beim Abendessen erzählte, kochte unser jüngster Sohn vor Wut fast über – ein jugendlicher Ausdruck von Trauer um den getöteten Jungen. *Was nur könnte ein Kind dazu bringen, so etwas zu tun?* Deanna hatte die Geschichte noch nicht fertig erzählt. *Wie* sie danach den Schluss der Geschichte erzählte, war ein Lehrstück in Sachen moralischer Urteilsfähigkeit und Mitgefühl.

Tatsächlich stellt sich die Frage, wie ein Junge einem anderen so etwas antun konnte. Wie wir bereits vermutet hatten, trat im Nachgang der Tat das ganze Ausmass des Missbrauchs und der Vernachlässigung zutage, denen er selbst ausgesetzt gewesen war. Es war leider nachvollziehbar, warum der Junge sterben wollte. Obwohl dies keine Entschuldigung ist, wurde klar, dass dieser Mörder ebenfalls ein Opfer war. Deanna kamen die Tränen, als sie versuchte, unserem Sohn das Unvorstellbare begreiflich zu machen. Sie veranschaulichte ihm den ganzen Kontext: Der Junge lebte in einem Zuhause, das diesen Namen nicht verdiente. Es war voller Schmutz, die Tische waren überladen mit Drogenbestecken, der Kühlschrank leer. Der Körper des Jungen war voller blauer Flecken und Narben von Misshandlungen. Er kam fast jeden Morgen hungrig zur Schule. Unter Tränen, aber mit viel Geduld versuchte Deanna, unserem Sohn begreiflich zu machen, dass fast alles, was er in seinem eigenen Leben für selbstverständlich hielt, in der Welt dieses Jungen nicht existierte. Jack sass schweigend da und nahm all das in sich auf. An diesem Punkt konnte nicht einmal ein 16-Jähriger seine Tränen noch zurückhalten.

An diesem Abend war gerade einer unserer älteren Söhne zufällig vom College nach Hause gekommen und hatte mit uns zu Abend gegessen. Er hatte während dieser ganzen Zeit geschwiegen, wirkte distanziert, nahm irgendwann wortlos seinen Teller und ging in die Küche. Aber dann sah ich ihn, gespiegelt in den Scheiben des Buffets im Esszimmer, über die Theke gebeugt und leise vor sich hin schluchzend. Er lernte zu trauern. Denn auch das Trauern erfordert Übung. Wir müssen lernen, den Ablenkungen zu widerstehen, die uns davon abhalten, uns der Tragödie unserer Welt zu stellen. Wir müssen unseren Kindern beibringen, um unsere Mitmenschen zu trauern, die unter Unrecht leiden, auch wenn wir dies als Hoffende tun (1Thess 4,13). Manchmal ist das Beste, was wir in dieser gefallenen Welt tun können, unseren Kindern beizubringen, wie man traurig sein kann.

Wenn wir unsere Häuser in den grösseren Haushalt Gottes einbetten und die Liturgien der Anbetung Einzug halten lassen, um damit eine bestimmte Einstellung in unseren Familien hervorzubringen, dann verleihen wir sogar dem Alltäglichen eine neue Bedeutung. Lassen wir unser Alltagsleben von der Anbetung Christi bestimmen, dann wird sogar das Triviale mit ewiger Bedeutung aufgeladen. Unsere «belanglosen» Praktiken werden gewichtiger, wenn sie in ein grösseres, auf das Königreich Gottes hin ausgerichtetes Netz von Liturgien eingebettet sind.

In unserem Esszimmer hängen mehrere historische Plakate aus der Zeit der «Victory Gardens»-Bewegung während des Zweiten Weltkriegs, als die Menschen an der Heimatfront Gärten anlegten, um die Belastungen durch die staatliche Lebensmittelrationierung zu verringern. Diese Gärten, die in Parks und auf Kirchhöfen angelegt wurden, wirkten als Katalysatoren für ein Gemeinschaftsgefühl, das dazu beitrug, dass Nachbarn angesichts der gemeinsamen Aufgabe und des «natürlichen Sakraments», sich die Hände schmutzig zu machen, Freundschaft miteinander schlossen.

Diese Plakate stehen für alles, was meiner Frau Deanna wichtig ist: Schaffenskraft und Gemeinschaft, Essen und Freundschaft. Mein Lieblingsplakat ist eines, das unsere beiden Leidenschaften in sich vereint: «*Cultivate Imagination*» («Kultiviere dein Vorstellungsvermögen») lautet die Aufforderung darauf. Amen.

Man könnte sagen, dass diese Plakate die «Tapete» einer Lebensweise sind, die Deanna in unserem Haushalt kultiviert – Rhythmen, die sich um Garten und Küche drehen, um die gemeinsame Arbeit beim Bestellen des Bodens und das gemeinschaftliche Leben, das durch das gemeinsame Kochen gefördert wird. Wenn ich unser Zuhause durch eine liturgische Brille betrachte, dann erkenne ich zutiefst formative «Liturgien», zu denen Deanna uns alle einlädt. Sie lässt uns an den jahreszeitlichen Rhythmen des Gartenlebens teilhaben, das das liturgische Jahr der Schöpfung nachbildet. Im Februar beginnen wir, über die Aussaat nachzudenken, und sehnen uns nach der aufkeimenden Osterhoffnung. Im Frühjahr warten wir geduldig, bis der Boden auftaut und wieder zum Vorschein kommt. Und wir warten darauf, dass sich die Erde erwärmt, um Samen und Pflanzen aufzunehmen. Im Sommer üben wir uns in disziplinierter Aufmerksamkeit, denn unser Garten erfordert beständige Pflege. Und gleichzeitig verspüren wir die einzigartige Freude, wenn Triebe, Blätter und Blüten zu spriessen beginnen. Die Gemeinschaft von Hillcrest Garden ist Tag und Nacht ein Ort reger Aktivität. Wir begegnen dort der Vielfalt der Bevölkerung unserer Stadt, die uns daran erinnert, wer eigentlich unsere Nachbarn sind. Und selbst wenn wir mit hartnäckigem Unkraut zu kämpfen haben, geniessen wir die Ernte und die neuen Farben, die jeder Tag mit sich bringt – in Form von kleinen Tomaten und Kürbisblüten und der Pracht der Zinnien. All diese Gartenarbeiten führen zu einer (sonntäglichen) Entschleunigung im Sinne einer Sabbatruhe inmitten unseres ansonsten so «effizienten» und «produktiven» Lebens.[114] Ei-

---

114 Norman Wirzba weist dankenswerterweise darauf hin, dass «Sabbat» nicht gleichbedeutend mit «Nichtstun» ist. Siehe Living the

nen Garten anzulegen bedeutet, eine andere Form der Ökonomie zu leben.

Ich geniesse Deannas Freudenschreie, wenn sie tagtäglich irgendwo etwas Neues im Garten entdeckt: da eine Zucchini, die scheinbar über Nacht gewachsen ist, dort eine Aubergine, die gerade erst zu wachsen beginnt, oder eine mit Früchten beladene Kirschtomatenranke. Bei ihrem täglichen Spaziergang durch den Garten, den sie in einer Haltung dankbarer Aufmerksamkeit unternimmt, lebt Deanna unseren Kindern Tugenden wie hoffnungsvolle Erwartung, dankbare Gewissenhaftigkeit und sichtbare Wertschätzung vor.

Diese Gartenliturgien finden ihren Abschluss in der Küche, wo wir die Früchte unserer Arbeit verspeisen. Und auch hier habe ich beobachtet, wie Deanna einen Ethos pflegt, der unseren Kindern eine Vision vom guten Leben vermittelt. Sie wurden durch Rituale gelehrt, die Wichtigkeit von Gemeinschaft, Freundschaft und Gastfreundschaft zu erkennen. Während sie lernten, wie man Zwiebeln schneidet oder warum wir nur «glückliche» Kühe essen, wurde unseren Kindern eine Geschichte darüber vermittelt, wie ein gelingendes Leben aussieht – mit einer Vision eines Gelingens, das grösser ist als ihr individuelles Glück, ja grösser sogar als ihre individuellen Seelen. Diese Liturgien fokussieren nicht aufs Bibellesen, lehren uns aber trotzdem, Gottes Schöpfung zu bewahren. Die entsprechenden Rituale enthalten vielleicht keine offiziellen Gebete im herkömmlichen Sinne, sind aber trotzdem ein greifbarer Ausdruck von Hoffnung. Ihre formative Bedeutung entspringt dem übergreifenden Netz von Liturgien, in das sie eingebettet sind. Die Bedeutung dieser Liturgien im Familiensetting wird vom Leib Christi her strukturiert. Der Tisch zu Hause spiegelt den Tisch des Herrn wider, und die Gemeinschaft der Heili-

---

Sabbath. Discovering the Rhythms of Rest and Delight, Grand Rapids 2006.

Die formative Macht häuslicher Rituale.
© Joe Wirtheim

gen erhält ihren mikrokosmischen Ausdruck in der schlichten Routine des alltäglichen gemeinsamen Abendessens. Zwischen den Rhythmen der gemeinschaftlichen Anbetung in der Gemeinde am Sonntag und denen unseres werktäglichen Lebens als «Gesandte» gibt es ein enges Wechselspiel.

6

Erziehe deine Kinder weise

Mit dem Herzen lernen

Ich bin in Embro aufgewachsen, einem kleinen Ort im Südwesten Ontarios. Embro war so winzig, dass wir nicht einmal die eine Ampel hatten, die wir brauchten, um in die Liga der Kleinstädte (mit einer Ampel) aufzusteigen. Ich kannte mein Dorf wie meine Westentasche – ich kannte es sozusagen in- und auswendig. Doch die Art und Weise, *wie* ich Embro kannte, gibt uns einige Hinweise darauf, wie wir über das Auswendiglernen und Auswendiglehren nachdenken sollten.

Stell dir vor, dass du im Jahr 1984 durch meinen Heimatort fährst und aus irgendeinem Grund einen Halt einlegen musst. Stell dir vor, dass du mir auf dem Parkplatz neben dem Highland Restaurant begegnest, wo ich gerade einen Freestyle-Trick auf meinem BMX-Rad übe. Du sprichst mich an und sagst: «Entschuldige bitte, mein Junge. Könntest du mir sagen, wo die St. Andrew's Street ist?» Trotz der Tatsache, dass ich 13 Jahre alt bin und mein ganzes Leben lang in Embro gelebt habe, ist es durchaus möglich, dass ich dir nicht helfen kann. Warum? Weil ich Embro nicht so kenne, wie man eine Landkarte kennt. Ich habe diesen Ort von Grund auf, von unten her, kennen gelernt. Ich kenne Embro als jemand, der *darin* gelebt hat, und nicht, weil ich mir die Stadt *angesehen* oder *über sie nachgedacht* habe. Strassennamen lernen ist eine abstrakte Form des Wissens – so wie eine Landkarte abstrakt ist, die eine Stadt von einem Blickpunkt in drei Kilometern Höhe aus betrachtet. Das Wissen der Landkarte ist das eines Beobachters, nicht eines Bewohners; es ist die Art und Weise, wie ein Aussenstehender und nicht ein Einheimischer das Dorf sieht. Ich kenne diesen Ort anders, weil ich ihn anders kennengelernt habe.

Ich mag also vielleicht nicht in der Lage sein, die Frage nach der St. Andrew's Street zu beantworten, aber dafür finde ich mit geschlossenen Augen den Weg zum Baseballplatz oder zur Hockeyarena. Ich weiss, wo Shawn wohnt und wo das Postamt ist, wie man zu Christine kommt und wo die Abkürzung nach Vinegar Hill hindurchführt. Ich weiss, wo man die besten Absprünge für mein Fahrrad findet, und auch, wie man in das unheimliche alte Herrenhaus oben an der United Church hineinkommt. Ich kann diese spezifische Frage vielleicht nicht beantworten, aber ich kenne diese Stadt, weil ich ein *Gespür* für sie habe. Ich kenne mich hier aus, weil mein Wissen von der Art ist, die David Foster Wallace «kinästhetisch» nennt: Ein Know-how, das mir in Fleisch und Blut übergegangen ist. Es ist ein Wissen, das ich durch die Praxis erlernt habe. Und dabei habe ich nicht einmal realisiert, dass ich lernte.

Was wäre, wenn man den christlichen Glauben auf die gleiche Art und Weise «erlernen» würde, wie ich gelernt habe, mich in Embro zurechtzufinden? Was würde es bedeuten, ein «Gespür» für Gottes Schöpfung auf die gleiche Art und Weise zu entwickeln, wie ich mir ein Gespür für meinen Heimatort angeeignet habe? Was wäre, wenn «die Gesinnung Christi» zu erlernen nicht bedeuten würde, eine Karte auswendig zu lernen, sondern ein Leben in Christus zu führen und unser Menschsein in ihm zu gestalten? Wie können wir den Glauben in jungen Menschen herausbilden, dass sie ganz vom Evangelium durchdrungen sind? Und was wäre, wenn wir ein biblisches Verständnis der Welt so verinnerlichen könnten, als ob wir tatsächlich Bürger der guten Schöpfung des Herrn wären?

Was wäre, wenn es in der Bildung nicht in allererster Linie darum ginge, was wir *wissen,* sondern um das, was wir *lieben?*

Dies wirft Fragen darüber auf, wie wir die Erziehung und Bildung junger Menschen im christlichen Glauben in diversen Kontexten angehen – in Schulen und Jugendgruppen, in der Sonntagsschule und im Katechismus sowie in Hochschulgemeinden und Hörsälen. Formation ist ein inhärent pädagogisches Projekt (das französische Wort für «Ausbildung» und «Bildung» ist tatsächlich *formation*); das bedeutet allerdings auch, dass Pädagogik ein inhärent formatives Projekt ist und nicht bloss Informationsvermittlung betreibt. Wie Stanley Hauerwas es formuliert: «Jede Erziehung, ob anerkannt oder nicht, ist moralische Formation.»[115] Wir müssen sorgfältig über das *telos* der christlichen Erziehung nachdenken und ebenso über die Pädagogiken, durch die wir junge Menschen in den Glauben einführen.[116] In diesem Kapitel möchte ich dich in mehrere verschiedene Räume einladen, wo junge Leute im Glauben unterwiesen werden – vom kirchlichen Kindergarten über Klassenzimmer in der Mittelstufe bis hin zu Studentenwohnheimen.[117] Wenn wir

---

115 Stanley Hauerwas, State of the University, Oxford 2007, 46.

116 Wie unter einem Brennglas hat sich in Christian Smiths Untersuchung *Soul Searching: The Religious and Spiritual Lives of American Teenagers* (zus. mit Melinda Lunquist Denton, New York 2005) gezeigt, dass heutzutage grosse Sorgen um den Zustand der Religion und der Spiritualität unter Jugendlichen bestehen. Smith beklagt den traurigen Zustand der Katechese in den christlichen Gemeinden, wo junge Menschen eher einem «moralisierenden therapeutischen Deismus» anhängen als dem christlichen Bekenntnis. Es bestehen zwar berechtigte Bedenken, aber ich würde trotzdem anmerken, dass viele von Smiths Massnahmen dezidiert «intellektualistisch» sind. Vgl. Kenda Creasy Dean, Almost Christian. What the Faith of Our Teenagers Is Telling the American Church, New York 2010.

117 Dieses kurze Kapitel erhebt keinen Anspruch auf Vollständigkeit. Eine substanziellere Reflexion über einen liturgischen pädagogischen Ansatz findet sich in James K. A. Smith, Desiring the Kingdom, sowie in David I. Smith und James K. A. Smith (Hg.), Teaching

anerkennen, dass Menschen liturgische Geschöpfe sind, dann werden wir junge Menschen mit neuen Augen sehen – als die rituellen Wesen, die sie sind, hungrig nach Riten, die ihnen Rhythmen und Reime vermitteln, in denen sie leben können.

Gott will wahre Anbeterinnen und Anbeter

Sobald wir den bedeutendsten Sonntagsschulbezirk an der St. George's Episcopal Church in Nashville betreten, werden wir sofort bemerken, dass dieser Raum den darüberliegenden Gottesdienstraum widerspiegelt. Die üblichen Flanelltafeln und die Plakate mit Bibelversen zum Auswendiglernen sind auffallend abwesend; an ihrer Stelle befindet sich etwas, das sich wie eine Art Anbetungslabor anfühlt. Ähnlich wie bei dem auf Experimenten beruhenden Unterricht in den Naturwissenschaften, bei dem man den Bunsenbrenner anzündet und chemische Reaktionen hervorruft, bei denen es zischt und knistert, bietet dieser Raum für junge Nachfolger die Möglichkeit, in die gleiche Realität einzutauchen, die sie oben im Kirchenraum erleben. Hier lernen Kinder den Glauben auf eine eher greifbare als didaktische Weise kennen. Sie lernen hier also, eine Katze am Schwanz zu tragen.

An einer ersten Station treffen die Kinder auf eine visuelle Darstellung des liturgischen Kalenders der Kirche, die sie einlädt, herauszufinden, wo wir uns im Kirchenjahr gerade befinden, das uns durch das Leben Christi hindurchführt. Neben dem bunten Bild des Kirchenjahrs hängt eine Version des Kalenders aus Holz mit einer Skala und Markierungen, die zu einer Art göttlichem Spiel einladen – eine Versuchsstation des Lernens, bei der die Kinder gar nicht mer-

---

and Christian Practices. Reshaping Faith and Learning, Grand Rapids 2011.

ken, dass sie unterrichtet werden. Und trotzdem werden die Kinder in den weltweiten Leib Christi eingeladen, in dem sie zur Anbetung mit der Gemeinschaft der Heiligen über die Jahrhunderte hinweg eingeführt werden. Es handelt sich um die Geschichte von Gottes barmherziger Versöhnung mit allen Lebewesen. Selbst die Zeit wird in Christus erlöst.

In einer Kultur, die auf die Anziehungskraft und den Reiz des Neuen fixiert ist, scheint alles im Fluss und leicht verfügbar zu sein. Was uns heute fasziniert, wird morgen bereits vergessen sein. In einer Welt, in der die einzige Konstante ein stetiger Strom wechselnder Bilder ist, kann es sich so anfühlen, als ob sich der Boden unter unseren Füssen in Treibsand verwandelt.

Bedauerlicherweise fällt auch das Christentum dieser Tyrannei der Gegenwart gelegentlich zum Opfer. Wir «modernisieren» unseren Glauben ständig im Namen der «Relevanz», um zeitgemäss zu erscheinen. Das Ergebnis aber ist der gleiche Verlust an sicheren Grundlagen. In solchen Versionen des Glaubens beschränkt sich die «Kirchengeschichte» auf die Lebensgeschichte des Gemeindegründers, der unsere Kirche ins Leben gerufen hat. Die Schätze und Reichtümer unseres «katholischen», also allgemeinen christlichen Erbes werden ignoriert und gehen vergessen und damit auch die jahrtausendelange treue Wegweisung des Heiligen Geistes durch die Geschichte. Stattdessen versuchen wir, das Rad des Glaubens neu zu erfinden, mit dem Resultat, dass es öfters einmal «holpert».

Das ist genau der Grund, warum es in der Postmoderne ein Geschenk sein kann, Christen – insbesondere junge Menschen – in das *Erbe und Vermächtnis des katholischen Christentums* einzuführen. So wie das Heer des Propheten Elischa einen Blick auf die Engel erhaschte, die es umgaben (2Kön 6,16–17), werden auch junge Menschen, die in die historischen Disziplinen der Kirche eingeführt werden, einer Gemeinschaft von Heiligen begegnen, die sie umgibt.

Eine beeindruckende Darstellung davon findet sich in der Kathedrale Unserer Lieben Frau von den Engeln in Los Angeles. Anstelle der typischen «Heiligenhalle» aus bunten Kirchenfenstern, die die anbetende Gemeinde umgibt, beherbergt die Kathedrale eine Reihe von Wandteppichen des Künstlers John Nava. Auf diesen sind die vorbildlichen Lebensgeschichten von Heiligen wie Bonifatius und Birgitta von Schweden, Thomas von Aquin und Katharine Maria Drexel dargestellt. Zwischen diesen historischen Persönlichkeiten der Kirche leuchten jedoch auch die Gesichter von Jungen und Mädchen aus dem heutigen Los Angeles auf. Diese finden sich nicht nur von der Gemeinschaft der Heiligen umgeben, sondern werden ihrerseits Träger einer fortlaufenden Geschichte.

Neben der liturgischen Kalenderstation befindet sich noch eine weitere, die der Taufe gewidmet ist. Hier werden Kinder jede Woche auf greifbare Weise an ihre eigene Taufe und deren Bedeutung erinnert: Sie dürfen ein weisses Taufkleid berühren und Fragen dazu stellen. Zudem steht ein Wasserbehälter bereit, um die Finger zu benetzen, was an die Verheissungen Gottes erinnern soll, zu denen er sie im Sakrament einlädt. Der Katechet malt ihnen diese Geschichte immer wieder vor Augen und gibt ihnen dabei etwas zum Spielen in die Hände, wodurch sie das Evangelium verinnerlichen.

In der Ecke des Gebäudes befindet sich ein Raum, der die Kinder einlädt, «Kirche zu spielen», nicht ohne sie zuvor in deren Bedeutung, deren Sinn und Zweck eingeführt zu haben. An diesem Ort stossen sie auf Nachbildungen heiliger Orte in Miniaturform, die sich im Altarraum der Kirche befinden: eine Kanzel mit aufgelegter Bibel, ein Taufbecken mit der Abbildung eines Kreuzes, eine Kerze und ein Kreuz, das die Kinder in der Prozession zu Beginn des Gottesdienstes vorbeiziehen sehen, sowie ein Banner, das die Farbe des aktuellen Festkreises anzeigt. An einer weiteren Station sind die alltäglichen und doch irgendwie «magischen» Elemente zu sehen, die sie beim Abendmahl zu Gesicht bekommen. Diese verkleinerten kirchlichen Elemente der Anbetung sind mit einer inkarnatorischen Pädagogik ausgestattet: Sie holt die Kinder dort ab, wo sie ihrer Entwicklung gemäss am besten angesprochen werden können, und zwar so, dass ihre erwachte Neugier gestillt wird. Sie ertasten, erfahren und befragen das Kirchenjahr der Gemeinde Christi und werden dadurch in sie aufgenommen. Eine Nachbildung einer Statue des Guten Hirten aus den Domitilla-Katakomben aus dem dritten Jahrhundert überragt den ganzen Lernraum. Jene Statue als Teil des frühchristlichen künstlerischen Erbes verbindet die Kinder auch mit den frühen Christen. Sie evoziert auf visuell ansprechende und berührende Weise die Metapher von Jesus als dem Guten Hirten. Auf den Schultern des Hirten ruht ein verletzliches Lamm. Dies soll die Kinder daran erinnern, dass der Gute Hirte auch sie tragen wird, sollten sie sich einmal verirren. Das ist genau die Art von Bild und Metapher, die sich uns als Kind ins Unterbewusstsein einprägt, eine bildliche Wahrheit, welche die Kinder für den Rest ihres Lebens in sich tragen werden. Das Bild lässt sie weder in den nachfolgenden Jugendjahren noch als junge Erwachsene los, auch wenn der eine oder andere vom Glauben abdriftet, die kirchlichen Praktiken vernachlässigt und sich selbst in Schwierigkeiten bringt, weil Hunderte schlechter Entscheidungen gefällt worden sind und einige sich plötzlich in irgendeinem Quartier der Stadt befinden und ein Leben führen, das man sich im Alter von sieben Jahren niemals hätte vorstellen können. An diesem Punkt angekommen, dominieren Wut und Scham das Leben, die mit ein Grund dafür sind, warum man die Kirche wie die Pest meidet. Man hat die Nase gestrichen voll von der ganzen Selbstgerechtigkeit der christlichen Gemeinde, ganz zu schweigen von der Tatsache, dass sich mittlerweile eine ganze Reihe von intellektuellen Zweifeln an diesem Christentum aufgebaut haben. In einem solchen Prozess liegt die Schlussfolgerung nahe, dass man damit fertig ist. Doch dann, wie aus dem Nichts, erinnert man sich an einem einsamen Abend an etwas. Nicht an einen Lehrsatz, auch nicht an einen Vers aus dem Römerbrief, den man auswendig gelernt hat. Aus irgendeinem Grund bahnt sich das Bild des Hirten aus den Tiefen der Erinnerung einen Weg ins Bewusstsein. Und mit diesem Bild einher geht die Geschichte von einem Hirten, der die 99 braven Schafe, die alles richtig gemacht haben, zurücklässt, um dieses eine dickköpfige, widerspenstige Lamm zu suchen. Dieses Bild geht uns gegen den Strich – oder es fühlt sich zumindest so an – und irgendwie stecken wir nun mittendrin in der Geschichte, dass der Hirte sich auf die Suche nach dem eigensinnigen Lamm macht und nicht aufgibt, bis er es gefunden hat. Und als er das blökende Tier schliesslich in einem Felsspalt findet, beobachten wir, wie er es zärtlich in seinen Armen wiegt und es mit einem Lächeln und einem ermutigenden «Komm schon, Kleiner» aus seiner Notlage befreit. Dann hievt er es auf seine Schultern und das Lamm kann es nicht erwarten, nach Hause getragen zu werden.

Dieses Verständnis des Evangeliums wird uns nicht durch eine bloss didaktische Informationsvermittlung eingepflanzt. Vielmehr geht uns diese Geschichte als eine Art vertieftes Know-how in Fleisch und Blut über. Und genau diese Art von unbewusst verinnerlichten Überzeugungen ist es, die durch die eben beschriebenen Räume des Lernens gefördert werden. Dieser Raum zum Erlernen des Glaubens – der eigentlichen Formation *im* Glauben – ist die Frucht dessen, was als «Katechismus des Guten Hirten» bekannt ist, jenes Modells einer Kindergemeinde, die auf die Weisheit von Maria Montessoris Vision einer engagierten, verkörperlichten Pädagogik zurückgeht.[118] Das Lernen findet ausschliesslich an einem Ort statt, der sich «Atrium» nennt, ein heiliger Raum, der von einem Lehrkörper eingerichtet wird. Diese

---

118 Für mehr Informationen dazu siehe Sofia Cavalletti, The Religious Potential of the Child, Chicago 1992, sowie dies., Patricia Coulter, Gianna Gobbi und Silvana Q. Montanaro, The Good Shepherd and the Child. A Joyful Journey, Chicago 2007. Besuchen Sie darüber hinaus die Website www.cgsusa.org/about/.

Lehrer sind sich darüber im Klaren, dass sie im Grunde genommen «Katecheten» sind und damit ein uraltes kirchliches Amt ausüben, dessen Inhaber den neuen Gläubigen dabei helfen, zu verstehen, warum wir in unseren Gottesdiensten das tun, was wir tun. Hier handelt es sich um eine *liturgische* Katechese. Sie stellt eine Einführung in den Glauben dar, die nicht mit abstrakten Abhandlungen über den Glauben beginnt, sondern den Anfang mit dem macht, was wir Christen *tun,* wenn wir uns zum Gebet um Wort und Tisch herum versammeln. Dies ist ein Lernen, das im Gebet wurzelt, eine Nachfolge, die sich aus der Anbetung ergibt; es ist eine Pädagogik, die auf der Überzeugung basiert, dass wir beten, bevor wir wissen, und anbeten, bevor wir eine «Weltanschauung» entwickeln. Die Anbeterinnen und Anbeter, die der Vater will (Joh 4,23), sind im Glauben geformt und nicht nur über den Glauben *in*formiert. Diese Formation sollte schon mit dem Kindergottesdienst beginnen, der die Vorstellungskraft der Kinder prägt.

Kirchliche Jugendarbeit für liturgische Wesen

Stellen wir nun das Atrium der Katechese des Guten Hirten einer ganz anderen Szene gegenüber. Sie betreten einen Raum mit hohen Decken, der wie eine Mischung aus Spielhalle, Café, Diskothek und Aufenthaltsraum für Familien aussieht. Dieser Raum ist voller Energie und verströmt eine Atmosphäre unbändigen, aber konfektionierten Glücks, die man wohl am ehesten als «aufgedreht» bezeichnen könnte – darüber hinaus versucht uns dieser Raum zu vermitteln, dass er ein Ort sei, an dem junge Menschen «chillen» könnten. Vor allem bemüht er sich, ein Ort zu sein, an dem junge Leute sein *wollen*. Ein paar Kinder sind um eine Xbox herum versammelt und spielen Videospiele, so als wären sie bei einem Freund zu Hause. Andere machen es sich auf Sofas bequem, surfen auf Instagram und reden ab und zu auch ein bisschen miteinander, um sich gegenseitig zu berichten, wie ihre Woche war. Und eine andere Gruppe versammelt sich um einige Tische herum, auf denen Donuts, Saft und M&Ms bereitstehen.

Schliesslich finden diese kleinen Stämme zu einem Clan zusammen, damit das Programm beginnen kann. Sie bleiben hier, anstatt sich im Altarraum (der in diesem Zusammenhang eher als «Auditorium» denn als «Altarraum» zu bezeichnen sein dürfte) zur Anbetung zu versammeln. Das, was nun passiert, ist quasi ihr Ersatzgottesdienst. Die Liturgie wird ihnen dabei vertraut vorkommen: Zunächst betritt eine laute Band die Bühne – ein Ablauf, der aus Konzerten und Musikclubs hinlänglich bekannt ist. Sie führt die Gruppe durch ein mitreissendes Set triumphaler Lobgesänge und dann durch eine ruhige Abfolge besinnlicher, berührender, meditativer Stücke, bei denen die Besucher die Augen geschlossen halten und die Hände erheben. Der so entstandene Zauber wird jedoch jäh unterbrochen, als eine Comedygruppe auf die Bühne kommt, um Stimmung zu machen und allen zu beweisen, dass es *Spass macht,* Jesus nachzufolgen. Die fröhliche Atmosphäre bereitet dann den Auftritt eines hippen jungen Pastors vor, der entweder mit einer ganz grundsätzlichen moralischen Botschaft («trinkt nicht, raucht nicht und habt vor allem keinen Sex!») oder einer allgemein therapeutischen Botschaft aufwartet («wir sind hier, weil wir euch so liebhaben» – als wäre das Evangelium eine einzige grosse Umarmung), wobei sein Hauptanliegen immer darin besteht, ja nicht *langweilig* zu wirken. Die besten Geschichten in dieser Botschaft stammen aus Filmausschnitten und Songtexten aus der Popmusik, was zwar den Eindruck hinterlässt, dass das Christentum irgendwie «relevant» ist, zugleich aber auf subtile Weise eine gewisse Irrelevanz der Bibel suggeriert. Nachdem den Jugendlichen also eine vage biblische Botschaft in einer leicht verdaulichen Form serviert wurde –

so ähnlich wie wenn man eine bittere Pille in einer Süssigkeit verpackt –, werden sie mit dem Versprechen auf noch mehr Spass am nächsten Wochenende entlassen.

Obwohl man es nicht merken würde, ist dieses ganze «Programm», dessen Zeugen wir gerade geworden sind, durch *Angst* strukturiert – nicht *um* Angst zu verbreiten, sondern es ist *aus* Angst hervorgegangen. Es ist das Werk einer Generation von Eltern und Erwachsenen, die panische Angst davor haben, dass ihre Kinder – die sprichwörtliche nächste Generation – die Kirche verlassen und den Glauben aufgeben werden. Sie haben sich selbst eingeredet, dass Langeweile der Hauptgrund dafür ist, dass die jungen Leute sich von Christus abwenden. Es ist, als ob diese Erwachsenen die Grunge-Band *Nirvana* aus den 90er Jahren ihre berühmte Zeile «Here we are now: entertain us!» («Hier sind wir, unterhaltet uns!») ins Mikrofon hätten schreien hören, den eigentlichen Punkt aber vollkommen missverstanden hätten. Das Ergebnis war ein neuer Ansatz in der kirchlichen Jugendarbeit, der auf zwei desaströsen Entscheidungen beruht.

Erstens haben wir den einen Leib Christi in generationenspezifische Segmente aufgeteilt, wobei wir Kinder und junge Menschen aus dem kirchlichen Zentrum der Anbetung in «parakirchliche» Räume verbannt haben, auch wenn diese sich offiziell immer noch im Kirchengebäude befinden. Damit verneinen wir aber implizit die Einheit und Katholizität des Leibes Christi. Denn so beten wir auf eine Weise an, die dem bemerkenswerten Aufruf von Paulus zuwiderläuft: «*Ein* Leib und *ein* Geist ist es doch, weil ihr ja auch berufen wurdet zu *einer* Hoffnung, der Hoffnung, die ihr eurer Berufung verdankt: *Ein* Herr, *ein* Glaube, *eine* Taufe, *ein* Gott und Vater aller, der da ist über allen und durch alle und in allen.» (Eph 4,4–6) Wichtiger noch: Angesichts unserer Sorge um die Bildung und Neuausrichtung unserer Fähigkeit zu lieben, lässt diese Unterteilung des Leibes Christi in generationsbezogene Kasten keine Nachahmung von Vorbildern mehr zu, die eine der wichtigsten Voraussetzungen der Gewohnheitsbildung darstellt. Denn wenn sich junge Leute immer und ausschliesslich mit- und untereinander versammeln, wie sollen sie dann von jenen vorbildlichen Heiligen in der örtlichen Gemeinde lernen, die ihr ganzes Leben Jesus gewidmet haben?

Zweitens haben wir die Jugendgottesdienste zu einer fast ausschliesslich expressiven Angelegenheit gemacht, weil wir unterstellen, dass das, was die jungen Leute in der Kirche «halten» wird, eine Reihe von Gelegenheiten ist, ihren Glauben aufrichtig darzustellen. Doch anstelle einer formativen Anbetung, die den ganzen Leib mit einschliesst, haben wir uns für eine Zweiteilung entschieden, nämlich für eine emotionale Erfahrung als Vorspiel zur Informationsvermittlung, sprich, für 30 Minuten aufwühlende Musik, gefolgt von einer 30-minütigen «Botschaft». Wir erkennen dies vielleicht nicht auf Anhieb, aber solche dominanten Paradigmen in der Jugendarbeit sind tatsächlich der Idee des «denkenden Subjekts» verpflichtet. Die antiintellektuelle Fixierung auf die Unterhaltung ist eigentlich nur ein Mangel an Vertrauen in die Bildungsfähigkeit des Glaubens. Es scheint zwar so, als ob die emotionale Aufgeladenheit der heutigen christlichen Jugendarbeit antiintellektuell ist, doch in Wahrheit ist sie an ein zutiefst intellektualistisches Paradigma von Nachfolge gebunden. Der Grund dafür, in den jungen Menschen Gefühle des Glücks zu wecken und sie emotional anzusprechen, ist einzig und allein der, dass wir immer noch davon überzeugt sind, ihnen eine «Botschaft» in ihre Köpfe einzuhämmern.

Doch wir müssen uns einer ernüchternden Realität stellen: Junge Leute zu bespassen ist keineswegs gleichbedeutend damit, sie zu dynamischen Gliedern des Leibes Christi zu formen. Was als Jugendarbeit durchgeht, ist oftmals keine ernsthafte christliche Bildungsarbeit, sondern vielmehr eine pragmatische, verzweifelte Bemühung darum, die jungen Leute wenigstens auf dem Papier als Mitglieder in unserem evangelikalen Club zu halten. Aber das ist eben nicht das Gleiche, wie sie «in Christus» zu halten.

Vielfach haben wir ihre Bildung bereits an säkulare Liturgien abgetreten, indem wir diese unter dem Banner ihrer vermeintlichen Relevanz in die Kirche importiert haben. Junge Menschen mögen also zwar in den Veranstaltungen der kirchlichen Jugendarbeit präsent sein, doch nehmen sie faktisch stillschweigend an konkurrierenden Visionen des guten Lebens teil. Bereits die Form der Unterhaltungspraktiken, die für diese Veranstaltungen grundlegend sind, verstärken einen tiefsitzenden Narzissmus und Egoismus, die dem christlichen Anspruch, sich selbst zu verleugnen und das Kreuz auf sich zu nehmen (Mk 8,34–36), diametral entgegenstehen. Es kann also durchaus der Fall sein, dass viele junge Leute eifrig an all den christlichen Unterhaltungsveranstaltungen teilnehmen, die wir für sie organisieren, aber eine solche Beteiligung richtet ihre Herzen und ihr Verlangen nicht auf Gott und sein kommendes Reich aus, solange die Standardliturgien solcher Veranstaltungen auf konsumistischen Ritualen und der Logik der Selbstbezogenheit fussen. Tatsächlich könnten wir durch unseren Eifer, mit dem wir für die Unterhaltung der jungen Leute sorgen wollen, am Ende nur die Reihen derjenigen anschwellen lassen, die flehen: «Herr, Herr, haben wir nicht in deinem Namen jede Pyjamaparty und jedes Zeltlager und Beachvolleyballturnier mitgemacht?» (vgl. Mt 7,21–23). Oder anders formuliert: Wir sollten uns nicht täuschen lassen von der Zahl derjenigen, die nur da sind, um unterhalten zu werden. Dagegen mag eine effektive christliche Bildungsarbeit junger Menschen eine Zeit lang durchaus wie ein Fehlschlag *erscheinen*.

Die gegenwärtige Jugendarbeit bestärkt zwar eine innerlich empfundene Authentizität und Begeisterung, doch in Wirklichkeit spiegeln solche Paradigmen letztlich die «Exkarnation» des christlichen Glaubens in der Moderne wider (ein Ausdruck von Charles Taylor, den wir in Kapitel 4 bereits diskutiert haben). Nachdem wir das Christentum zunächst auf eine blosse Botschaft reduziert haben, machen wir uns nun daran, eine emotionale Erfahrung zu schaffen, über die diese Botschaft verbreitet werden soll. Das ist allerdings ein Zeichen dafür, dass wir *in*karnierte Modi der Vermittlung aufgegeben haben, die uns mit Liturgie und geistlichen Disziplinen anvertraut worden sind. Stattdessen haben wir eine Jugendarbeit geschaffen, die Extrovertiertheit mit Glaube verwechselt. Wir haben den jungen Menschen faktisch beigebracht, dass echte Jesus-Nachfolge gleichbedeutend damit ist, «voll Bock» auf ihn zu haben, *Begeisterung* für ihn zu empfinden – so als wäre die Nachfolge Christi nur ein Synonym dafür, eine überschwängliche, fröhliche und ausgelassene «Jesus-Hurra!»-Stimmung zu befördern, wie wir sie vielleicht im Gesangsverein oder bei einer Sportveranstaltung antreffen.

Das Ergebnis kann katastrophal sein. Wenn wir jungen Leuten unter dem Strich vermitteln: «Wenn du ein ernsthafter Nachfolger Jesu sein willst, dann musst du ein lautstarker Fan von Jesus sein», dann werden all diejenigen unter ihnen, die charakterlich nicht so disponiert sind, im Stillen annehmen, dass sie keine echten Nachfolger sein können. Wenn man den Überschwang des energiegeladenen Jugendpastors als exemplarisch betrachtet, dann werden viele junge Menschen fälschlicherweise annehmen, dass sie einfach keine Christen sein können. Die unbeabsichtigte Folge: Im Namen der Konzeption einer spannenden, unterhaltsamen «Erfahrung», die junge Menschen im christlichen Glauben halten soll, erzeugen wir am Ende einfach nur Konsumenten einer Jesus-Botschaft. Gleichzeitig verlieren wir weite Teile von Jugendlichen, die sich einfach nicht vorstellen können, in einen Jubelverein für Jesus einzutreten.

Für jene jungen Menschen, die von überenthusiastischen Versionen eines Jugendgruppen-Christentums entweder abgeschreckt werden oder diese misstrauisch betrachten, können traditionelle geistliche Disziplinen und die historisch gewachsene christliche Liturgie lebensrettende Geschenke sein. Wenn man nur Formen von Frömmigkeit erlebt hat, die spontane Begeisterungsausbrüche und eine klischeebehaftete Hingabe wertschätzen, dann kann das Kennenlernen der Melodien und Rhythmen des *Book of Common Prayer* sich so anfühlen, als hätte man die Gabe des Zungenredens empfangen. Meiner Erfahrung nach sind viele junge Menschen eigentlich ausgesprochen rezeptiv für Rituale, ohne sich dies selbst einzugestehen. Und wenn sie in gewohnheitsbildende Praktiken des christlichen Glaubens eingeführt und dazu eingeladen werden, Jesus auf eine Weise zu folgen, die zeitlich weit zurückreicht und bewährt ist, dann erlebt ihr Glaube eine Wiedergeburt. Sie erleben geistliche Disziplinen nicht als belastende Pflichten, sondern als Geschenke, die ihre Hingabe fokussieren und ihren Glauben stärken. Statt sich auf ihre inhaltliche Frömmigkeit und Willenskraft zu verlassen (was ohnehin eine falsche Art und Weise ist, über Nachfolge nachzudenken), erleben junge Menschen Gebets- und Andachtspraktiken aus der Anbetungstradition als Geschenke der Gnade. Sie werden vom Heiligen Geist da abgeholt, wo sie stehen. Indem sie die Psalmen als das Gebetsbuch der Kirche entdecken, finden sie einen vergrabenen Schatz mitten in der Bibel.[119] Andachtspraktiken wie das Stundengebet oder die *Divine Hours* bieten ihnen einen Rahmen, in den sich ihr Glaube einfügen kann, eine greifbare, historische Möglichkeit, ihr Verlangen mit der Ordnung des Universums in Einklang zu bringen.[120] Worauf es ankommt, ist jetzt nicht mehr ihre

---

119 Siehe Kevin Adams, 150. Finding Your Story in the Psalms, Grand Rapids 2011, das sehr gut darlegt, warum die Psalmen ein Geschenk aus alten Zeiten für die Kirche der Gegenwart sind.

120 *The Divine Hours* von Phyllis Tickle liegt dankenswerterweise in einer Taschenbuchausgabe vor (New York 2007).

«Performance» oder ihre Ausdrucksfähigkeit; solche Praktiken kultivieren vielmehr eine Haltung der dankbaren Aufnahmebereitschaft für das Handeln des Heiligen Geistes.

Diese durch die Kirchengeschichte gewachsenen Praktiken der Anbetung und Nachfolge verbinden die jungen Christen mit einem Glauben, der bis ins Frühchristentum zurückreicht. Sie verbinden sich damit auch mit einem *Leib,* der älter ist als ihr Jugendpastor und grösser als ihre Jugendgruppe. Für ein authentisches christliches Leben im Glauben ist das nicht unwichtig. Christus nachzufolgen – *in Christus* zu sein – bedeutet, in seinen Leib eingebunden zu sein, der eine zutiefst soziale Realität ist. Dies bildet ein Gegengewicht zu den Riten der Autonomie und Unabhängigkeit, die in der spätmodernen Kultur so überreichlich vorhanden sind und uns auf privatisierte Individuen reduzieren, die lediglich flüchtige Beziehungen zu anderen unterhalten. Solche Vorstellungen von Autonomie und Unabhängigkeit haben auch Eingang in die Kirche gefunden und dort privatisierte Versionen eines Christentums erschaffen, die zwar einer «persönlichen Beziehung zu Jesus» das Wort reden, aber kaum begreifen können, warum wir in seinen Leib eingefügt sein müssen. Im Gegensatz dazu sind die erprobten geistlichen Disziplinen der Kirche Geschenke, die wir teilen können, ererbt von der Gemeinschaft der Heiligen. Durch diese Praktiken lernen wir, was es bedeutet, eine *Gemeinschaft* der Gläubigen zu sein und nicht bloss eine Ansammlung verstreuter Individuen, die zufälligerweise denselben Erlöser lieben.

Hinzu kommt noch, dass diese auf den ersten Blick eigenartigen historischen Riten der allgemeinen «katholischen» Kirche dazu dienen, die Welt für diejenigen, die vollkommen von unserem säkularen, entzauberten Zeitalter eingenommen sind, wieder zu verzaubern. Eines der Probleme der heutigen Spiritualität bei Jugendgruppenanlässen ist, dass sie nach den gleichen Prinzipien zu verfahren scheinen wie jeder andere «Event», nämlich als eine Art manipulierte, gelenkte «Erfahrung», die im Wesentlichen auf natürlichen Strategien basiert und bei den Beteiligten eine ähnliche Emotionalisierung bewirkt wie an Konzerten, Fussballspielen und Motivationskursen. Und genau diese Übereinstimmung, die wir angestrebt haben, um die jungen Leute bei Laune zu halten, weckt in ihnen den Verdacht, dass da in Wirklichkeit überhaupt keine *Transzendenz* mehr vorhanden ist. Auf diese Weise passen sich die doch nur gut gemeinten christlichen Veranstaltungen am Ende der Welt an und führen zu deren Entzauberung. Die merkwürdigen alten Riten aus der Geschichte der christlichen Liturgie hingegen führen gerade in ihrer «Eigenartigkeit» eine verwirrende, beunruhigende Transzendenz mit sich. Die jungen Menschen werden den wiederauferstandenen Herrn der Geschichte nicht über ein Event kennenlernen, das sich wie jede andere Veranstaltung anfühlt, die sie in der Vergangenheit besucht haben. Sie verabschieden sich von solchen Varianten des Christentums, da sie sich in ihrem Verdacht bestätigt fühlen, dass hier einfach eine weitere Veranstaltung inszeniert wird, die nicht besser oder schlechter ist als jede andere – auch wenn sie dies vielleicht nie in Worte fassen. Die merkwürdige Schlichtheit und schlichte Merkwürdigkeit der historisch gewachsenen christlichen Anbetungspraktiken sind im Gegensatz dazu auf eine Weise verzaubert, die sich nicht einfach so erklären lässt und daher die Bühne für eine Begegnung mit dem transzendenten Herrn bilden kann, die uns dabei hilft, uns Gott neu vorzustellen.

Ich habe dies mit eigenen Augen beobachtet. Als College-Professor habe ich eine ganze Generation junger Evangelikaler mit ihrer Enttäuschung über den christlichen Glauben ringen sehen, bis sie sich schliesslich wieder an Dinge erinnerten, die bereits die frühen christlichen Kirchen kannten, und so ihren Weg zurückfanden. Ich habe Zynismus und Abgestumpftheit bei 20-Jährigen beobachtet, die sich von der künstlichen Spiritualität von Jugendgottesdiensten und der Kultur des «christlichen Zeltlagers» zurückgezogen haben. Ich habe Studierende in ihrer Wut, ihrer Frustration und ihrer Verbitterung begleitet und konnte beobachten, wie sie durch die Entdeckung traditioneller Glaubenspraktiken eine neue Lebendigkeit fanden. Junge Christen, die die überschwängliche Begeisterung einer expressiven Anbetung nicht mehr ertragen konnten, finden Raum zum Atmen in der Ruhe und Schlichtheit des Taizé-Gebets. Während die Erfahrungen in ihrer Jugendgruppe ihnen die Luft abgeschnitten haben, verschaffte ihnen das *Book of Common Prayer* wieder eine Gelegenheit zu atmen. Und nachdem sie die nur allzu durchkomponierten Inszenierungen der Kirchen ihrer Jugendjahre durchschaut haben – wo die Band, die auf der Bühne *performt,* in Nebel und Lichter gehüllt ist –, finden diese jungen Menschen in den uralten Riten und Bräuchen der christlichen Liturgie ihren Glauben wieder.

Dasselbe habe ich auch als Vater erlebt. Wenn uns die Erziehung von vier Kindern irgendetwas gelehrt hat, dann ist es dies: Kinder lieben Traditionen. Bei uns zu Hause heisst eine Sache zweimal zu machen bereits, dass sie Gefahr läuft, von den Kindern als «Tradition» bezeichnet zu werden. Wir essen zum Beispiel immer noch unseren «Zweiter-Schultag-Kuchen», weil Deanna vor Jahren einmal am zweiten Schultag einen Kuchen gebacken hatte, über den die Kinder sofort hergefallen sind. (Mittlerweile gibt es bei uns auch «Dritter-Schultag-Eis», und ich habe bereits eine «Vierter-Schultag-Pizza» ins Auge gefasst.) Kinder wollen Teil von etwas sein, das grösser und älter ist als sie, etwas, das eine uralte Stabilität und Dauerhaftigkeit in sich trägt, die Gottes Treue bezeugt. Kinder sind aber nicht nur traditionelle, sondern auch rituelle Wesen. Und die traurige Wahrheit ist, dass unsere Jugendarbeit sie in erster Linie als denkende Subjekte behandelt hat, die man unterhalten muss. Wonach sie sich aber wirklich sehnen, ist keine Befreiung von Ritualen, sondern vielmehr frei machende Rituale. Während wir versucht haben, unsere jungen Leute zu unterhalten, ist uns entgangen, dass sie in Wirklichkeit darauf gewartet haben, von uns *geformt* zu werden.

Dies ruft mir eine meiner schönsten Erinnerungen als Vater wieder ins Gedächtnis. Wir verbrachten mein erstes Sabbatjahr im britischen Cambridge. In diesem Zusammenhang hatten wir die Gelegenheit, ein paar Tage in Paris zu verbringen, da uns ein dort ansässiger Freund eine kostenlose Unterkunft zur Verfügung stellte. An den weissen Klippen von Dover bestiegen wir also eine Fähre, gingen in Calais wieder von Bord und fuhren mit unserem englischen Auto, dessen Lenkrad sich natürlich auf der rechten Seite befand, auf französischen Strassen bis nach Paris. In den folgenden Tagen suchten wir nach Möglichkeiten, die Stadt der Lichter trotz eines schmalen Budgets zu erkunden. Das bedeutete,

Die kontemplative Anbetung der Taizé-Gemeinschaft in Frankreich zieht junge Menschen aus der ganzen Welt an.
Prayer in Taizé church © Damir Jelic, Wikimedia Commons

dass wir viel zu Fuss gingen und die Dinge von *aussen* betrachteten. Eines Tages spazierten wir durch die Strassen von Montmartre und kamen dabei durch die Gegend, in der die Impressionisten gelebt hatten und welche die Kulisse für den Film *Moulin Rouge* abgab. Als wir uns für unseren mehrstündigen Gang durch die Stadt bereit machten, händigten wir jedem der Kinder jeweils eine 2-Euro-Münze aus. «Das könnt ihr ausgeben, wofür ihr wollt», sagten wir ihnen (ohne ihnen zu verraten, dass sie dafür wahrscheinlich nicht allzu viel bekommen würden).

Als wir den Montmartre erreichten, besuchten wir auch die Basilika Sacré-Cœur, welche die roten Dächer von Paris überragt. Dieser Ort ist, vorsichtig ausgedrückt, verzaubert. Doch meine Erinnerung an das Innere der Basilika verblasst im Vergleich zu einer anderen Erinnerung, die mir sehr viel bedeutet. Unser ältestes Kind war (und ist) genau die Sorte von jungen Menschen, die für extrovertierte Frömmigkeit und überschwängliche Jugendgruppen-Spiritualität nichts übrig hat. Wenn wir den christlichen Glauben irrtümlicherweise mit dieser Art von Expressivität gleichsetzen, dann werden diejenigen, die ihren Glauben nicht auf diese Weise «ausdrücken», als Menschen taxiert werden, die gar nicht glauben. An diesem Tag in Paris wurde ich eines Besseren belehrt, als ich sah, wie mein ältester Sohn, dessen Glaube sich still und unaufdringlich äusserte, seine zwei Euro für eine Kerze im Sacré-Cœur einsetzte, um sie dort anzuzünden. Hier eröffnete sich ihm eine Gelegenheit zum Gebet, die konkret und emotional war – so, als ob ihm der Heilige Geist einen Griff geschenkt hätte, an dem er sich festhalten konnte. Das Licht dieser Kerze war eine Offenbarung.

Die kirchliche Jugendarbeit scheint immer auf der Suche nach dem nächsten grossen Ding zu sein. Was aber, wenn wir stattdessen *zurück*blicken sollten? Die Formation junger Menschen im Glauben erfordert, dass wir unsere Fixierung auf eine expressive Frömmigkeit aufgeben und stattdessen auf das Erbe erprobter geistlicher Disziplinen und Praktiken zurückgreifen, die den Glauben greifbar und spürbar werden lassen, auch wenn diese – zugegebenermassen – eigentümlich erscheinen mögen. Gerade diese Eigentümlichkeit ist es, die sie prädestiniert, Lebensgewohnheiten heranzubilden, unseren Narzissmus einzudämmen und unser eingeübtes Verlangen nach Unterhaltung zurückzudrängen. Eine formative Anbetung wird zwar nicht immer «Spass machen», aber das, was «spassig» ist, ist normalerweise nicht sehr *kontra*formativ, weil es einfach nur unsere eigenen Vorlieben bestätigt und unseren Wunsch nach Bequemlichkeit und Vertrautheit stärkt.

Wie also könnte eine formative Jugendarbeit für liturgische Wesen aussehen? Es braucht dafür keine Revolution. Sie gründet im Gegenteil auf einigen wenigen einfachen Überzeugungen und Praktiken.

Erstens: Die beste Entscheidung, die wir für die Formation unserer Kinder treffen können, ist die, sie Teil einer Gemeinde werden zu lassen, die sich sowohl der christlichen Anbetungstradition *als auch* dem Prinzip generationenübergreifender Zusammenkünfte verschrieben hat. Wenn die Anbetung das Herzstück der Nachfolge darstellt und eine bewusste, traditionelle Anbetung das Evangelium auf eine Weise vermittelt, die wir nie vollständig in Sprache ausdrücken können, dann sollte die Jugendarbeit – ebenso wie der gesamte christliche Lebensvollzug – auf den Kirchenraum konzentriert sein. Eine der wichtigsten Entscheidungen, die wir als Eltern treffen müssen, ist also die, in welche Gemeinde wir gehen. Es ist nicht unbedingt die coolste oder angesagteste Jugendgruppe, die unsere Kinder nach dem Bild Christi formt. Vielleicht ist es gerade eine eher «langweilige» Gemeinde, die mehr dafür tut, ihre Liebe und ihre Sehnsüchte herauszubilden, indem sie Woche für Woche die biblische Geschichte via Praktiken einüben, die ihre Herzen verändern, selbst wenn sie es nicht bemerken sollten. (Es kann durchaus eine gewisse Tugend darin liegen, einfach «ein Schema einzuhalten».) Eine Gemeinde, die sich der Glaubensbildung junger Menschen verschrieben hat, zeichnet sich dadurch aus, dass sie diese schon sehr früh dazu einlädt, echte Anbeter zu sein, und sie in die entsprechende gemeinschaftliche Praxis einbezieht. Junge Christen werden auf die gleiche Weise geistlich genährt wie alle anderen Generationen auch, nämlich durch die Gnadenmittel, die im Wort Gottes und am Tisch des Mahls, in der Verkündigung und in den Sakramenten vermittelt werden.[121] Eine formative Jugendarbeit ist nicht sich selbst überlassen; vielmehr besteht sie aus dem gleichen Repertoire von Praktiken der christlichen Nachfolge, die das ganze Leben eingeübt werden müssen. Wenn wir junge Menschen im Glauben «halten» wollen, dann tun wir gut daran, sie bei uns im Altarraum zu behalten, anstatt sie in irgendwelche anderen Räume im Gebäude zu schicken.

Zweitens: Eine formative Jugendarbeit wird junge Menschen in ein grösseres Repertoire christlicher Disziplinen einladen, die wir als Rhythmen des Heiligen Geistes bezeichnen könnten. Wie wir zuvor schon von Craig Dykstra gehört haben, ist der christliche Glaube «eine Praxis der vielen Praktiken» – aber nicht, weil Glaube Arbeit ist, sondern gerade deshalb, weil solche Praktiken und Disziplinen «die Wohnungen des Geistes» sind.[122] In solche Disziplinen eingeführt zu werden, bedeutet, einen einfachen Zugang zum machtvollen Wirken des Heiligen Geistes zu erhalten. Oder, um eine andere Metapher zu bemühen: Junge Leute in die alther-

---

121 Natürlich ist auch eine liturgische Katechese (also zu begreifen, warum wir tun, was wir tun, wenn wir anbeten) für ein wachsendes Verständnis des Glaubens junger Menschen von entscheidender Bedeutung – ebenso wie für Erwachsene.

122 Craig Dykstra, Growing in the Life of Faith, Louisville ^{2}2005. Siehe auch Willard, Das Geheimnis geistlichen Wachstums.

gebrachten geistlichen Disziplinen von Gebet, Achtsamkeit, Unterscheidungsvermögen, Fasten und Anbetung einzuführen ist so, als ob man ihnen Boote gäbe, mit denen sie den Strom der Gnade befahren können. Das ist die Idee hinter dem Lehrplan *Way to Live,* den das Valparaiso Project speziell für Jugendliche erarbeitet hat.[123] Anstatt also das Christentum auf ein Bündel von Ideen – oder, schlimmer noch, eine Liste von Verboten – zu reduzieren, lädt dieser Ansatz junge Menschen dazu ein, in althergebrachte Glaubenspraktiken einzutreten. Wenn die Heiligung darin besteht, Christus «anzuziehen», dann lädt eine nachhaltige Jugendarbeit junge Menschen zu Praktiken ein, die Gelegenheiten schaffen, Jesus einmal «anzuprobieren» – und dazu, die formative Anbetung als das Herzstück der Nachfolge zu erkennen.

Und drittens: Eine formative Jugendarbeit vermeidet es, den Gottesdienst als Unterhaltung zu betrachten. Dort, wo sie dem Unterhaltungsmodell zuneigt, steht sie klassenbezogenen Herausforderungen gegenüber. Denn die Arten von Aktivitäten, die junge Leute unterhalten, sind oft im hohen Masse von kulturellen, sozioökonomischen und sogar ethnischen Präferenzen geprägt. Was für die eine Gruppe nach «Spass» klingt, wird in der anderen für Befremden sorgen, und die von der einen Gruppe erwarteten Erfahrungen liegen für eine andere ausserhalb ihrer finanziellen Möglichkeiten. Das kann dazu führen, dass eine implizite Fokussierung auf Unterhaltung zu einer unbeabsichtigten Segregation entlang diverser Trennlinien führt. In jedem Fall aber verstärkt die unausgesprochene Konzentration auf das Unterhaltungsmodell den kulturell etablierten Fokus auf das Ego, der durch die sozialen Medien bereits genügend genährt

---

123 Dorothy Bass und Don Richter, Way to Live. Christian Practices for Teens, Nashville 2002. Siehe auch Andrew Root, Bonhoeffer as Youth Worker: A Theological Vision for *Discipleship and Life Together*, Grand Rapids 2014.

wird. Und sollte die Kirche nicht gerade der Ort sein, an dem man einen solchen Narzissmus wieder *ver*lernt?

Im Gegensatz dazu kann der Dienst am Anderen einen egalisierenden Effekt haben. Ganz egal, wie reich und privilegiert oder wie benachteiligt und marginalisiert wir sind – alle von uns sind dazu aufgerufen, unsere Nächsten zu lieben. Wichtiger aber noch ist, dass dieser Dienst uns formt. Denn er hebt unsere kulturellen Praktiken der Selbstbespiegelung und Selbstbezogenheit auf und holt uns aus den Strudeln unseres Narzissmus heraus, damit wir uns wieder um andere kümmern.[124] Eine formative Jugendarbeit ist also eher eine Arbeit *von* Jugendlichen als eine Arbeit *für* Jugendliche.

Der Soziologe Christian Smith von der University of Notre Dame leitet die monumentale *National Study of Youth and Religion* (http://youthandreligion.nd.edu/). Dabei handelt es sich um eine fortlaufende Untersuchung zur Spiritualität und zur religiösen Verortung von Jugendlichen. Die Ergebnisse dieser Studie sind sowohl beunruhigend als auch erhellend. Eines davon ist für unsere Überlegungen zur generationsübergreifenden Anbetungspraxis und zum generationsübergreifenden Gemeindeleben von Belang. Erstens ist festzuhalten, dass aller Karikaturen und Stereotype zum Trotz US-amerikanische Teenager, die an ihrem Glauben festhalten und darin wachsen, am stärksten von ihren Eltern beeinflusst werden. In ihrer Prägung gibt es allerdings noch eine zweite, entscheidende Katego-

124 Es gibt eine ganze Reihe von Möglichkeiten, wie dieses Vorhaben scheitern kann – zum Beispiel dann, wenn ein «Dienst» in einem Vorort als «innerstädtisch» bezeichnet wird (der beschönigende Ausdruck weisser Kinder für «urbane» [das heisst afroamerikanische] Stadtgebiete), oder dann, wenn ein Dienst zu einer «kurzfristigen Missionsreise» erklärt wird, was einfach nur Gelegenheiten für privilegierte Jugendliche sind, den Spring Break in der Karibik zu verbringen und so weiter. Zu klugen Einsichten in dieses Thema siehe Robert J. Priest (Hg.), Effective Engagement in Short-Term Missions. Doing It Right!, Pasadena, CA 2012.

rie von Beziehungen, nämlich die zu nicht verwandten Erwachsenen, die sie ermutigen und positiv bestärken. Die strenger religiösen Jugendlichen, die man «die Hingebungsvollen [...] nennt, haben eine grössere Zahl von Erwachsenen in ihrem Leben, die nicht ihre Eltern sind und an die sie sich für Rat, Unterstützung und Hilfe wenden können. Hinzu kommt noch, dass die Eltern der streng religiösen Jugendlichen mit höherer Wahrscheinlichkeit mehrere der *unterstützenden Erwachsenen* im Leben ihrer Teenager so gut kennen, dass sie mit ihnen sprechen können und damit die von Soziologen sogenannte ‹Netzwerkschliessung› der religiösen Jugendlichen erweitern. [...] Unter dem Strich sind stark religiöse Jugendliche, im Vergleich mit weniger religiösen Teenagern, statistisch mit höherer Wahrscheinlichkeit [...] von Erwachsenen umgeben und mit ihnen verbunden – wobei besonders nicht verwandte Erwachsene eine Rolle spielen, die die Jugendlichen kennen und mögen und die selbst soziale Bindungen zu deren Eltern haben.» (Christian Smith, Soul Searching. The Religious and Spiritual Lives of American Teenagers, zus. mit Melinda Lundquist Denton, New York 2005, 226 f.)

Die Vorstellungskraft schulen

Eine ganze Reihe dieser Überlegungen kann auch für das Schulsystem gelten, besonders in christlichen Schulen und im Kontext des Homeschooling. Wenn Liturgien formativ sind, dann bedeutet das, dass sie implizite Pädagogiken oder Lehrstrategien sind, die auch in Lernumgebungen jenseits der Kirchenmauern zum Einsatz kommen können.[125] Dies verändert das Ziel und die Aufgabe der christlichen Bildung. Es würde somit nicht so sehr darum gehen, Schüler im Glauben zu unterrichten, und auch nicht bloss darum, sie

125 Zu einer Argumentation in diesem Sinne, die Fallstudien von pädagogischen Experimenten anführt, die auf historische christliche Praktiken zurückgreifen, siehe Smith und Smith, Teaching and Christian Practices.

zu lehren, aus «christlicher Perspektive» über die Welt nachzudenken. Eine ganzheitliche christliche Bildung tut beides, zielt aber auch darauf ab, die Schüler in den Glauben einzuführen. Deshalb sollte die Schule als eine zusätzliche Möglichkeit betrachtet werden, um ein Umfeld zu schaffen, das nicht nur informativ, sondern formativ ist. Eine ganzheitliche christliche Lernumgebung regt also nicht nur den Intellekt an, sondern befeuert auch das Vorstellungsvermögen.

Dies setzt ein Bewusstsein nicht nur für Lehrpläne und Inhalte, sondern auch für Pädagogik und Lehrstrategien voraus. Meine Freunde Darryl De Boer, Doug Monsma und andere, die mit dem *Prairie Centre for Education* in Alberta in Verbindung stehen, haben Ressourcen entwickelt, die genau darauf abzielen. Ihr Programm trägt den Titel *Teaching for Transformation* (TfT) und entstand als Antwort auf die Frage, die auch dieses Buch motiviert hat: Was wäre, wenn Bildung nicht nur auf *Wissen* abzielen würde, sondern darauf, was wir *lieben?* Mittlerweile wird dieses Programm in über 50 Schulen weltweit genutzt und ermöglicht es Lehrenden, eine Bildung des «Know-how» zu entwerfen, die das Verlangen von Schülern, Schülerinnen und Lehrpersonen prägt.[126]

Teaching for Transformation betont, dass jede Lerneinheit und jede Lernerfahrung «die Schüler in eine Geschichte hineinziehen muss, nämlich in *die* Geschichte», wie De Boer es ausdrückt. Den Grundgedanken fasst er so zusammen: «TfT benutzt die in jeder Lerneinheit entdeckte Geschichte dazu, ein kraftvolles und überzeugendes Bild von der Erzählung Gottes zu malen – durch die dann auch sein Wesen und sein Charakter erfahrbar werden sollen. Ausserdem lädt das Programm die Schüler dazu ein, sich ihren eigenen Platz in der Geschichte Gottes auszumalen, indem es Gelegenheiten

---

126 Ich danke Darryl De Boer dafür, dass er mir seine Vision so detailliert erläutert hat. Meine Skizzierung dieses Programms hier fusst auf seiner Darstellung.

schafft, diese Geschichte auch zu leben. Konkret heisst das, dass jeder Schüler und jeder Lehrer ein persönliches «Drehbuch» kreiert und darstellt, wie er sich sein Leben inmitten des epischen Dramas Gottes vorstellt. Tag für Tag werden Schüler also in Klassenzimmern willkommen geheissen, die mit dem Ziel gestaltet worden sind, sie in die Geschichte Gottes aufzunehmen.

Wie wirkt sich dies darauf aus, *wie* wir unterrichten? Bei den Inhalten sowie den Lehrplänen werden keine Kompromisse gemacht. Vielmehr werden die Inhalte durch ihre Einbettung in diesen narrativen Rahmen mit einer neuen Bedeutung versehen. Jener Rahmen lädt die Schüler dazu ein, ihr Lernen mit der Rolle zu verbinden, die Gott für sie vorgesehen hat. (Man erinnere sich an unsere Diskussion im vierten Kapitel darüber, wie die Anbetung uns «charakterisiert».) «Hier ereignet sich viel mehr als nur der passive Empfang von Informationen im Zusammenhang mit einer Geschichte», wie De Boer unterstreicht. Die Schüler werden in diesen Geschichten «aktiviert», indem sie Gelegenheiten erhalten, das von ihnen Gelernte auch zu praktizieren. Solche gewohnheitsbildenden Praktiken zielen darauf ab, sie zu einem «besonderen Volk» zu machen.

Teaching for Transformation wählt hierzu eine Reihe von biblischen «Leitmotiven» aus, das heisst Erzählstränge, die sich durch die biblische Geschichte hindurchziehen und uns dazu einladen, sie weiterzuentwickeln. Dabei handelt es sich um Rollen, die wir als Träger des Ebenbilds Gottes in einer guten, aber gefallenen Welt einnehmen sollen. Wir sind dazu berufen, die Schöpfung zu geniessen, den Götzendienst zu entlarven, die Ordnung zu entdecken sowie Schöpfer von Schönheit zu sein. Und in all dem fordert Gott uns dazu auf, seine Anbeterinnen und Anbeter zu sein und sein Bild widerzuspiegeln. Wie sieht das praktisch aus? Schauen wir uns eine kurze Fallstudie über die Erfahrungen eines Schülers aus der sechsten Klasse an:

Als Erstes muss man sich vor Augen halten, dass dieser Schüler in einer typischen Schulstunde in Wirtschaft das Thema Angebot und Nachfrage sowie Kredite kennenlernt. Er lernt also Definitionen kennen, erhält Beispiele für die Anwendung der Konzepte und nimmt möglicherweise an einer Art Finanzsimulation teil. Da es um Fragen rund um Geld geht, kann man sich vorstellen, dass seine Motivation sehr hoch ist. Das Ziel der Unterrichtseinheit für diesen Schüler ist es letztlich, gute Noten beim Test zu erzielen und nach dem Schulabschluss kluge finanzielle Entscheidungen zu treffen, um dann eines Tages viel Geld zu verdienen.

Nun stelle man sich vor, derselbe Schüler würde das Fach Wirtschaft in einem Bildungssystem studieren, das ausdrücklich «eine Einladung zu einer besseren Geschichte» beinhaltet. Dieser Schüler würde dann von Anfang an die Perspektive einnehmen, dass wir es mit einer beschädigten Wirtschaftsordnung zu tun haben, und ihm würde klar werden, dass er eine Rolle beim Aufbau des Reiches Gottes zu spielen hat, in der er berufen ist, an der Wiederherstellung der Ökonomie mitzuarbeiten. Der Lehrer wählt die Leitmotive für die Suche nach Gerechtigkeit und der gleichzeitigen Identifizierung des Götzendienstes aus. Dadurch lernt der Schüler die Gewohnheiten kennen, die er im Zusammenhang mit dem Thema Angebot und Nachfrage sowie Kredite einüben soll. In diesem Kontext verschiebt sich das *telos* von dem Ziel, eines Tages viel Geld zu verdienen, hin zur Herausbildung eines spezifischen Charakters. Eine solche Person wird in der Auseinandersetzung mit der Wirtschaftslehre ihren Fokus auf Gerechtigkeit und das Erkennen des Götzendienstes legen.

«Wenig überraschend stellen TfT-Lehrer oft fest, dass die Schüler letztlich das ‹Was› der Unterrichtseinheit besser erfassen, weil sie eine sinnvolle Geschichte haben, *in deren Rahmen* sich ihr Lernen abspielt», so De Boer.

Aber wir sind hier noch nicht fertig. «Jetzt ist es an der Zeit, dass die Schüler die Katze beim Schwanz packen», sagt De Boer mit einem Grinsen. Denn die «Geschichte» kann immer noch auf eine vollkommen verkopfte Weise erfolgen, wie er zu bedenken gibt. Daher bieten TfT-Klassenräume den Schülern die Möglichkeit, «echte Arbeit zu leisten, die einem echten Bedürfnis eines echten Publikums dient». Kehren wir also zurück zum Wirtschaftsunterricht in der sechsten Klasse:

> Miss Zuidhof wollte, dass die Schüler etwas über die Bedeutung von Krediten lernen. Die Aufgabe für die Schüler lautete: Wie können wir Kredite nutzen, um Geld zu generieren, um einem Bewohner in einem Entwicklungsland wiederum einen Kredit gewähren zu können? Die Klasse verwandelte sich in ein Unternehmen, führte ein Brainstorming durch und beschloss, in der Schule Eis zu verkaufen, um das nötige Geld aufzubringen. Alle Schüler hatten nun die Aufgabe, selbst einen Kredit aufzunehmen (allerdings nicht von Verwandten!), um ihr Geld anschliessend zusammenzulegen und das Eis einzukaufen. Zu diesem Zeitpunkt sind also alle im Unternehmen verschuldet und haben ihr Geld anderweitig investiert; die Schüler haben also nicht nur eine rein intellektuelle Lernerfahrung gemacht, sondern zugleich eine Erfahrung des Herzens (im Sinne unseres *kardia*-Begriffs). Alle Entscheidungen, wie zum Beispiel die über den Verkaufspreis des Eises, den Zeitraum des Verkaufs und die Art der Bewerbung ihres Produkts, wurden von den Schülern entworfen, diskutiert, endgültig beschlossen und an einem sonnigen, heissen Tag umgesetzt. Aus ihren Verkäufen konnte jeder Schüler seine Schulden zurückzahlen und hatte noch genug Geld übrig, um einen Kredit über Kiva zu finanzieren. Das ist eine gemeinnützige Organisation (zu erreichen unter www.kiva.com), die durch die Vergabe von Mikrokrediten zur Armutsbekämpfung beitragen will. Die Klasse entschied sich gemeinsam dafür, einen Bauern in Guatemala zu unterstützen, der den Kredit benötigte, um die für den Anbau seiner Feldfrüchte erforderlichen Rohstoffe zu kaufen. Formative Lernerfahrungen bei TfT laden die Schüler also dazu ein, echte Arbeit zu leisten, die einen echten Bedarf bei einem echten Publikum bedient.

Hier liegt ein Lernen vor, welches das *kardia* erreicht und die Schülerinnen und Schüler sowohl dazu befähigt, über die Welt nachzudenken, als auch Fähigkeiten einzuüben, damit sie lernen, die Welt zu lieben.

Ein Lehren und Lernen, das auf die spirituelle Kraft der Gewohnheit ausgerichtet ist, erkennt die kumulative Kraft kleiner Dinge, die formative Kraft von Mikropraktiken. Unscheinbare Dinge, die über einen längeren Zeitraum in der Gemeinschaft trainiert werden, haben eine formative Wirkung (warum beginnt der Unterricht an öffentlichen Schulen in den USA wohl jeden Tag mit einem eigenen Glaubensbekenntnis, nämlich dem *Pledge of Allegiance,* dem Treueschwur auf die Vereinigten Staaten von Amerika?). Wie Winnie Puuh einmal sagte: Manchmal sind es die kleinsten Dinge, welche den meisten Platz in deinem Herzen einnehmen.

Die Formierenden reformieren: Über das formative Lehren

Ich wurde zu einem besseren Lehrer, als ich bereit war, ein Häretiker zu werden.

Bevor du dir nun Sorgen machst, möchte ich das erklären. Eine Häresie gibt es nur vor dem Hintergrund irgendeiner Orthodoxie. Und gerade als Lehrer in einer höheren Bildungsanstalt wurde mir eine orthodoxe Überzeugung über das Lehren eingeschärft: Unter keinen Umständen sollte ich die Autonomie und Unabhängigkeit meiner Studierenden einschränken (deren Hauptziel im Leben es war, Konsumenten zu werden).

Das mag merkwürdig erscheinen, und ich möchte meinen Studierenden auch auf keinen Fall zu nahe treten, aber in Wirklichkeit wusste ich nicht, wie man lehrt, bis mir nach und nach aufging, dass Studierende *Kinder* sind. Am Anfang meiner Laufbahn als Lehrer war ich im Grunde genommen noch der Meinung, dass die 18-Jährigen in meinen Einführungskursen in die Philosophie Absolventen in spe waren und meine Aufgabe einfach darin bestand, sie in ihrem eigenen theoretischen Denken zu «unterstützen». Als aber meine eigenen Kinder grösser wurden und immer mehr wie die Studierenden in meinen Seminaren aussahen, ging mir letztlich auf, dass das Paradigma der Lehre, das ich verinnerlicht hatte, verheerend war, wenn es darum ging, junge Menschen tatsächlich zu *unterrichten*. An der Hochschule wurde mir eine Vorstellung von Unterricht vermittelt, die jegliche Erwähnung einer *Form*ation entschieden ablehnte. Meine Vorstellung des Lernens wollte ich daran ausrichten, was Studierende sein *sollten*. Die «Häresie», die ich nun zu pflegen begann, war die altbekannte Vorstellung von der Funktion *in loco parentis* («anstelle der Eltern»). Ich war genau deshalb ein Häretiker, weil ich anfing zu glauben, dass gute Lehre in Wirklichkeit paternalistisch sein könnte. In den Gefilden progressiver Bildungsmodelle würde eine solche Idee allerdings als schlicht und ergreifend verrückt gelten.

Ich erkannte, dass eine bewusst formative Bildung einigen etablierten Glaubenssätzen der «öffentlichen» Pädagogik widersprechen würde. Wichtiger war noch, dass eine solche auf Formation abzielende Bildung auch die höhere Berufung des Lehrers verdeutlicht, die in nichts Geringerem besteht, als darin, Studierende zu *tugendhaften* Menschen auszubilden. Da Bildung ein formatives Unterfangen ist, das auf das Wahre, Schöne und Gute abzielt, ist der Lehrer ein Hüter der Transzendenz, der das Gute nicht nur *kennen,* sondern auch aus dieser Überzeugung heraus unterrichten muss. Der Tugendlehrer wird sich also nicht dafür entschuldigen, seine Schüler im Wahren, Schönen und Guten zu unterweisen. Er wird aber auch gegen den beängstigendsten Aspekt dieser ganzen Angelegenheit ankämpfen müssen: dass die Tugend nämlich oft anhand von Vorbildern erlernt wird.

Wenn wir formative Lehrer sein wollen, dann müssen wir uns kritisch mit unserer eigenen Formation als Lehrer auseinandersetzen. Unsere eigenen Bildungserfahrungen – besonders die derjenigen, die das intensive säkulare «Noviziat» namens *Graduate School* durchlaufen haben – haben uns geprägt. Oftmals ist uns aber gar nicht bewusst, inwieweit wir eine abweichende Vorstellung vom *telos* des Lernens verinnerlicht haben, die in unserem Unterbewusstsein weiter wirkt. Daher müssen wir uns fragen, was die Standardannahmen unserer Gesellschaft über die Ziele und Zwecke der Bildung sind und mit welchen ihrer Visionen und Werte wir im Laufe unserer eigenen akademischen Ausbildung in Berührung gekommen sind.

Eine Analyse der vorherrschenden Bildungsmodelle zeigt, dass diesen eine moderne, säkulare Erzählung zugrunde liegt: *Autonomie* wird als höchstes Gut betrachtet. Das Ziel von Bildung reduziert sich somit auf das «kritische Denken» – eine hohle, nichtssagende Formulierung, die lediglich bedeutet, dass den jungen Menschen die Wahl des für sie «Richtigen» ermöglicht werden soll. In diesem Bild erfordert der Begriff der «Freiheit» die Aufgabe eines jeden *telos,* da jede Festlegung des «Guten» die Autonomie des Individuums beeinträchtigen würde. Ein solches Bildungsmodell schliesst *Tugendhaftigkeit* also faktisch aus.

Wir müssen uns bewusst werden, wie weit dies von der klassischen Tugendbildung und einem «gehaltvollen» Begriff von christlicher Bildung entfernt ist. Wie James Davison Hunter in seiner brillanten Analyse *The Death of Character* feststellt, «hat es nie ‹generische› Werte gegeben».[127] Tugenden sind gehaltvolle Realitäten, die an bestimmte Gemeinschaften mit einer bestimmten Geschichte gebunden sind. Eine Erziehung zur Tugendhaftigkeit muss sich daher der vorherrschenden Orthodoxie entgegenstellen, die oft Teil unserer eigenen formalen Bildung gewesen ist. Wir müssen aber auch erkennen, dass solche Vorstellungen von Autonomie und Unabhängigkeit durch *in*formelle Bildung vermittelt werden, die durch unsere kontinuierliche Einbindung in

127 James Davison Hunter, The Death of Character. Moral Education in an Age without Good or Evil, New York 2000, 215.

die säkularen Liturgien des Amerikanismus fortwährend wirksam sind.

Damit Bildung formativ sein kann – und zwar im Sinne einer christlichen Glaubensformation –, ist es notwendig, zunächst die Lehrer zu reformieren. Wenn wir als Pädagogen Teil eines klassischen Bildungsprojekts sein wollen, das darauf abzielt, den ganzen Menschen zu bilden und unseren Schülern die Liebe zum Wahren, Schönen und Guten zu vermitteln, wie sie uns in Christus offenbart wurde, müssen wir selbst *re*formiert und *trans*formiert werden. Die Reform der Bildung beginnt bei uns selbst, so könnte man sagen.

Ich verbringe viel Zeit mit Flugreisen. Die Rituale des Fliegens sind für mich schon zur zweiten Natur geworden. Wenn sich die Kabinentür schliesst, schalte ich mein Handy aus, nehme meinen *New Yorker* zur Hand und blende das Geplänkel der Flugbegleiter aus, die all die Sicherheitsmassnahmen aufzählen, die wir angeblich souverän durchführen werden, falls unser Flugzeug einmal in ernsthafte Schwierigkeiten geraten sollte.

Gegen meine Gewohnheit nahm ich kürzlich einen Teil der routinierten Ansprache des Flugbegleiters wie zum ersten Mal wahr. Das Folgende wird uns ohne Zweifel bekannt vorkommen:

> Der Sauerstoff und der Luftdruck in der Kabine werden ständig überwacht. Im Falle eines Druckabfalls in der Kabine wird eine Sauerstoffmaske automatisch aus der Kabinendecke fallen. Um die Sauerstoffzufuhr zu starten, ziehen Sie die Maske zu sich heran und dann fest über Nase und Mund, befestigen das Gummiband hinter Ihrem Kopf und atmen normal. Obwohl sich der Beutel nicht aufbläht, strömt Sauerstoff in die Maske. Wenn Sie mit einem Kind oder einer anderen Person reisen, die Hilfe benötigt, setzen Sie zuerst Ihre eigene Maske auf und helfen Sie dann der anderen Person. Wir bitten Sie, Ihre Maske aufzusetzen und diese erst wieder abzunehmen, wenn Sie von einem uniformierten Crewmitglied dazu aufgefordert werden.

Hier kommt ein interessantes Prinzip zum Tragen, das möglicherweise eine noch sehr viel weitreichendere Bedeutung hat: In einer Notsituation ist es unerlässlich, dass man zuerst seine eigene Sauerstoffmaske aufsetzt, um dann anderen helfen zu können. Wenn ich also *überhaupt fähig* sein möchte, dem Kind neben mir zu helfen, muss ich zuerst meine eigene Maske aufsetzen.

Ähnlich verhält es sich auch dann, wenn ich ein Lehrer der Tugend sein möchte. Voraussetzung dafür ist, selbst ein tugendhafter Lehrer zu sein. Und wenn ich meine Schüler für ein Schulungsprojekt gewinnen möchte, dann muss auch ich jeden Mythos der Unabhängigkeit, Autonomie und Selbstgenügsamkeit abstreifen und anerkennen, dass mein eigenes Training niemals abgeschlossen sein wird. Tugend ist nichts, was man ein für alle Mal erlangt; sie erfordert vielmehr ein regelmässiges *Auffrischungsprogramm*. Wie können Tugendlehrer nun aber *re*formiert und *trans*formiert werden? Welche Praktiken können ein solch ambitioniertes pädagogisches Projekt ermöglichen?

Wir erkennen, dass Jesus uns seinen Geist geschenkt hat, der uns kontinuierlich lehrt. Wir sollten überdies erkennen, dass der Heilige Geist uns Praktiken an die Hand gibt, «Wohnstätten des Geistes», die Kanäle der Gnade und Erleuchtung sind. Ich will einige Beispiele kurz beschreiben.

Erstens können wir damit beginnen, Anbetung als eine Art «Lehrerfortbildung» zu betrachten. Schon allein dadurch, dass wir uns Gemeinschaften mit einer formativen christlichen Anbetungspraxis anschliessen, wird unsere Vorstellungskraft von der biblischen Erzählung geprägt und unsere Herzen werden in die versöhnenden Praktiken des Leibes Christi hineingenommen. Dies ist eine der wichtigsten Selbstverpflichtungen, die wir eingehen können, wenn wir danach streben, formative Lehrerinnen und Lehrer zu werden: die Disziplinen der christlichen Anbetung anzuwenden.

Zweitens können wir im Lehrerkollegium das «gemeinsame Leben» im Sinne Bonhoeffers pflegen. Wie die Steinmetze, die wir in Wengers Geschichte im fünften Kapitel kennengelernt haben, müssen wir christlichen Lehrpersonen manchmal inmitten des alltäglichen Drucks der Unterrichtsvorbereitung und Notenvergabe daran erinnert werden, dass wir Kathedralen bauen. Eine der wichtigsten Gepflogenheiten, denen wir in unserer Eigenschaft als christliche Pädagogen und Pädagoginnen nachgehen sollten, ist die, uns Zeit und Raum zu nehmen, um einander *immer wieder neu* zu erzählen, was wir hier eigentlich gerade gemeinsam tun. Uns gegenseitig daran zu erinnern, ist zentral, um das Ethos unserer Institutionen aufrechtzuerhalten – eine Erinnerung daran, dass wir nicht einfach nur Mathearbeiten bewerten, sondern Bürger des kommenden Reiches Gottes ausbilden. Jede Schulgemeinschaft hat das Ethos hochzuhalten, sich gegenseitig an die grosse Erzählung zu erinnern. Ich möchte daher ein paar *gemeinschaftliche* Praktiken vorschlagen, mit denen die Formierenden (Lehrpersonen) reformiert werden können:

1. *Zusammen essen.* Wir sollten das Ethos nicht unterschätzen, das durch eine gemeinsame Mahlzeit gestärkt wird.
2. *Zusammen beten.* Oder genauer gesagt, wir beten gemeinsam auf *formative* Weise. Beten wir die Psalmen, beten wir das Stundengebet; fügen wir uns im Gebet in die Rhythmen des liturgischen Jahres und in den Erzählbogen der Bibel ein. Wie wir feststellen werden, ist das auch eine Gelegenheit, einander unsere Schwächen zu bekennen.
3. *Zusammen singen.* Das körperlich erfahrbare Zusammenfliessen von Stimmen hat wichtige, aber unausgesprochene Implikationen für die Bewahrung der Harmonie in unserer Gemeinschaft. Der Theologe und Musiker Steven Guthrie weist darauf hin, dass wir im Gesang etwas über Hingabe lernen: «Welche Art von gegenseiti-

ger Hingabe findet beim Singen statt?», fragt er. «Zum einen gehört beim Singen Synchronizität dazu – man muss miteinander im Takt bleiben. Die Sänger unterwerfen sich selbst also einem gemeinsamen Tempo, einer gemeinsamen musikalischen Struktur und einem gemeinsamen Rhythmus.»[128] Das gemeinsame Singen ist eine Gelegenheit, bei der im Kollegium die Harmonie, wechselseitige Unterordnung und Synchronizität eingeübt werden können, die es für die gemeinsame Mission einer christlichen Bildung braucht.

4. *Zusammen nachdenken und lesen*. Wir diskutieren die Substanz unserer gemeinschaftlichen Arbeit und gemeinsamen Berufung als Pädagogen und Pädagoginnen, statt uns nur zu treffen, um über die praktischen Herausforderungen des Alltags zu sprechen. Wir besuchen einander im Unterricht und geben einander ein ehrliches, konstruktives Feedback. Mein Freund Matt Beimers, Direktor einer christlichen Schule in Surrey, British Columbia, würde dieser Auflistung noch Folgendes hinzufügen: Spielt zusammen, trauert zusammen und hört euch die Lebensgeschichten des jeweils anderen an. Das ist eine Vision von Bildung, die genuin gemeinschaftlich ist.

Und zuletzt: Wir tun das, was wir als Lehrer tun, *für* die Schüler. Unterschätzen wir nicht, wie die Beibehaltung einer liebevollen Haltung gegenüber unseren Schülern selbst bereits eine (re-)formative Erfahrung sein kann. Ich habe so etwas vor mehreren Jahren erlebt, als ich ein Seminar zu Phänomenologie und Kognitionswissenschaften für Fortgeschrittene morgens um 8:30 Uhr veranstaltet habe. Für eine so frühe Stunde war dieses Thema extrem herausfordernd,

---

128 Steven R. Guthrie, The Wisdom of Song, in: Resonant Witness. Conversations between Music and Theology, hg. von Jeremy S. Begbie und Steven R. Guthrie, Grand Rapids 2011, 400.

so dass ich meinen Studierenden ein Versprechen gab: Ich ging in den gemeinnützigen lokalen Second-Hand-Laden, erwarb dort eine billige Kaffeemaschine und versprach, dass ich morgens ab 8:25 Uhr Kaffee für sie bereitstellen würde. Auf diese Weise könnten sie einfach aus dem Bett fallen, eine Jogginghose anziehen, eine Baseballmütze aufsetzen und in den Tag starten, ohne sich Gedanken über ihre Koffeinversorgung vor dem Seminar machen zu müssen. Der Kaffee wäre fertig und würde auf sie warten. Da meine Veranstaltung speziell auf Aspekte der Körperlichkeit fokussiert war, nahm ich ihre körperlichen Bedürfnisse ernst. Eine Folge dieser anscheinend banalen Prozedur hatte ich allerdings nicht vorhergesehen. Im Laufe des Semesters merkte ich nämlich, dass die einfache Praxis der Zubereitung des Kaffees vor Beginn des Unterrichts auch bedeutete, dass ich das Eintreffen der Studierenden bewusster erwartete. Anstatt mich der Vorbereitung meiner Notizen zu widmen, konnte ich mich darauf konzentrieren, einen Raum für sie zu schaffen, in dem ich sie willkommen heissen konnte und der vom Duft frisch gebrühten Kaffees durchzogen war – eine Art Weihrauch für frühmorgendliches Lernen. Ich bemerkte, wie meine Aufmerksamkeit im Prozess von der Beschäftigung mit mir selbst auf meine Studierenden überging. Und in den paar Augenblicken, die ich brauchte, um den Kaffee zu kochen, betete ich im Stillen für sie, bereitete mich auf ihre Ankunft und auf die Herausforderungen der Materie vor, die wir in der betreffenden Sitzung behandeln wollten. Ich erinnerte mich an persönliche Schwierigkeiten, von denen mir einige von ihnen berichtet hatten. Der schlichte Akt des Kaffeekochens wurde so zu einem eigenen kleinen Besinnungs- und Gebetsritual, zu einer Gewohnheit pädagogischer Gastfreundschaft.[129] Das Versprechen, etwas Einfa-

---

129 Zu einer Diskussion der Praxis christlicher Gastfreundschaft siehe Ana María Pineda, Hospitality, in: Practicing Our Faith. A Way of

ches, Fassbares und Verkörpertes zu tun, wurde am Ende zu einem Nährboden der Tugend.

Tugendlehrer werden nicht geboren, sondern *geformt.* Sie werden nicht durch ein Diplom «geschaffen» oder durch irgendein Zertifikat beglaubigt; vielmehr werden sie durch ihre Immersion in Praktiken geformt, die ihre Liebe und Sehnsüchte auf Christus und sein kommendes Reich ausrichten. Kurz gesagt, es braucht Übung, um ein Tugendlehrer zu werden.

Initiationsriten

Wenn Liturgien Pädagogiken des Verlangens sind, dann hat dieses Modell Relevanz für jedes Bildungsniveau, angefangen bei der Volksschule über das Gymnasium oder die Universität bis hin zum Priesterseminar und zum Doktorat. Tatsächlich lag der zentrale Fokus meines letzten Buchs *Desiring the Kingdom* genau darauf, diesen Gedanken zu entwickeln – ein Gedanke, der in unserem Buch *Teaching and Christian Practices* noch weiter untermauert wird –,[130] weshalb ich seine Implikationen an dieser Stelle nicht noch einmal wiederholen werde.

Einen Aspekt wollen wir uns aber dennoch kurz anschauen. (Ich werde mich hier zwar auf Beispiele aus der höheren Bildung beziehen, aber wir werden in der Lage sein, uns Analogien für die unteren Stufen auszumalen.) Wenn wir die ausschliessliche Konzentration der Bildung auf die

---

Life for a Searching People, hg. von Dorothy C. Bass, San Francisco ²2010, 29–42; Christine D. Pohl, Making Room. Recovering Hospitality as a Christian Tradition, Grand Rapids 1999); sowie David Smith und Barbara Carvill, The Gift of the Stranger. Faith, Hospitality, and Foreign Language Learning, Grand Rapids 2000.

130 Siehe Smith und Smith, Teaching and Christian Practices.

Informationsvermittlung neu auf die Betonung eines ganzheitlichen Trainings ausweiten, dann müssen wir sozusagen einen Schritt zurücktreten und die Stellung der Bildung in einem grösseren Kontext betrachten. Besonderes Augenmerk müssen wir dabei auf das *telos* der Bildung legen: Zu welchem Zweck bilden wir Studierende aus? Was wir lehren, ist zwar wichtig, aber *warum* wir wollen, dass unsere Schülerinnen und Schüler lernen, ist ebenso relevant. Es gehört zum Vorhaben einer ganzheitlichen, formativen Bildung (ganz besonders auf Hochschulebene) dazu, dass wir den Studierenden dabei helfen, diesen teleologischen Blickwinkel einzunehmen. Während christliche Modelle von Bildung, die den Gedanken der «Weltanschauung» unterstreichen, jede Sphäre und Disziplin als relevanten Studiengegenstand erachten, lädt uns ein liturgisches Paradigma dazu ein, neue Fragen über die Implikationen unserer Bildung zu stellen. Was wollen wir mit ihr *anstellen?* Das ist keine bloss instrumentelle, pragmatische Frage («Ja, was denn genau?»), und erst recht keine ökonomische («Wie viel werde ich mit diesem Abschluss verdienen?»). Im Gegenteil, die Frage nach dem *telos* dreht sich um höchste Ziele und damit letztlich um unsere Liebe. Ohne Zweifel kann ich «zur Ehre Gottes» als Ingenieur, Musiker oder Finanzanalyst tätig sein, muss mir aber darüber klar werden, auf welche ultimativen Ziele meine Arbeit eigentlich ausgerichtet sein soll. Christliche Bildung kann nicht nur darin bestehen, dass sie die Beherrschung eines Wissensgebiets oder einer technischen Fähigkeit lehrt; das Lernen ist vielmehr in eine grössere Vision davon eingebettet, wozu ich berufen bin und wozu Gott die Welt berufen hat. Wie fügt sich *mein* Lernen in diese Geschichte ein? Und welche Praktiken werden diese *ultimative* Orientierung in mir auf Dauer stärken?

Ein eingeübter teleologischer Blick auf Bildung kann zudem zu einer kritischen Perspektive führen, von der aus wir die universitäre Bildung bewerten können. Jede Bildung hat ein *telos* – nur dass die «säkulare» oder öffentliche Bildung entweder so tut, als ob sie keines hätte, oder vorgibt, dass das übergeordnete Ziel der Bildung ein rein pragmatisches ist (das darin besteht, die für den Erhalt einer Arbeitsstelle nötige Glaubwürdigkeit der Qualifikation des betreffenden Studenten herzustellen, damit dieser ein höheres Einkommen erzielen und damit Konsumgüter kaufen kann). Ein implizites *telos* kann hingegen oftmals viel formativer sein, gerade weil wir nicht merken, dass wir geprägt werden (man erinnere sich an unsere Untersuchung unbewusster Automatisierungen in Kapitel 2). Um also explizit zu machen, was sonst implizit bleibt, macht man einen Schritt zurück, um das letztendliche Ziel der Bildung – die Erzählung, die das universitäre Projekt speist – bewusst ins Auge zu fassen.

Dieser ganzheitliche, formative pädagogische Ansatz ist daher mit einer teleologischen Aufgabe verbunden, nämlich mit der Einbettung des Lehrens und Lernens in eine umfassendere Vision und schliesslich in eine Geschichte, die das Lernen lenkt und leitet. Insofern kann selbst schon die Art und Weise, wie wir das Lernen «einrahmen», formativ sein, weil sie eine allgemeine und letztgültige Sichtweise darauf bestärkt. Jede Praxisgemeinschaft hat bestimmte «Zugänge», die in sie hineinführen, und jeder Ort innerhalb der Gemeinschaft hat seine eigenen kleinen Rahmen und Zugänge, die «strukturieren», was wir gemeinsam tun. Ich möchte dies als Praktiken der «Rahmung» bezeichnen. Ob wir Athletiksport in der Highschool betreiben, einen Job in einem Unternehmen antreten oder Mitarbeiter in einem Kunstmuseum werden, jede «Praxiskultur» oder Praxisgemeinschaft hat Orientierungs- und Wiederholungsrituale, welche die Mission, die Ziele und das Ethos der Organisation bekräftigen. Und die besten – also formativsten – Rituale der Orientierung und Entwicklung tun dies auf eine Art und Weise, die nicht nur den Intellekt anspricht, sondern auf das Vorstellungsvermögen einwirkt. (Das schlechteste Verfahren zur Orientierung in einem Unternehmen ist es, eine PowerPoint-Folie nach der anderen voller Daten, Regeln und Informationen zu präsentieren, die die Fantasie kaum anzuregen vermögen). Formative rahmende Praktiken laden uns dazu ein, an einer Geschichte teilzuhaben und greifbare, ästhetische Möglichkeiten zu finden, um in dieser Geschichte immer wieder neue Wege einschlagen zu können. Es gibt *Makro*praktiken der Rahmung, die Zugangspunkte zu einer neuen Gemeinschaft darstellen und häufig mit unserer ursprünglichen Suche nach einer Praxisgemeinschaft verknüpft sind, und *Mikro*praktiken, die eher wie alltägliche, wiederholte Routinen und Rituale funktionieren, welche die bei der Orientierung verkündete grössere Vision immer wieder verstärken. (Diese Unterscheidung könnte auch als die zwischen «gewichtigen» und «alltäglichen» Rahmungspraktiken beschrieben werden.)

Nehmen wir zum Beispiel einen Schüler, der sich dem Footballteam an seiner Highschool anschliesst. Gleich zu Beginn, bevor der Schüler überhaupt einmal seine Stollenschuhe fürs Training geschnürt hat, wird er gemeinsam mit seinen Eltern zu mehreren Orientierungstreffen eingeladen, in denen nicht nur die komplexe Logistik, sondern auch die «Kultur» des Teams vorgestellt wird – seine Ziele, Erwartungen, Visionen und so weiter. Diese grosse Vision wird dann durch alle möglichen Alltagsroutinen und -rituale immer wieder bekräftigt, von Anfeuerungsrufen und Fangesängen über Poster in den Umkleideräumen und eindrückliche Kabinenansprachen des Trainers bis hin zu den Feinheiten des sozialen Umgangs miteinander und der gehegten Erwartungen. Man tritt dem Footballteam der West Dillon Highschool nicht einfach bei; man *wird* ein West Dillon Panther («Mit kühlem Blick und heissem Herzen kann man nicht verlieren», so der berühmte Schlachtruf dieses fiktiven Teams aus der TV-Serie *Friday Night Lights*). Zu 95 % sieht diese Mannschaft vielleicht aus wie jedes andere Highschool-Footballteam. Es sind aber gerade diese Praktiken der Rahmung, die die einzigartige Kultur jeder Mannschaft ausmachen. Diese nehmen nur wenig Zeit in Anspruch, haben aber einen überproportionalen Einfluss auf das Ethos des Teams – und damit auch auf die Formation seiner Mitglieder.

Sehen wir uns daher jetzt die Art von Rahmungspraktiken an, die die höhere Bildung charakterisieren. Was lernen Studierende in der Woche vor dem Beginn ihrer Vorlesungen? Welche Geschichten nehmen sie durch die Praktiken der Orientierungs- und der Einführungswoche auf? Welche Identitäten werden in den rahmenden Praktiken des Fussballspiels und der Woche mit den Abschlussprüfungen kultiviert? Was teilen sie uns über den *Zweck* der Universität mit? Welche Erzählung rahmt die Lernarbeit in Laboratorien und Hörsälen?

Dies können zwar kritische Fragen bei der Bewertung jeglicher Art von höherer Bildung sein, sie sind aber gerade für christliche Colleges und Universitäten eine Gelegenheit dazu, bewusster mit der Rahmung von Lehren und Lernen umzugehen, um das *telos* dieser Bildung zu bestärken. Unsere Makro- und Mikropraktiken (beziehungsweise die gewichtigen und die alltäglichen Varianten) der Rahmung senden wichtige und (überproportional) einflussreiche Signale darüber aus, *warum* wir lernen. Und hierin liegt eine Chance für christliche Colleges und Universitäten wie auch für Hochschulgemeinden an öffentlichen oder «säkularen» Universitäten. Anstatt vor allem über die für die Studierenden relevanten Inhalte nachzudenken, sollten wir uns eher mit den Initiations- und Indoktrinations*riten* in jener Praxisgemeinschaft namens Universität befassen.

Die Riten der Rahmung für die höhere Bildung können die Anbetungspraktiken ausweiten und unterstreichen, inwiefern unser Lernen eine Ausweitung der Mission der Kirche ist. Sie können also die Aufgabe der höheren christlichen Bildung innerhalb der Evangeliumsgeschichte verorten. Und wiederum gibt es solche Riten der Rahmung sowohl in Makro- als auch in Mikroversionen.

Auf einer Makro- oder «gewichtigen» Ebene sollten wir mit den Riten der Orientierung (und denen für den Start ins Leben, dem Moment der *Aussendung* oder *Missio* der höheren Bildung) einen bewussten Umgang pflegen. Betrachten wir nur zwei konkrete Beispiele für Rituale, an denen unsere Kinder im Rahmen ihres Orientierungsprozesses an einer christlichen Universität teilgenommen haben. Das erste war ein Gottesdienst, in dem die Studierenden und ihre Eltern dazu eingeladen waren, die biblische Geschichte auf eine Weise zu bewohnen, die die Zusammenkunft des Leibes Christi an jedem Sonntag widerspiegelte. Dies war eine liturgische Brücke zwischen der Kirche und dem College. Der Gottesdienst hatte die Bundestreue Gottes zum Thema und erinnerte uns alle daran, dass derselbe Gott, der uns über unsere gesamte Kindheit hinweg treu geblieben war, der gnädige Vater ist, der auch über die Universität regiert. Dies kulminierte in einem kraftvollen, greifbaren Ritual, das mit metaphorischer Bedeutung aufgeladen war. Jede Familie – Studierende, Eltern und Geschwister gemeinsam – wurde in den vorderen Bereich des Altarraums eingeladen. Um den Abendmahlstisch herum standen mit Wasser gefüllte Taufbecken. Die Familien durften nun ihre Hände in das Taufwasser tauchen, um sich an ihre eigene Taufe zu erinnern. Dadurch erinnerten sie sich auch an das von Gott, aber auch von den Familien und der Kirche abgegebene Versprechen, jedes Kind Gottes in Christus zu seiner vollen Reife heranwachsen zu lassen. Somit konnten wir unsere Kinder mit einer greifbaren Erinnerung an die unverbrüchliche Treue Gottes in diese Lerngemeinschaft entlassen. Die Studierenden konnten sich nun in diese neue Lebensphase hineinwagen, da die Gnade des Sakraments von ihren Händen tropfte. Diese Lerngemeinschaft war in den Bund der Gnade eingebettet.

Dies war nun auch der Moment, an dem sich Studierende und Eltern Lebewohl sagen mussten. Unter vielen Tränen, aber mit Zuversicht und Hoffnung verabschiedeten wir uns voneinander. Am nächsten Tag waren die Studierenden zu einem weiteren Orientierungsritual eingeladen. In einem Akt, der sowohl ihre Ängste als auch ihre Hoffnungen – und ihre natürlichen Neigungen als liturgische Wesen – ansprach, erhielt jeder und jede von ihnen eine Kerze und dazu einen papierenen Halter nach Art eines Backförmchens. Auf diesen sollten sie etwas aufschreiben, was sie zurücklassen mussten. Sie waren zum Lernen in eine Gemeinschaft eingetreten, die einen gnädigen Gott der zweiten (und dritten und vierten und so weiter) Chancen anbetete. Als Studierende wurden sie dazu ermutigt, die Gnade dieses Neubeginns dadurch anzunehmen, dass sie ihre Sorgen auf den einen werfen sollten, der sie liebte. Auf das Papier konnten sie daher eine Sünde notieren, die sie zurücklassen mussten, eine Angst, die sie überwinden wollten, oder ein Trauma, von dem sie befreit zu werden hofften. Weil diese Übung in einer Umgebung stattfand, die geprägt war von Gebeten und Lobgesängen, wurden diese Aufzeichnungen in gewisser Weise magisch aufgeladen – denn sie trugen nun eine Bedeutung über ihre blosse Materialität hinaus. Jeder der Studierenden war jetzt dazu aufgefordert, seine auf dem Backförmchen aufgeschriebene Notiz zu nehmen, die Kerze hineinzustellen und sie dann auf dem Campusteich zu Wasser zu lassen. Die Sorge um das, was da aufgeschrieben war, wurde damit an Gott den Vater abgetreten. Und so schwammen in der Schwärze der letzten Nacht vor dem Vorlesungsbeginn hunderte Ängste (und Hoffnungen), eingehüllt vom Licht der Gnade, über den Teich in die Finsternis auf der anderen Seite. Am nächsten Morgen sollten dann die Studierenden selbst die Segel setzen und zu einem neuen Lernabenteuer aufbrechen.

Die Verortung der höheren christlichen Bildung im grösseren Kontext eines auf das Reich Gottes ausgerichteten *telos* lädt zu einer Reihe von Praktiken in allen möglichen Bereichen – von der Zulassung zum Studium über die Orientierungsphase bis hin zum Studienabschluss und der Alumni-Betreuung – ein, Praktiken, die die Geschichte der Erneuerung aller Dinge durch Gott erzählen, und das nicht nur *in*formell, sondern auf *form*ierende Weise.

Es gibt zudem reichlich Gelegenheiten, dies auf einer Mikroebene umzusetzen. Die formative Bedeutsamkeit von Praktiken der Rahmung kann uns eine neue Wertschätzung erfahren lassen, wie Anbetungspraktiken Seminarräume, Labors und andere Lernorte «heiligen» können. Und das nicht deshalb, weil ein kleines Gebet das, was wir lehren, «christianisiert», sondern weil selbst ein integrierter Lehrplan mit Praktiken verwoben sein muss, die ein Verständnis des christlichen Glaubens «transportieren», das auf einem Stundenplan niemals zum Ausdruck kommen könnte. Wenn wir von einem bloss expressiven zu einem formativen Grundmodell übergehen wollen, dann kann das Morgengebet in einem Seminarraum am College zu einer kraftvollen traditionellen Praxis werden, die das Lernen im Umfeld der göttlichen Versöhnung aller Dinge zentriert und situiert. Wenn Christus die Weisheit Gottes und die akademische christliche Bildung das Streben nach dieser Weisheit ist, wie könnten wir unser Lehren und Lernen dann nicht der Disziplin des Gebets unterstellen? Betrachten wir beispielsweise dieses Gebet des Thomas von Aquin:

Oratio ante studium / Gebet vor dem Studium

O Schöpfer, durch kein Wort zu fassen!
Aus der Fülle deiner Weisheit hast du die drei Ordnungen der Engel gegründet
und ihnen nach wunderbarem Plan über den Lichthimmel hin ihren Platz gewiesen;
und in herrlicher Schönheit hast du die Glieder des Alls geordnet.

Du heißest der wahre Quell von Licht und Weisheit
und ihr letzter Urgrund:

gieße aus über die Finsternis meines Geistes einen Strahl deiner Klarheit
und nimm von mir Sünde und Unwissenheit,
das zweifache Dunkel, in dem ich geboren.

Du machst beredt die Zunge der Unmündigen:
nimm meine Zunge in deine Zucht
und laß die Anmut deines Segens auf meine Lippen strömen.

Gewähre mir Scharfblick wahrzunehmen;
Kraft, zu fassen und zu behalten;
Fähigkeit und Geschick, hinzuzulernen;
Genauigkeit des Urteilens
und die volle Gnade der Sprache.

Füge du den Beginn,
gib dem Fortschreiten die Richte
und Vollendung dem Ausgang:

Du, in Wahrheit Gott und Mensch!
Du lebst und herrschest von Ewigkeit zu Ewigkeit. Amen.[131]

Das Gebet muss aber nicht auf die Weisheit und Erleuchtung und das Studium beschränkt bleiben. Wir können auch den Seminarraum in einem grösseren Zusammenhang sehen. Eröffnungsgebete können eine Möglichkeit sein, um die geschlossene Welt des Campus zu überwinden. Im Geiste der Praxis der Fürbitte können unsere Eröffnungs- oder rahmenden Gebete Kommilitonen aus der entspannten und privilegierten Atmosphäre des Seminarraums dazu einladen, der

---

131 Deutsche Übersetzung: Josef Pieper, www.thomas-von-aquin.de/export/sites/thomas-von-aquin/.content/.galleries/03.4-gebete-pdfs/04_200326_Thomas-Gebet-vor-dem-Studium_DD.pdf (17.04.2026).

Menschen zu gedenken, die überall auf der Welt oder auch an der nächsten Strassenecke Leid erfahren. An einem eisigen Wintermorgen kann ein Gebet für die Obdachlosen, die den plötzlichen Kälteeinbruch ertragen müssen, vor Beginn eines VWL-Seminars zum Thema «makroökonomische Politik und Armut» eine ansonsten abstrakt bleibende Diskussion wieder geraderücken und unser Lehren und Lernen erneut an die biblische Sehnsucht nach *shalom* zurückbinden. Ein Seminar im Fach Internationale Beziehungen kann auf formative Weise gerahmt werden, indem man es mit einem Gebet für den globalen Süden eröffnet. Und wenn ein Philosophieseminar, das sich mit dem Problem des Bösen beschäftigt, von Gebeten aus den Klageliedern umrahmt wird, dann sind die Studierenden nicht nur dazu eingeladen, über ein abstraktes «Problem» nachzudenken, sondern auch dazu, sich auf eine Geschichte einzulassen – die nämlich, die uns daran erinnert, dass dieselben Klagelieder auch schon vom eingeborenen Sohn Gottes gesungen worden sind. So lernen wir mit dem Herzen. So lernt das Herz zu lieben.

7

Du tust, was du willst

Liturgien für das Berufsleben

Alles zählt

Die biblische Schöpfungslehre handelt nicht nur davon, woher wir kommen, sondern auch davon, wo wir sind. Sie thematisiert nicht nur, wer wir sind, sondern wessen wir sind. Und sie macht nicht nur Aussagen über unsere Vergangenheit. Sie hält eine Berufung für die Zukunft bereit.

Wir schlagen nicht einfach nur in einem anonymen Kosmos unsere Zeit tot. Dies ist unser *Zuhause*. Wir bewohnen Gottes Welt. Sie ist nicht bloss «Natur», sondern *Schöpfung*.[132]

Und diese erhielt das Prädikat «sehr gut» (Gen 1,31). Die materielle Schöpfung ist nicht eine Ablenkung von unserer eigentlichen, himmlischen Existenz. Sie ist vielmehr die von Gott so bezeichnete sehr gute Wohnstätte, die von unserem Vater im Himmel geschaffen wurde. Die Schöpfung ist also nicht irgendein schlimmer, bedauerlicher Fehler Gottes, sondern das Resultat seiner *Liebe*.

Manche Christen sehen das aber offenbar anders. Sie versuchen, heiliger als Gott zu sein, wenn es um die Schöpfung geht, da sie sie nur als die Welt betrachten, die «als ganze im Argen liegt» (1Joh 5,19). Daher sind sie davon überzeugt, dass auch Gott sie nicht besonders mögen kann, und haben deshalb ihre Fluchtkapseln schon vorbereitet und sind bereit und gewillt, die von Gott geschaffene Erde

---

132 Zu einer hilfreichen Erhellung dieses Punktes siehe Norman Wirzba, From Nature to Creation. A Christian Vision for Understanding the World, The Church and Postmodern Culture, Grand Rapids 2015.

zu verlassen. Dies entspricht aber nicht Gottes Haltung seinem Werk gegenüber. Tatsächlich wird in der Inkarnation das Wort zum Fleisch, und der Schöpfer des Universums zieht in unsere Nachbarschaft. Der unendliche, transzendente Gott erhält – wie wir – einen Körper. Und man bedenke, wie die ganze Geschichte in Offenbarung 21 endet: Gott nimmt uns nicht aus seiner Schöpfung heraus, sondern kommt aus dem Himmel herab, um mit uns in seiner neuen Schöpfung zu leben.[133] Das Ende der Geschichte bestätigt damit ihren Anfang: Die Schöpfung ist sehr gut. Wir müssen zwar auch anerkennen, dass sie verunstaltet und gebrochen wurde, um von Gott wieder erneuert und wiederhergestellt zu werden. Trotz allem hält er an seinem ursprünglichen Urteil über die ganze Heilsgeschichte hinweg fest: Die Schöpfung ist sehr gut.

Deshalb lässt sich sagen: Alles ist wichtig. Die Welt als Gottes Werk zu verstehen, bedeutet, in der Welt selbst eine *Berufung* zu vernehmen. Wenn der Heilige Geist uns Ohren zu hören und Augen zu sehen gegeben hat, so ist die Schöpfung ein Geschenk, das ruft – eine Kammer des Ruhms Gottes, in der eine *Einladung* widerhallt.

Deine Mission (falls du sie annehmen solltest)

Die Schöpfungslehre handelt nicht nur von Metaphysik, sie macht also nicht nur eine Aussage darüber, was der Kosmos *ist*. Man sollte sich die biblische Theologie der Schöpfung vielmehr als ein *Manifest* vorstellen, als einen Marschbefehl oder einen Auftrag. Die Schöpfungslehre der Bibel beinhal-

133 Zu einer luziden Diskussion dieser narrativen Kontinuität von Genesis 1 bis Offenbarung 22 siehe J. Richard Middleton, A New Heaven and a New Earth. Reclaiming Biblical Eschatology, Grand Rapids 2014.

tet eine *Mission*. Sie umfasst eine Sendung, die uns mit einer *Berufung* in Gottes gute, aber kaputte Welt schickt. Wir können diese Mission in drei Verben zusammenfassen: abbilden, entfalten und bewohnen. Dies sind «Tun-» respektive Tätigkeitswörter. Im Folgenden sollen diese Elemente etwas genauer betrachtet werden.

Erstens sind wir dazu aufgerufen, *Ebenbilder Gottes zu sein*. Wir sind in seinem Bilde geschaffen (Gen 1,27). Ich bin aber der Meinung, dies eher als Verb denn als Substantiv zu betonen – als Aufgabe und Mission statt als Eigenschaft oder Charakteristikum. Die «Gottebenbildlichkeit» *(imago dei)* ist nicht eine eigentliche Eigenschaft des Homo sapiens (ob in Form des Willens, der Vernunft, der Sprache oder was auch immer), sondern ist vielmehr eine *Aufgabe*, eine *Mission*. Wie Richard Middleton in seinem Buch *The Liberating Image* anmerkt, «bezeichnet die *imago dei* das königliche Amt oder die Berufung der Menschen als Gottes Repräsentanten und Sachwalter in der Welt und gewährt die autorisierte Macht dazu, an Gottes Herrschaft oder Verwaltung der Ressourcen und Geschöpfe der Welt mitzuwirken». Wir sind zu Trägern des Ebenbilds Gottes berufen und fungieren als seine Vizeregenten, denen es obliegt, die Schöpfung zu «beherrschen» und sie zu pflegen. Und dazu gehört die Aufgabe, sie zu kultivieren, das heisst, ihre latenten Möglichkeiten durch das menschliche Einwirken – also durch die *Kultur* – zu entfalten und umzusetzen. «Gott ebenbildlich zu sein heisst daher auch, seine Herrschaft über die Erde zu repräsentieren und sie vielleicht durch die alltäglichen gemeinschaftlichen Praktiken des soziokulturellen menschlichen Lebens in gewissen Hinsichten auch auszuweiten», wie Middleton verdeutlicht.[134]

---

134 J. Richard Middleton, The Liberating Image. The Imago Dei in Genesis 1, Grand Rapids 2005, 60.

Verstehen wir, was das bedeutet? Wir *porträtieren das Ebenbild Gottes* in unserer Arbeit – in all jenen sehr diesseitigen menschlichen und allzu menschlichen Dingen, die wir zu tun aufgefordert sind.

Zweitens sind wir dazu berufen, *das Potenzial der Schöpfung zu entfalten*. In Genesis 1,28–30 wird unsere Aufgabe als Träger des Ebenbilds Gottes beschrieben, nämlich fruchtbar zu sein und uns zu vermehren (der spassige Teil!), die Erde zu «bevölkern» und die Schöpfung zu «beherrschen». Die Schöpfung wird als sehr gut beschrieben, was aber nicht heisst, dass der Schöpfungsprozess *abgeschlossen* ist. Die Schöpfung existierte bereits, bevor es Schulen, Museen, iPhones und Automobile in der Welt gab. Gott stellt uns in sie hinein und lädt uns ein, ihr gesamtes Potenzial, das er in sie hineingelegt hat, zu entfalten, indem er uns genau dazu beauftragt. Oder wie Tolkien es formuliert: Wir sind «Mit-Schöpfer».[135]

Nun gibt es dafür Normen: Wir können dies entweder gut oder schlecht machen. Die biblische Vision von jener kommenden Stadt steht in einem gewissen Sinne für eine «gute Entfaltung». Anders formuliert offenbart uns der Vollzug der biblischen Geschichte, was Gott sich für seine Schöpfung wünscht: das *shalom* und das Gedeihen, die in diese Bilder vom Königreich eingezeichnet sind. Sie sind Hinweise darauf, wie wir das latente Potenzial der Schöpfung entfalten sollten. Deshalb müssen wir darauf achtgeben, dass *unser* Verlangen mit Gottes Anliegen übereinstimmt. Wie ich zu zeigen versucht habe, ist das nicht nur eine Sache der Information, sondern der Herausbildung von Gewohnheiten.

Das ist auch der Grund, weshalb wir uns vor Monstern in Acht nehmen müssen. Denn unser schöpferischer Impuls kann in ein prometheisches Streben abgleiten. Unsere kultu-

---

135 J. R. R. Tolkien, Über Märchen, in: Die Ungeheuer und ihre Kritiker. Gesammelte Aufsätze, Stuttgart 1987, 157.

rellen Schöpfungen können sich verselbstständigen, selbst dann, wenn der kulturschaffende Impuls den besten Absichten entspringt. Wir müssen daher anerkennen, dass Kultur weder neutral noch harmlos ist – sie ist nicht einfach etwas «Gutes». Mehr noch: Wir müssen uns daran erinnern, dass die Schöpfung – im Speziellen *unsere* eigenen Werke – auch etwas *mit uns* tut. Eine biblische Schöpfungstheologie bejaht zunächst einmal die Schöpfung an sich sowie unsere kulturschaffenden Impulse, fügt dann aber eine Warnung an. Wir müssen sagen: «Ja, *aber* …»

Und schliesslich sind wir dazu aufgerufen, *die Schöpfung zu bewohnen*. Die Annahme unserer gottgegebenen Mission, Träger der Gottebenbildlichkeit zu sein, setzt die Anerkennung der Tatsache voraus, dass etwas nicht in Ordnung ist. Wir müssen akzeptieren, dass wir nicht mehr in Kansas sind – wir sind nicht mehr im Garten Eden. Der Leib Christi ist dazu berufen, jenes eigentümliche Volk zu sein, das die Schöpfung bewohnt und die Welt daran erinnert, dass sie Gott gehört.

Der Leib Christi sollte Zeugnis ablegen über das kommende Reich und darüber, wie anders die Welt dann sein wird. Unser Wirken und unsere Praktiken sollten einen Vorgeschmack auf jene kommende neue Stadt geben und somit auch Protest und Kritik beinhalten. Unsere Beschäftigung mit Gottes Welt dreht sich nicht darum, alle Fäden zu ziehen oder einen Kulturkampf zu gewinnen. Wir sind dazu aufgerufen, Zeugen zu sein, was aber nicht gleichbedeutend damit ist, Sieger zu sein. Bei unserer Berufung geht es um eine «treue Präsenz», wie James Davison Hunter es einmal passend bezeichnete.[136] In treuer Präsenz bewohnen wir die Schöpfung.

---

136 James Davison Hunter, To Change the World. The Irony, Tragedy, and Possibility of Christianity in the Late Modern World,New York 2010.

Dies erfordert, dass wir uns regelmässig auf das grosse Narrativ hin ausrichten und so die Schöpfung in diesem bunten Zeltlager, das wir Kirche nennen, «bewohnen». Indem Gott zu seiner guten Schöpfung steht, zeigt er uns auf, dass alles wichtig ist, und das lernen wir *in der Kirche*. In der Anbetung des dreieinigen Gottes werden wir erneuert, indem wir in eine neue Geschichte einbezogen werden. Durch die Praktiken der christlichen Anbetung wird unser Vorstellungsvermögen neu aktiviert, so dass wir die Welt als Gottes Schöpfung wahrnehmen und damit seinen *Ruf*, der in ihr widerhallt, vernehmen können.

Eine Erinnerung des britischen Architekten Patrick Lynch an Arbeit, Liebe und die Beziehung zwischen beiden:
Mein Vater war ein sogenannter kleiner Handwerker, was bedeutet, dass er hauptsächlich kleine Aufträge aus dem privaten Bereich übernahm und Anbauten an grossen viktorianischen Häusern entlang der Themse in Henley baute. Nur einmal baute er auch ein neues Haus. Manchmal reparierte und renovierte er auch einfach nur alte Mauern. Er war in erster Linie Maurer in einer Zeit, in der dies ein weit verbreiteter und angesehener Beruf war, obwohl er eine Ausbildung zum Vermesser absolviert und sich an der Abendschule fortgebildet hatte, um eine Hochschulzugangsberechtigung für qualifizierte Berufstätige zu erlangen. Die Arbeit am Schreibtisch langweilte meinen Vater jedoch, und er sehnte sich nach seiner Arbeit im Freien und der Unabhängigkeit eigener Bauprojekte zurück. Daher griff er auf die Fähigkeiten zurück, die er von seinem Stiefvater gelernt hatte, und nutzte diese zusammen mit seinen Zeichenkünsten, um Genehmigungen für kleine Bauvorhaben zu erhalten, die er anschliessend selbst umsetzte. Rückblickend betrachtet haben mein Bruder und ich ganz offensichtlich einen unausgesprochenen Wunsch unserer Familie erfüllt und sind Architekten geworden. Vermutlich *rochen Ziegelsteine für uns nach Liebe und Hoffnung.*
(Patrick Lynch, Brick Love, in: Common Ground. A Critical Reader, hg. von David Chipperfield, Kieran Long und Shumi Bose, Venedig 2012, 121)

Dies überschneidet sich nun mit unserem Kernthema, denn unser (kulturelles) Schaffen, unsere Arbeit, entsteht ebenso sehr aus dem, was wir *wollen,* wie aus dem, woran wir glauben: Wir sind dazu geschaffen, Schöpfer zu sein, aber als Schöpfer bleiben wir Liebende. Wenn man also das ist, was man liebt, dann *macht* man das, was man liebt. Unser kulturschaffendes Wirken – sei es in der Finanzwelt oder in der bildenden Kunst, als Feuerwehrmann oder Grundschullehrerin – wird weniger von «Prinzipien» motiviert, die wir im Kopf haben, als vielmehr von Gewohnheiten des Verlangens, die unter der Oberfläche des Bewusstseins wirken.

Dies wurde mir kürzlich bewusst, als ich über das sich entfaltende Drama der *Star Wars*-Filme las. In einer kreativen Rezension von Chris Taylors Buch *Wie Star Wars das Universum eroberte* konzentriert sich Cass Sunstein auf einen entscheidenden Wendepunkt in der jahrelangen Entwicklung der Geschichte – den von ihm sogenannten «Ich-bin-dein-Vater»-Moment, in dem Darth Vader Luke Skywalker ihre Beziehung offenbart. Dieser entscheidende Wendepunkt in *Das Imperium schlägt zurück* veränderte sogar den vorherigen Film massgeblich – ein kreativer Moment, der sogar Auswirkungen auf die Vergangenheit hatte. Am faszinierendsten ist jedoch, dass es trotz George Lucas' gegenteiliger Beteuerungen[137] Belege dafür gibt, dass er selbst, der Schöpfer der Geschichte, zu Beginn nicht wusste, dass die Handlung diese Wendung nehmen würde. «Lucas entschied erst relativ spät, dass Darth Vader Lukes Vater ist», wie sich Sunstein erinnert und den von Taylor rekonstruierten kreativen Kontext wie folgt schildert: «Während er an der entscheidenden Szene von *Das Imperium schlägt zurück* schrieb, beschloss Lucas, dass Vader zu Luke sagen sollte: ‹Wir werden als Vater und

137 Manchmal hat er behauptet, dass er die gesamte Geschichte in einem «Journal of the Whills» («Tagebuch der Whills») skizziert habe, aber Chris Taylors Untersuchung hat gezeigt, dass auch dies eine Fiktion ist.

Sohn über die Galaxis herrschen.› Diese Worte regten offenbar seine Fantasie an und lösten einen Aha-Effekt, einen Schauer oder ein Kribbeln im Rücken aus, weil ‹ihm plötzlich klar wurde, warum alle, von Onkel Owen über Obi-Wan bis hin zu Yoda, so besorgt um Lukes Entwicklung waren und ob er einmal wie sein Vater werden würde›.»[138] Diese Erzählung wurde natürlich von Lucas selbst in die Welt gesetzt, aber nicht einmal der Schöpfer der ganzen Saga wusste, wohin seine eigene Geschichte führen würde. Dies verdeutlicht etwas Wichtiges über kreative Prozesse im Allgemeinen – und sagt uns damit auch etwas über das Schaffen von Kultur. Sein Wirken und seine Kreativität wurden nämlich gewissermassen von Impulsen gesteuert, die ausserhalb seines eigenen Bewusstseins aktiv waren.

Betrachten wir zum Beispiel dieses Gespräch zwischen George Lucas und seinem Mitarbeiter Lawrence Kasdan während ihrer Niederschrift des Drehbuchs für *Die Rückkehr der Jedi-Ritter:*

> KASDAN: Ich denke, du solltest Luke umbringen und Leia übernehmen lassen.
> LUCAS: Wir können ihn nicht umbringen.
> KASDAN: Okay, dann bring Yoda um.
> LUCAS: Ich will Yoda nicht töten. Man muss niemanden töten. Du bist ein Produkt der Achtzigerjahre. Man bringt nicht einfach Leute um. Das ist nicht nett.
> KASDAN: Nein, bin ich nicht. Ich versuche, der Geschichte eine gewisse Schärfe abzuverlangen […]
> LUCAS: Wenn wir jemanden umbringen, werden wir die Zuschauer wahrscheinlich irritieren.

---

138 Cass R. Sunstein, How Star Wars Illuminates Constitutional Law (and Authorship), Rezension von *Wie Star Wars das Universum eroberte* von Chris Taylor, The New Rambler Review, http://newramblerreview.com/book-reviews/fiction-literature/how-star-wars-illuminates-constitutional-law-and-authorship. Die Zitate in diesem Abschnitt stammen aus dieser Rezension.

> KASDAN: Ich sage, dass der Film grösseres emotionales Gewicht hat, wenn jemand, den man liebt, im Laufe der Geschichte verloren geht. Die Reise wirkt dann intensiver.
> LUCAS: Mir gefällt das nicht, und ich glaube das nicht.
> KASDAN: Nun ja, ist in Ordnung.
> LUCAS: Ich habe das an Filmen immer gehasst, wenn man die Geschichte verfolgt und eine der Hauptfiguren umgebracht wird. Das hier ist ein Märchen. Man will, dass sie glücklich leben bis ans Ende ihrer Tage und niemandem irgendetwas Schlechtes passiert. […] Der ganze Punkt des Films, die ganze Emotion, die ich am Ende des Films vermitteln will, ist die, dass der Zuschauer richtig mitgenommen ist, emotional und geistig, und sich absolut wohlfühlen soll. Das ist das Allergrösste, was wir überhaupt erreichen können.

Man beachte, was Lucas' kreative Impulse zu diesem Zeitpunkt bestimmt: das, was er glaubt, und das, was er will. Diese Überzeugungen, Wünsche und Empfindungen wirken unter der Oberfläche unseres Bewusstseins. Beispielsweise scheint es, als wollte Lucas die Geschichte zunächst mit einem buddhistischen Thema unterlegen, wonach es Bindungen sind, die das Böse verursachen – dass Menschen sich dem Bösen zuwenden, wenn sie nicht «loslassen» können. In *Die Rückkehr der Jedi-Ritter* jedoch spielt sich in Lucas' Vorstellung eine andere Geschichte ab, denn «Vader wird nicht durch Distanz, sondern durch Bindungen erlöst». Trotz Lucas' erklärter Absicht stellt sich nämlich heraus, dass Vader «durch Liebe und nicht durch Distanz erlöst wird». Wie Sunstein diesen Punkt zusammenfasst: «Lucas' Unterbewusstsein […] erwies sich als komplizierter als seine offenkundigen Absichten.» Tatsächlich entspringen unsere kreativen «Ich-bin-dein-Vater»-Momente «häufig dem Unbewussten».

Deshalb müssen wir alle – als Kulturschaffende und Sinnstifter – unser Unbewusstes kultivieren und auf die Formation unserer Vorstellungskraft achtgeben. Ob wir nun Unternehmer sind, die ein Tech-Start-up gründen, oder zum ersten Mal Eltern werden und eine Familie gründen – unsere «kreative» Arbeit als Menschen, die nach Gottes Ebenbild geschaffen sind, wird gewissermassen durch unsere Faszination für eine Vision vom guten Leben *erzeugt*. Unser Schaffen entspringt unserer Vorstellungskraft, die von einer Geschichte darüber genährt wird, wie ein gelingendes Leben aussieht. Wir alle tragen eine bestimmte prägende Geschichte in uns, die unser Schaffen mehr beeinflusst, als uns vielleicht bewusst ist, denn diese Geschichte hat uns gelehrt, was wir lieben sollen (und wie wir in Kapitel 2 herausgestellt haben, lieben wir vielleicht nicht das, was wir zu lieben glauben, weil wir nicht erkennen, welche Geschichte unser Vorstellungsvermögen *wirklich* in ihren Bann gezogen hat).

Wenn man ist, was man liebt, und wenn man das macht, was man will, dann müssen wir darauf achten, wie unsere Wünsche geformt werden, wenn wir gewissenhafte Mit-Schöpfer sein wollen. Wir müssen das Unbewusste, den Speicher unserer prägenden Geschichten, hegen und pflegen. Wir müssen also darauf achten, was wir anbeten, denn es wird unsere Wünsche prägen und damit auch das, was wir machen und wie wir arbeiten.

Tradition um der Innovation willen

Viele Evangelikale bekennen sich zunehmend zu diesem erweiterten Verständnis von Mission und zu einer ganzheitlicheren Schöpfungstheologie, die nicht nur den Missions-, sondern auch den Kulturauftrag bejaht.[139] Wie Gabe Lyons

139 Man könnte auf einflussreiche Formulierungen dieses Punkts verweisen, zum Beispiel auf Charles Colson und Nancy Pearcey, How Now Shall We Live?, Carol Stream, IL 1999, und Andy Crouch, Culture Making. Recovering Our Creative Calling, Downers Grove 2008.

in seinem Buch *The Next Christians* dokumentiert, bringen Evangelikale eine aktivistische Frömmigkeit in eine Reihe verschiedener kultureller «Kanäle» ein – von Politik und Technologie bis hin zu Mode und Kunst. Junge Evangelikale sind tatkräftige Sozialunternehmer, die sich für Kreativität, Erfindungsreichtum und Innovation über den engen Rahmen der Kirche hinaus interessieren. Denn sie beschäftigen sich auch intensiv mit Fragen von Gerechtigkeit, Unterdrückung und gesellschaftlichen Verwerfungen. Sie wollen eine zerbrochene Welt «erneuern», die Welt neu gestalten und in Ordnung bringen.[140] Ich gehe davon aus, dass viele Mainstream-Christen es als ermutigend empfinden werden, dass die Evangelikalen endlich in die Offensive gehen.

Auf der anderen Seite ist der Evangelikalismus nach wie vor ein Nährboden für fast uneingeschränkte religiöse Innovationen. Er ist fest davon überzeugt, sich auf dem wechselhaften Markt der zeitgenössischen Spiritualität behaupten zu können. Die unternehmerische Unabhängigkeit der evangelikalen Spiritualität (die so alt ist wie die amerikanischen Kolonien) lässt Raum für alle Arten von Start-up-Gemeinden, die wenig oder gar keine institutionelle Unterstützung benötigen. Diese Start-ups bedienen immer spezialisiertere Nischen und sind nicht an liturgische Formen oder institutionelle Traditionen gebunden. Tatsächlich verkünden viele von ihnen selbstbewusst ihren Wunsch, «die Kirche neu zu erfinden».

Meiner Meinung nach handelt es sich hierbei um konkurrierende Entwicklungen. Denn wir können nicht hoffen, die Welt wiederaufzubauen, wenn wir ständig die Kirche neu erfinden. Das möchte ich gerne näher erläutern.

Die kulturelle Arbeit der Restauration der Welt erfordert zweifellos fantasievolle Innovation. Gute Kulturarbeit erfor-

---

140 Gabe Lyons, The Next Christians. Seven Ways You Can Live the Gospel and Restore the World, Colorado Springs 2012.

dert, dass wir uns die Welt als eine andere vorstellen – was bedeutet, dass wir die Geschichten, die uns über den Status quo erzählt werden, *durchschauen* und uns stattdessen das Kommen des Reiches Gottes ausmalen. Wir brauchen neue Energie, neue Strategien, neue Initiativen, neue Organisationen, ja sogar neue Institutionen. Wenn wir hoffen, die Welt in Ordnung zu bringen, müssen wir anders denken und handeln und Institutionen aufbauen, die dieses Tun begünstigen.

Aber wenn unsere kulturelle Arbeit *restaurativ* sein soll – wenn sie die Welt also wieder *in Ordnung bringen* soll –, dann brauchen wir ein Vorstellungsvermögen, das eine Vision davon verinnerlicht hat, wie die Dinge sein sollten. Unsere Innovation, Erfindungsgabe und Kreativität müssen von einer eschatologischen Vision davon durchdrungen sein, wozu die Welt geschaffen wurde, wozu sie berufen ist – was die Propheten oft als *shalom* bezeichneten. Innovation *für* Gerechtigkeit und *shalom* aber setzen voraus, dass wir immer wieder in die Geschichte von Gott eintauchen, der alle Dinge mit sich versöhnt.

Und dieses Eintauchen geschieht in der *Anbetung* – in bewussten, historischen, liturgischen Formen, die die Geschichte Gottes so vermitteln, dass sie uns in Fleisch und Blut übergehen und in unser Unbewusstes einsickern. Deshalb untergräbt die ungezügelte, undisziplinierte «Neuerfindung» der Kirche letztlich unsere Fähigkeit, eine innovative, restaurative Kultur zu schaffen.

Der Design-Guru Herbert Simon stellte einmal fest: «Jeder, der Handlungsweisen entwirft, die darauf abzielen, bestehende Situationen in bevorzugte zu verwandeln, ist ein Designer».[141] Und Robert Grudin stellt heraus, dass dieser Begriff des Designs der Berufung des Menschen immanent

---

141 Herbert A. Simon, The Science of Design. Creating the Artificial, Design Issues 4/1–2 (1988), zit. in Robert Grudin, Design and Truth, New Haven 2010, 3.

ist: «Design ist die reinste Ausübung des menschlichen Vermögens. Fügt man dieser Schatzkammer ein neues Instrument oder einen neuen Prozess hinzu, so übt man selbst die Kraft der sich entwickelnden Natur aus».[142] In diesem Sinne sagt gutes Design die Wahrheit über die Welt: «Eine gut gestaltete Hacke», so Grudin, «spricht die Wahrheit zu dem Boden, den sie aufbricht, und sagt uns umgekehrt die Wahrheit über den Boden.»[143] Kulturelles Schaffen im Allgemeinen ist ein Akt solchen, die Wahrheit verkündenden, lebensspendenden Designs. «Rechtliche und kulturelle Paradigmen», zum Beispiel, «werden normalerweise nicht als Designs bezeichnet, sind tatsächlich aber Entwürfe, die den Charakter grosser Bevölkerungsgruppen formen und die menschliche Energie in bestimmte Richtungen lenken. Die Verfassung der Vereinigten Staaten von Amerika ist das designerische Äquivalent zum Jaguar XKE und zum Palazzo del Te: Sie setzt menschliche Energien frei und maximiert unsere Möglichkeiten.»[144]

Menschen sind geschaffen, um zu designen. Wenn das Axiom des Designers Herbert Simon richtig ist, dann könnten wir zu Recht sagen, dass das Evangelium selbst ein Designprojekt ist. Denn es ist die gute Nachricht, dass die Menschheit jetzt dazu befreit worden ist, die uns in der Schöpfung auferlegte Designarbeit aufzunehmen, also unsere Mission als die Gestalter der Schöpfung zu akzeptieren.

Die christliche Anbetung ist, wie ich behaupten möchte, ein Designstudio. Die Mission der Kirche ist es, Innovatoren und Designer auszusenden, deren Handeln darauf abzielt, «bestehende Situationen in bevorzugte zu verwandeln». Doch Innovatoren und Erneuerer und Produzenten und

---

142 Grudin, Design and Truth, 4.

143 A. a. O., 8.

144 A. a. O., 7.

Designer sind ihrerseits darauf angewiesen, dass die Kirche ein «Ort der Einbildungskraft» ist, ein Ort, an dem wir unsere Vorstellungskraft wieder auf die «wahre Geschichte der ganzen Welt» ausrichten. Unsere Imagination muss durch einen affektiven Einbezug in Gottes Geschichte wiederhergestellt und justiert werden, in der Christus die Welt mit sich versöhnt. Das ist das, was eine absichtsvolle, historische christliche Anbetung tut. Wir brauchen Pastoren und Priester und Vorbeter (und Lehrer und Jugendpastoren und Collegeprofessoren), die anerkennen, dass diese Anbetung eine Werkstatt der Imagination ist – und dass die Normativität der in ihr enthaltenen Geschichte affektiv vermittelt werden muss. Deshalb kommt es auf die Form an – was lediglich eine andere Formulierung dafür ist, dass die christliche liturgische *Tradition* als eine Ressource zur Förderung kultureller *Innovation* betrachtet werden sollte.

Wenn die Kirche «Erneuerer» aussenden soll, die die Kultur für das Allgemeinwohl einspannen, dann müssen wir die reiche Imaginationspraxis der historischen christlichen Anbetung neu entdecken und sie aktualisieren. Denn sie vermittelt die einzigartige Geschichte des Evangeliums. Auf folgende Weise kann diese liturgische Tradition eine Fundgrube für unser Vorstellungsvermögen sein:

- Das Niederknien in der Beichte und das Benennen «der Dinge, die wir getan, und der Dinge, die wir unterlassen haben» lässt uns auf nachvollziehbare und körperliche Weise die Zerbrochenheit unserer Welt erfahren und sollte unsere eigene Eitelkeit mässigen.
- Das Treueversprechen im Glaubensbekenntnis ist ein *politischer* Akt – eine Erinnerung daran, dass wir Bürger eines kommenden Reiches sind, die unsere Versuchung, uns mit irgendeiner Einrichtung in dieser weltlichen Stadt zu sehr zu identifizieren, konterkariert.
- Der Ritus der Taufe, bei dem die Gemeinde verspricht, das Kind grosszuziehen und den Eltern zur Seite zu ste-

hen, ist genau die liturgische Formation, die wir brauchen, um ein Volk zu sein, das jene mit geistig eingeschränkten Kindern unterstützt wie auch jene mit der Berufung und dem Mut stärkt, behinderte Kinder zu adoptieren.

– Gemeinsam mit dem auferstandenen König am Tisch des Herrn zu sitzen, wo *alle* zum Essen eingeladen sind, ist eine lebendige Erinnerung an die gerechte, überfliessende Welt, nach der Gott sich sehnt.

Zusammengefasst lässt sich sagen, dass sich die innovative und restaurative Arbeit der Kulturgestaltung durch die liturgische Tradition inspirieren lassen soll, die unser Vorstellungsvermögen auf das kommende Königreich hin ausrichtet. Um eine christliche Vorstellungswelt zu fördern, brauchen wir nichts neu zu *erfinden,* sondern müssen uns lediglich *erinnern*. Wir können nicht darauf hoffen, die Welt neu zu erschaffen, wenn wir «die Kirche» ständig neu erfinden, weil wir uns selbst dadurch aus der Geschichte Gottes herausbegeben. Die liturgische Tradition ist die Plattform für ideenreiche Innovationen.

Das Geschenk der Einschränkungen

Ich will nicht so tun, als wäre das einfach. In vielfacher Hinsicht ist es bedeutend einfacher, bei einer «Neuerfindung der Kirche» bei null anzufangen. Aber hier geht es nicht um die Frage, was einfacher ist, sondern darum, wie der Heilige Geist unsere Gewohnheiten formt, unsere Vorstellungskraft *re*formiert und unsere Herzen *trans*formiert. Nur diese Art von tiefreichender Transformation unseres kreativen Unbewussten wird wirklich eine nachhaltige Innovation und kulturelle Schöpfung hervorbringen, die sich am kommenden Reich orientiert.

Wir müssen allerdings den Tatsachen ins Auge sehen und feststellen, dass wir alle in Institutionen – und vielleicht gerade in *Kirchen* – eingebunden sind, die wir selbst anders aufgebaut hätten. Aber wir sind nun einmal die Erben von Strategien, Verfahren und physischen Umgebungen, die Aspekte in sich tragen, auf die wir gut verzichten könnten. Manchmal ächzen wir unter den Einschränkungen, die uns die Gründerfiguren und historischen Körperschaften auferlegt haben, die noch nichts von unseren gegenwärtigen Herausforderungen wissen konnten. Wir alle haben wohl schon einmal Tagträume darüber gehabt, wie es wäre, von solchen Zwängen befreit zu sein, also die Institution von Grund auf «neu zu denken». Denn *dann,* ja dann, so sagen wir uns, wären wir wirklich frei, unsere Mission und Vision voranzutreiben. Aber in der gegenwärtigen realen Welt hängen diese Einschränkungen wie Mühlsteine an unseren Hälsen, Anker, die uns nach unten ziehen, während wir versuchen, das Schiff in neue Gewässer zu steuern.

Könnten wir uns überhaupt jemals vorstellen, solche Zwänge als Geschenke anzunehmen? Ist es wirklich möglich, dass althergebrachte Traditionen Katalysatoren für Kreativität und Imaginationsfähigkeit sein können, die gemeinhin als einschränkend gesehen werden?

In diesem Kontext bin ich neulich über eine bemerkenswerte Parabel gestolpert. Im Jahr 2012 hat die *Barnes Foundation* nach einem langwierigen – und sehr öffentlich geführten – Rechtsstreit einen neuen Standort auf der Museumsmeile in Philadelphia eröffnet und Albert Barnes' Sammlung moderner Kunst von Weltrang aus ihrem bisherigen Zuhause im Vorort Lower Merion dorthin überführt. Die juristischen Details dieses Kampfes müssen uns an dieser Stelle nicht interessieren. Wir haben es hier vielmehr mit einer interessanten Fallstudie zum Thema «traditionsgebundene Innovation» zu tun.

Martin Filler beschreibt die Dynamik dieser Angelegenheit in seinem sehr hilfreichen Überblicksartikel in der *New York Review of Books* so: «Barnes hatte darauf bestanden, dass keines seiner 800 Gemälde und Tausenden weiterer Objekte jemals verkauft, verliehen oder aus den aufwendigen Rauminstallationen herausgelöst werden dürfte, die er für sie entworfen hatte. Obwohl das Gericht dem Umzug also grundsätzlich zugestimmt hatte, entschied es auch, dass die bisherige Präsentation des Sammlers im neuen Zuhause strikt beibehalten werden muss.»[145]

Hier von Einschränkungen zu sprechen, ist eine grosse Untertreibung. Die Erlaubnis für den Umzug der Sammlung war nicht einfach nur mit ein paar Fallstricken, sondern mit jener Art von Stahlkabeln versehen, die die Golden Gate Bridge stabil halten. Man würde denken, dass man unter diesen Bedingungen und Zwängen die Ausstellung im Anwesen in Lower Merion einfach in das innenstädtische Umfeld hätte umsetzen müssen. Was sonst hätten die Architekten tun können, ausser in eine Las Vegas-artige Lust an der Imitation und an Mimikry zu verfallen und einfach ein Faksimile des Originals zu reproduzieren? Das neue Museum würde ja nicht einmal wirklich kreative Architekten benötigen; gute Kopisten würden schon genügen.

Während der Vorbereitung der Reproduktion geschah allerdings etwas Eigenartiges: Das Architektenteam von Tod Williams und Billie Tsien verweigerte die einfache Kopie. Sie akzeptierten zwar die Einschränkungen aus Barnes' Verfügung, betrachteten sie aber als einen Impulsgeber für Kreativität. Filler beschreibt das Resultat wie folgt:

---

145 Martin Filler, Victory!, New York Review of Books 59 (12. Juli 2012): 14–18. Die folgenden Zitate in diesem Abschnitt stammen aus diesem Artikel.

> Die rechtliche Vorgabe, die alten Galerien zu reproduzieren, liess viele Beobachter befürchten, dass dies die Designer auf eine Übung in kultureller Mumifizierung beschränken würde, bei der es kaum noch Spielraum für architektonische Originalität gäbe. Bemerkenswerterweise fanden Williams und Tsien innerhalb der ihnen gesetzten Grenzen aber eine unerwartete Ausdrucksvielfalt. Insofern ist das Ergebnis dieses Projekts umwerfend – das neue Barnes ist einer grossen Anzahl von Museen, die völlig frei gestaltet wurden, haushoch überlegen, und im Nachhinein erscheint die Entscheidung von Richter Stanley R. Ott aus dem Jahr 2004, dass die Ausstellung exakt dupliziert werden muss, in ihrer Weisheit salomonisch.

Oder anders ausgedrückt: Das neue Gebäude der *Barnes Foundation* ist ein konkretes Beispiel für eine traditionsgebundene Innovation. Das Ergebnis ist beeindruckend, sowohl von aussen als auch von innen. Trotz der Einschränkungen hinsichtlich Ausstellungsfläche und Anordnung haben die Architekten eine neue Zukunft für die Sammlung entworfen. Man könnte sagen, dass das neue Gebäude eine «originalgetreue Erweiterung» des ursprünglichen Standorts ist: Es knüpft an das Erbe an, ohne jedoch einfach nur das Original zu kopieren. Der Entwurf von Williams und Tsien ist vielmehr eine kreative Wiederholung.

Das Ergebnis ist im wahrsten Sinne des Wortes erhellend. Die Besucher – ganz besonders die abendlichen Gäste – sind von der «Light Box» fasziniert, die sich über die gesamte Länge des Gebäudes erstreckt und den grosszügigen Lichthof im Inneren beleuchtet. Dank der kreativen Lichtführung werden die nachgebauten Galerien regelrecht in Licht getaucht. «Das Schönste am neuen Barnes», so Filler, «ist die regelrechte visuelle Wiederauferstehung des alten Standorts», die durch die Zusammenarbeit der Architekten mit dem Lichtdesigner Paul Marantz ermöglicht wurde. Die Werke sind dieselben, die Anordnung ist die gleiche, die Räume sind die gleichen, und doch ist es, als würden wir einige von ihnen zum ersten Mal sehen. Die architektonische

Innovation interpretiert das Erbe des Gebäudes auf eine Weise neu, die die Schönheit dieser Werke hervorhebt – genau das, was Mr. Barnes ursprünglich an ihnen gereizt hat.

Martin Filler nennt noch ein weiteres Beispiel für dieses Wechselspiel zwischen Tradition und Innovation. Durch die Vorgabe, die Galerien so zu erhalten, wie Barnes sie gestaltet hatte, übernahmen die Designer einen festgelegten Hintergrund für alle Gemälde: einen ockerfarbenen Sackleinenstoff, den Barnes speziell für die Wände der Galerie entworfen hatte. Mit der neuen Beleuchtung wird uns jedoch bewusst, dass diese Farbe «so harmonisch mit den meisten seiner Bilder zusammenpasst, dass man sich fragt, warum sie nicht auch anderswo häufig kopiert wird». Was zuvor als Barnes' restriktive Marotte angesehen wurde, erscheint nun nachvollziehbar.

So wurden aus möglicherweise lähmenden Einschränkungen letztlich Impulsgeber für kreative Innovationen,

Das neue Gebäude der Barnes Foundation ist ein Musterbeispiel für «traditionsgebundene Innovation».
Ensemble view, Room 23 north © 2015 The Barnes Foundation

die zu einer neuen Wertschätzung für die Weisheit dieser Beschränkungen führten. «Barnes mag ein Sonderling gewesen sein», so Fillers Fazit, «aber er hatte auch etwas Geniales an sich.»

Halten wir uns doch einmal die sonderbaren Einschränkungen in unserem eigenen Umfeld vor Augen. Wäre es nicht vielleicht kreativer, diese nicht einfach wegzuwünschen, sondern als Geschenke anzunehmen? Verbirgt sich in diesen Einschränkungen nicht vielleicht ein Genie, das eine einfallsreiche Führung zum Vorschein bringen könnte, womit der Weg frei wäre für eine Neubewertung ihres Charakters? Womöglich brauchen wir gar keine «völlig freie Hand», sondern gute Einschränkungen und die nötige Vorstellungskraft, um diese als Anstoss für Innovationen zu begreifen. Kann man sich die Autorität und das Erbe der historischen liturgischen Anbetungstradition als genau diese Art von befreiender Einschränkung vorstellen, die die Kreativität und Imagination anregt?

Ebenso könnte auch unsere tägliche Arbeit am besten innerhalb der Einschränkungen gedeihen, die uns in der Tradition kirchlicher Anbetung und im Rhythmus der geistlichen Disziplinen überliefert wurden. Vielleicht finden wir Befreiung in der Liturgie und Erneuerung durch Rituale.

Berufliche Liturgien

Mit welchen Routinen fängt dein Tag an? Viele von uns haben sich ohne viel Nachdenken alltägliche Gewohnheiten angeeignet. Ein Morgenritual könnte zum Beispiel darin bestehen, erst einmal «auf den neuesten Stand zu kommen» – mit E-Mails, Facebook, X und dem *Wall Street Journal*. Wenn Anthropologen vom Mars in unseren Büros oder an unserem Frühstückstisch landen würden, dann könnten sie unsere Haltung, wie wir da über unsere Telefone gebeugt hocken, als eine Art religiöse Demutsbezeugung einem elektronischen Talisman gegenüber deuten.

Und was ist, wenn diese Rituale nicht nur etwas sind, was wir tun, sondern auch etwas, was *mit uns* getan wird? Was ist, wenn diese Rituale regelrechte «Liturgien» sind? Und was, wenn das Streben nach Gott in unserem Berufsleben eine Vertiefung in Rituale verlangt, die unsere Leidenschaften dirigieren?

Ich kann mich immer noch an den Tag erinnern, an dem ich meine Berufung entdeckt habe. Ich war im Keller der Bibliothek am College, als ich auf einige Ausgaben einer Zeitschrift namens *Faith and Philosophy* stiess, die von der *Society of Christian Philosophers* herausgegeben wurde. In der ersten Ausgabe war eine Art Manifest des berühmten Philosophen Alvin Plantinga enthalten, das mit «Ratschläge für christliche Philosophen» betitelt war und das er erstmals als seine Antrittsvorlesung an der University of Notre Dame vorgetragen hatte.

In diesem Artikel brachte Plantinga überzeugend zum Ausdruck, dass Christen der Philosophie nachgehen können und sollten, warum es wichtig war, dass sie das taten, und wie dies mit christlicher Integrität möglich war. «Alles in allem dürfen wir, die wir Christen sind und beabsichtigen, Philosophen zu sein, nicht einfach damit zufrieden sein, dass wir Philosophen sind, die zufälligerweise auch noch Christen sind», wie er schreibt, «wir müssen uns bemühen, christliche Philosophen zu sein. Wir müssen unseren Projekten deshalb mit Ganzheitlichkeit, Unabhängigkeit und christlicher Kühnheit nachgehen.»[146]

Plantingas Vision ist für alle Berufungen und Berufe relevant. Er zeichnet ein Bild, in dem Gott in jedem Quadratzentimeter seiner Schöpfung anwesend ist – nicht nur in der

146 Alvin Plantinga, Ratschläge für christliche Philosophen, glauben & denken heute 7/2 (2014), 6–19.

Kirche und in der Theologie, sondern auch in der Philosophie und in der Physik, den Rechtswissenschaften und der Ökonomie, der Landwirtschaft und den Künsten. Wir sollten uns nicht damit zufriedengeben, Christen zu sein, die auch noch Künstler sind, oder Anwälte, die einfach «auch» Christen sind. Stattdessen sollten wir unsere berufliche Tätigkeit als Möglichkeit verstehen, Gott selbst nachzujagen – und dies, wie Plantinga schreibt, «mit Ganzheitlichkeit, Unabhängigkeit und christlicher Kühnheit» tun. Ich empfand Plantingas Worte als nichts Geringeres als einen Weckruf, der mich dazu aufforderte, meinen Eingebungen zu folgen. Doch wann immer ich über die Philosophie als mögliche professionelle Laufbahn nachdachte, warnten mich meine Lehrer mit irgendeiner Variation der Worte von Kolosser 2,8: «Gebt acht, dass es niemandem gelingt, euch einzufangen durch Philosophie, durch leeren Betrug, der sich auf menschliche Überlieferung beruft, auf die kosmischen Elemente und nicht auf Christus.» Doch wenn ich Plantinga las, dann wurde ich immer in den Bann der Vorstellung von einer *christlichen* Philosophie geschlagen, also von der Idee, dass die Philosophie ein Weg sein mochte, auf dem man nach Gott streben könnte.

Und die Philosophie hat mir geholfen, über den Ausdruck des «Strebens» nach Gott selbst nachzudenken. Dies kam mir kürzlich wieder ins Gedächtnis, als ich die *Metaphysik* des Aristoteles unterrichtete. Letzterer war zwar ein griechischer Philosoph, der mehrere Jahrhunderte vor Christus lebte, gleichwohl hat er eines der ersten philosophischen Argumente für die Existenz Gottes formuliert – den er «den ersten Beweger» nannte. Die Aussage, dass Gott die «Ursache» von allem ist, ist für Aristoteles jedoch nicht nur eine These über unsere *Anfänge,* sondern auch eine über unser *Ende*.

Man könnte sagen, dass Gott nicht nur der Eine ist, der uns in die Existenz «bringt», sondern auch der, der uns zu ihm *hinzieht*. Nach Aristoteles ist dies eine Bewegung, «wie der Gegenstand der Liebe den Liebenden bewegt». Anders formuliert: Gott treibt uns nicht einfach nur an, sondern *zieht uns auch an*. Wir streben dem nach, was wir *lieben*.

Aristoteles ist hier einer Sache auf der Spur, die für ein christliches Berufsverständnis wichtig ist. Dabei geht es nicht nur darum, dass wir unsere Arbeit lieben; es geht vielmehr darum, unsere Arbeit *für* Gott zu lieben, ihm *in* unserer Arbeit nachzustreben. Gott stellt uns die Vision bereit, die unsere Arbeit auf sein Reich hin *zieht*.

Und in seiner *Nikomachischen Ethik* hält Aristoteles noch eine weitere wichtige Einsicht bereit. Dort unterstreicht er, dass Tugenden Gewohnheiten sind, die *Übung* brauchen. Gewohnheiten sind *erworbene* «Dispositionen», die mit unserem Charakter verwoben werden. Und die Methoden, mit denen wir solche Gewohnheiten erwerben, sind *Übung* und *Wiederholung* – durch «Rituale», wie man sagen könnte.

Wir haben bereits die interessante chemische Reaktion bemerkt, die sich ereignet, wenn man diese beiden Ideen zusammenführt (wie Paulus dies in Passagen wie Kol 3,12–17 tut): *Liebe* ist die ultimative Tugend. Wir müssen uns bewusst mit Liebe «bekleiden». Die Liebe, die uns zu Gott zieht, erwächst mithin aus Übung und Wiederholung. Wenn wir Gott in unserer Berufstätigkeit nachstreben wollen, müssen wir uns selbst in Rituale, Rhythmen und Praktiken vertiefen, durch die die Liebe Gottes in unsere Persönlichkeit selbst einsickert und nicht nur in unser Denken, sondern auch in unsere *Identität* eingewoben wird.

Das ist einer der Gründe dafür, warum die Anbetung nicht einfach eine Flucht aus der «Arbeitswoche» ist. Im Gegenteil, unsere Anbetungsrituale trainieren unsere Herzen und richten unser Verlangen an Gott und seinem Reich aus. Und wenn wir von der Anbetung *ausgesandt* werden zur Aufnahme unserer Arbeit, verfügen wir entsprechend über eine gewohnheitsmässige Orientierung auf den Liebhaber unserer Seele hin.

Die zweite Strophe von «Father, Help Your People» (*Psalter Hymnal*, Nr. 607):
Heilig ist die Ausstattung jedes Raums und Hofs,
des Hörsaals und der Küche, des Büros, des Geschäfts und der Krankenstation.
Heilig ist der Rhythmus unserer Arbeitsstunden;
heilige daher unsere Ziele, unsere Energie und unsere Kräfte.

Das ist auch ein Grund dafür, dass wir über gewohnheitsbildende Praktiken – oder «berufliche Liturgien», wie wir sie auch nennen könnten – nachdenken müssen, die diese Liebe während der Woche aufrechterhalten. Dies war Johannes Calvins Vision für die Stadt Genf: Er wollte die ganze Stadt im Rhythmus des Morgen- und des Abendgebets und der Psalmengesänge sehen, und zwar nicht nur die Mönche und die «Frommen», sondern alle – all die Metzger und Bäcker und Kerzenmacher, deren Arbeit ebenfalls heilig war.

Denken wir also kreativ über Rhythmen und Rituale und Routinen nach, die die gute Nachricht durch die Woche hindurch in uns einsinken lassen. Ich muss gerade an den Investmentbanker in Manhattan denken, der die Praxis eingeführt hat, gemeinsam mit seinen Kollegen an der Wall Street öffentliche Bibellesungen anzuhören. Oder an die Lehrer, die sich das Morgengebet als Möglichkeit zur Rahmung ihrer täglichen Arbeit ausgesucht haben. Es gibt alle möglichen Arten und Weisen, berufliche Liturgien in den Alltag zu integrieren, die uns lehren, denjenigen Gott zu lieben, der uns zu sich heranzieht und nach uns ruft.

Wie der Vater des verlorenen Sohnes ist Gott uns immer um einen Schritt voraus. Er läuft uns auf dem Weg entgegen, um uns dort abzuholen, wo wir stehen. Er gibt uns die Gabe guter Rituale, so dass wir üben können, ihn mit Herz, Seele, Verstand und ganzer Kraft zu lieben. Glücklicherweise streben wir *mit* Gott nach Gott. Wir lieben, weil er uns zuerst geliebt hat.

Segen

> Wir werden zu erkunden nicht nachlassen
> Und am Ende all unserer Erkundungen
> Werden wir ankommen, von wo wir aufbrachen,
> Und den Ort zum ersten Mal erkennen.
> T. S. Eliot, *Little Gidding*

Die Anbetung endet mit der Aussendung: Wir werden durch die Gnade unseres (neu-)schöpfenden Gottes versammelt, um die Träger seines Ebenbilds zu werden, auf das hin er uns geschaffen hat, damit wir als Gesandte der Versöhnung in seine Welt geschickt werden können (2Kor 5,17–20). Der Gott, der Liebe *ist,* ordnet unsere Liebe neu und richtet unsere tiefsten Wünsche wieder auf ihn aus, so dass wir unseren Nächsten angemessen um seinetwillen lieben können. Der Heilige Geist lenkt unsere Liebe in neue Bahnen, aber nicht bloss zum Zwecke der Erneuerung, sondern um sogar unsere Feinde lieben zu können. Dafür sind wir gemacht: um zu lieben, was Gott liebt. Unser *telos* bringt uns wieder zum Anfang zurück. Wir sind dafür gemacht, *ausgesandt* zu werden.

Der orthodoxe Theologe Alexander Schmemann hält diesen «heiligen Kreislauf» in einer Reflexion über die Anbetung fest:

> Die orthodoxe Liturgie beginnt mit der feierlichen Doxologie: «Gesegnet ist das Reich des Vaters, des Sohnes und des Heiligen Geistes, jetzt und in alle Ewigkeit.» Gleich zu Beginn wird das Ziel angekündigt: Die Reise führt zum Königreich. Dahin gehen wir, und zwar nicht symbolisch, sondern wirklich. In der Sprache der Bibel,

der eigentlichen Sprache der Kirche, ist mit der Segnung des Königreiches nicht gemeint, daß man es nur zu verkünden habe; es muß vielmehr als das Ziel all unserer Wünsche und Interessen erklärt werden, das oberste Ziel unseres Lebens und der höchste Wert unter allem, was existiert. Segnen heißt, in Liebe annehmen und uns auf das hinbewegen, was geliebt und angenommen wird. So ist die Kirche das Zusammenkommen jener, denen die oberste Bestimmung allen Lebens enthüllt wurde und die es angenommen haben. Diese Annahme wird in der feierlichen Antwort zur Doxologie ausgedrückt: Amen. Hier ist eines der bedeutendsten Worte in der Welt; es drückt die Zustimmung der Kirche aus, Christus in seinem Aufstieg zum Vater zu folgen und so seine Himmelfahrt zur Bestimmung des Menschen zu machen. Es ist Christi Gabe an uns, denn nur in ihm können wir Gott unser Amen zusprechen, oder besser: Er selbst ist unser Amen zu Gott, und die Kirche ist das Amen zu Christus. An diesem Amen entscheidet sich das Schicksal der Menschen. Es offenbart, daß die Bewegung auf Gott hin begonnen hat.[147]

Deshalb: *Versammeln wir uns* zum Fest der Anbetung, damit wir als Gesandte gehen können, erneuert und neu beseelt vom Heiligen Geist, und damit wir in allem, was wir lieben, «Amen» sagen können.

---

147 Schmemann, Aus der Freude leben, 30 f.

Weiterführende Literatur

Wenn du dieses Buch gelesen und Lust auf mehr hast, dann findest du eine detailliertere und vertiefte Auseinandersetzung mit diesen Fragen in meiner Trilogie zu den kulturellen Liturgien (deren zwei erste Bände unten aufgeführt sind). In der Hoffnung, dass dieses Buch der Beginn einer Reise sein kann, präsentiere ich dir hier einige Fremdenführer, die dich auf deinem Weg begleiten können:

Abernethy, Alexis D. (Hg.), Worship That Changes Lives. Multidisciplinary and Congregational Perspectives on Spiritual Transformation, Grand Rapids 2008. Ein vielschichtiges Traktat über die Chancen und Herausforderungen transformativer Anbetung.

Bolsinger, Tod, It Takes a Church to Raise a Christian. How the Community of God Transforms Lives, Grand Rapids 2004. Eine Argumentation für die Kirche als das Herzstück der Nachfolge.

Brooks, David, Charakter: Die Kunst, Haltung zu zeigen, München 2015. Eine zugängliche, journalistische Auseinandersetzung mit den Themen Persönlichkeit, Tugendbildung und der Bedeutung der Nachahmung. Enthält eindrückliche Darstellungen von «Musterbeispielen» wie Augustinus, Doris Day, Dwight Eisenhower und anderen.

Cosper, Mike, Rhythms of Grace. How the Church's Worship Tells the Story of the Gospel, Wheaton 2013. Eine hervorragende Einführung in den «Erzählbogen» einer bewussten christlichen Anbetung.

Duhigg, Charles, Die Macht der Gewohnheit. Warum wir tun, was wir tun, München 2014. Eine gut lesbare Darstellung sowohl alter Weisheiten als auch wissenschaftlicher Einsichten in die Bedeutung von Gewohnheiten für den Rhythmus unseres Lebens.

Labberton, Mark, The Dangerous Act of Worship. Living God's Call to Justice, Downers Grove, IL 2012. Erinnert uns daran, dass Anbetung mit *Entsendung* endet – dass Anbetung einen bestimmten Menschentypus trägt, der zur Verkörperung von Gottes Verlangen nach *shalom* berufen ist.

Smith, James K. A, Desiring the Kingdom. Worship, Worldview, and Cultural Formation, Cultural Liturgies 1, Grand Rapids 2009. Eine vertiefte Ausformulierung des im vorliegenden Buch entworfenen Modells. Stellen Sie es sich als die «201»-Version des hier entwickelten Arguments vor. Kapitel 5 enthält eine detaillierte «Lesung» der Geschichte, die implizit in die historisch gewachsene christliche Anbetung eingebettet ist.

—, Imagining the Kingdom. How Worship Works, Cultural Liturgies 2, Grand Rapids 2013. Formuliert philosophische Grundlagen für eine liturgische Theologie der Kultur aus, unter besonderer Berücksichtigung ihrer Implikationen für die Planung und Anleitung von Anbetung.

Webber, Robert, Ancient-Future Worship. Proclaiming and Enacting God's Narrative, Grand Rapids 2008. Argumentiert dafür, dass die historische («alte») Anbetung genau das Geschenk ist, das wir für eine treue Zeugenschaft in unserem postmodernen («zukünftigen») Kontext brauchen. Hat bedeutenden Einfluss auf mein eigenes Denken.

—, The Divine Embrace. Recovering the Passionate Spiritual Life, Grand Rapids 2006. Holt die Spiritualität aus der Isolation des Privatlebens und des Individualismus heraus und lokalisiert sie inmitten von Freundschaft und Gemeinschaft.

The Worship Sourcebook. A Classic Resource for Today's Church, Grand Rapids [2]2013. Produziert vom Calvin Institute of Christian Worship. Das einleitende Kapitel ist ein randvoll gepacktes Kurzseminar zur Theologie der Anbetung und der Formation. Enthält eine ganze Bandbreite von historischen und zeitgenössischen Ressourcen für eine durchdachte, bewusste, trinitarische Anbetung, die Herz und Verstand formt.

Danksagung

Ich freue mich, dass mein Buch *You Are What You Love* jetzt unter dem Titel *Die Macht der Gewohnheit* eine Leserschaft in der deutschsprachigen Welt finden wird. Für englischsprachige Philosophen und Theologen wie mich ist die deutsche Sprache von einer ganz besonderen Aura umgeben – immerhin ist es die Sprache von Hegel und Barth, von Habermas und Ratzinger. Deshalb ist es eine umso grössere Ehre für mich, dass mir dieses Buch in einer neuen Sprache «zurückgeschenkt» wird.

Ganz besonders möchte ich Oliver Dürr, dem Direktor des Zentrums Glaube & Gesellschaft an der Universität Fribourg, dafür danken, dass er sich für die Übersetzung dieses Buches eingesetzt hat. Weiterhin danke ich Frank Lachmann für die Übersetzung sowie Eric Flury und Nicolas Matter für ihre sorgfältige (und zügige) redaktionelle Bearbeitung des Projekts. Bei der Herausgeberschaft der Reihe «Glaube heute» bedanke ich mich für die Aufnahme meines Buches in ihre Reihe. Schliesslich möchte ich mich bei Lisa Briner und Tobias Meihofer vom Theologischen Verlag Zürich für die angenehme Zusammenarbeit und für die Aufnahme des Buches ins Verlagsprogramm bedanken.

Ohne Zweifel finden sich nordamerikanische Eigenheiten in diesem Buch. Aber ich halte es mit dem römischen Dichter Terenz, der in einem ihm zugeschriebenen Aphorismus meine Hoffnung ausdrückt: «Ich bin ein Mensch; und nichts Menschliches ist mir fremd». Meinen deutschsprachigen Lesern danke ich für ihre grosszügige Herangehensweise und für ihre Geduld beim Lesen dieses Buches. Ich hoffe, dass sie darin ein Zeugnis und vielleicht sogar etwas

Weisheit finden können über das Menschsein, das Beständige und vielleicht sogar das Ewige.

Dieses Buch ist weit entfernt von der Dichte meiner frühen Bücher zur französischen Philosophie. Dass ich hier gelandet bin, habe ich dem Ansporn zweier liturgischer Theologen zu verdanken, die ich zu meinen Lehrern zähle. Robert Webbers Werk hatte in einer entscheidenden Phase meines Lebens einen signifikanten Einfluss auf mich, und in mancherlei Hinsicht schreibe ich einfach in seinem Windschatten. Dieses Buch ist ein Beiboot, das hinter Webbers «Ancient-Future»-Schiff hin und her springt. Und wenn ich ein paar Menschen dabei helfen kann, an Bord des Mutterschiffs zu gelangen, dann ist meine Arbeit hier getan.

In meinem näheren Umfeld unbedingt zu erwähnen ist mein Kollege und Freund Witvliet, dem es Freude bereitet, die Arbeit anderer zu fördern und als Impulsgeber für sie zu dienen, um ein paar von den sechs Millionen Ideen zu realisieren, die er jeden Tag vor dem Frühstück hat (und von denen nur wenige unmöglich sind). Meine Beschäftigung mit den Themen dieses Buchs wurde durch eine Reihe von Johns Fragen und Herausforderungen angestossen, und dankenswerterweise gab er mir auch gleich ein paar der Antworten mit auf den Weg. Diesen beiden Menschen widme ich das vorliegende Buch. Es ist als ein kleiner Versuch zu verstehen, meine Schulden zu begleichen.

Ich hatte immer gedacht, dass Bücher Leser hervorbringen; dass sie auch Freundschaften generieren könnten, war mir hingegen nie bewusst. Einige dieser Freunde haben freundlicherweise eingewilligt, etwas Zeit in ihrem Terminkalender freizumachen, um einen Entwurf dieses Buchs zu lesen. Ich bin dankbar für ihr Wohlwollen und ihre Ehrlichkeit, ihre Ermutigung und ihre Kritik. Mein Dank geht an Matthew Beimers, Darryl De Boer, Mike Cosper und Rev. Chris Schutte dafür, dass sie mich das ganze Projekt über begleitet haben. Es fühlte sich an, als hätte ich noch bei den finalen Änderungen Freunde um mich herum.

Ein grosser Teil dieses Buchs wurde in der Wealthy Street Bakery ein paar Häuser von meinem Wohnort entfernt geschrieben und korrigiert. Ich danke allen, dass sie mir erlaubt haben, dort für den Preis nur eines Cappuccinos (und ab und zu auch mal eines Scones – aber sagt Deanna nichts!) stundenlang mein Lager aufzuschlagen. An diesen Nachmittagen rann der Soundtrack dieses Buchs durch meine Kopfhörer – eine Mischung aus Jason Isbells *Southeastern,* den Avett Brothers, The National und in den späteren Phasen der genialen Traurigkeit von Sufjan Stevens' *Carrie and Lowell.*

Wenn dieses Buch Ihnen einen Einblick in mein Leben gibt, dann werden Sie feststellen, dass dieses Leben unauslöschlich von einer Gemeinschaft von Freunden und Familienmitgliedern geprägt worden ist, die mir beigebracht haben, wie man liebt. Mark und Dawn Mulder sind seit vielen Jahren eine der stabilsten Säulen in unserem Leben – Freunde, die eigentlich Familie sind. Genauso dankbar sind wir für Gwen und Ryan Genzink, die uns auf unserem Weg begleitet haben und unsere Liebe für gute Cocktails teilen.

Sie werden auch bemerkt haben, dass unsere Kinder auf diesen Seiten einige Male erwähnt werden. Aber Sie werden nicht begreifen können, wie sehr sie mich wirklich gesegnet haben. Ich betrachte es als die schiere Gnade Gottes, dass sie mich trotz all meiner Fehler und Schwächen lieben.

Vor und über und unter und hinter all dem aber steht Deanna. Sie hat unser Zuhause und unser Leben zu einem Nährboden der Liebe gemacht. Die Ideen dieses Buchs wuchsen im Gartenboden von Deanna heran, wurden durch ihre unglaubliche Leidenschaft für gutes Essen genährt, sprossen inmitten der Schönheit, die sie in unserem Zuhause kultiviert, und gelangten dank ihrer gastfreundlichen Ader (ein Code für «Wein und Käse!») zur Blüte. Es ist die eine grosse Gnade in meinem Leben, von ihr geliebt zu werden.

Hersteller
TVZ Theologischer Verlag Zürich AG
Schaffhauserstrasse 316
CH-8050 Zürich
info@tvz-verlag.ch

Verantwortlicher in der EU gemäss GPSR
Brockhaus Kommissionsgeschäft GmbH
Kreidlerstr. 9
D-70806 Kornwestheim
info@brocom.de

Weitere Informationen bezüglich Produktsicherheit finden Sie unter:
www.tvz-verlag.ch/produktsicherheit